GWERSYLL Y FRON-GOCH 1916
Y Pair Dadeni

GWERSYLL Y FRON-GOCH 1916

1916

Y Pair Dadeni

Lyn Ebenezer

Argraffiad cyntaf: 2006

Rhif rhyngwladol: 978-1-84527-555-1

Mae'r cyhoeddwr yn cydnabod cefnogaeth ariannol
Cyngor Llyfrau Cymru

Cynllun clawr: ???????

Cyhoeddir gan Wasg Carreg Gwalch,
12 Iard yr Orsaf, Llanrwst, Conwy, LL26 0EH.
Ffôn: 01492 642031 Ffacs: 01492 641502
e-bost: llyfrau@carreg-gwalch.com
lle ar y we: www.carreg-gwalch.com

ARGRAFFIAD NEWYDD ESTYNEDIG

Lyn Ebenezer, Frongoch, The Boiling Pot, *cyfrol ardderchog ...*
– Gerry Adams T.D.

Cyfraniad gwych i lenyddiaeth ar y rhyfel annibyniaeth ... mor hudol â'r cyfrolau hynny ar Colditz yn yr Ail Ryfel Byd.
– Peter Berseford Ellis

'Ac yna y dechreuodd y Gwyddelod gynnau tân o dan y pair dadeni. Yna fe daflwyd cyrff eu meirwon i'r pair nes ei fod yn llawn. A'r bore wedyn roedd y rhai'n dod o'r pair yn rhyfelwyr cystal ag o'r blaen ... '

Branwen Ferch Llŷr, Y Mabinogion.
(Cyfaddasiad Gwyn Thomas)

Lansio'r argraffiad Cymraeg cyntaf yn Y Bala

Lansio'r gyfrol Saesneg yn Eason's yn O'Connell Street, Dulyn gyda Seán O'Mahony, awdur Frongoch: University of Revolution

Cynnwys

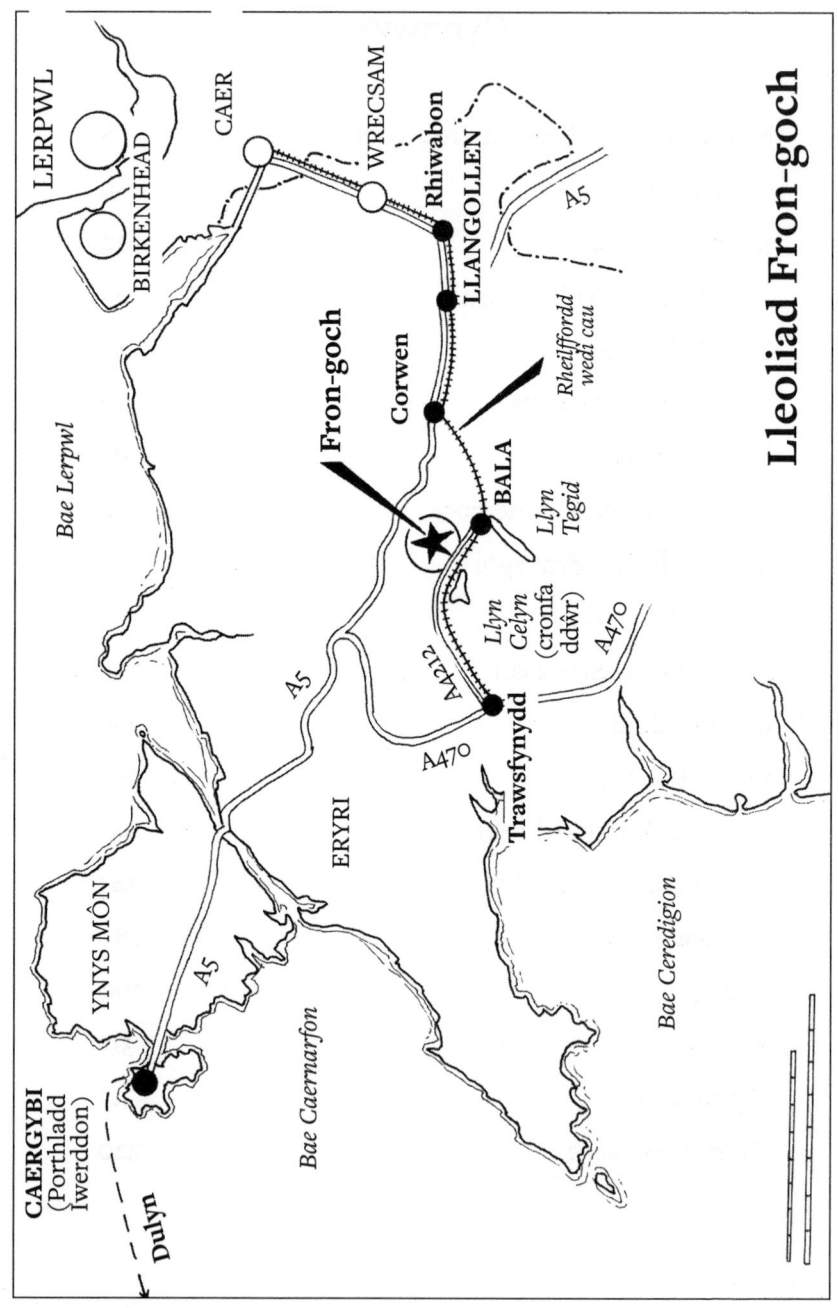

Cyflwyniad

I nodi canmlwyddiant Gwrthryfel y Pasg 1916 daeth yn amser i'w ail-asesu ac i gyhoeddi argraffiad newydd ac estynedig o'r *Pair Dadeni, Hanes Gwersyll y Fron-goch 1916*, a gyhoeddwyd gyntaf yn 2005. Ers hynny cyhoeddwyd fersiwn Saesneg ac yn ddiweddarach ailargraffiad estynedig o'r gyfrol honno. Ers 2005 cesglais lawer o ddeunydd na welodd olau dydd yn Gymraeg. Dyma felly'r argraffiad Cymraeg diffiniol sydd bron ddwywaith hyd y gwreiddiol.

Gyda chyrraedd canmlwyddiant y Gwrthryfel a'r carchariad yn y Fron-goch, bydd yn hanner canrif union ers i mi gael fy hudo gan yr hanes. Pan ymwelais â Dulyn ym 1966 ar gyfer coffáu'r hanner canrif, wyddwn i ddim am y gadwyn – neu'n hytrach y weiren bigog – a glymai'r Gwrthryfel â'r pentref bach ar lannau afon Tryweryn. Cyn hynny, enw a oedd yn gysylltiedig â brad oedd Tryweryn i mi ac i lawer o Gymry ifainc eraill y cyfnod.

Deuthum yn ymwybodol o arwyddocâd ehangach y Fron-goch gyntaf drwy Joe Clarke mewn siop lyfrau yn Cathedral Place, Dulyn. Cyflwynwyd Joe i mi gan y perchennog, MacGiolla Phadraig fel 'un a dreuliodd gyfnod yng Nghymru'. O hynny ymlaen deuthum yn ffrind mynwesol i Joe, cyn-garcharor a gadwai fiwro llyfrau yn rhif 68 Upper O'Connell Street. Bu Joe yn rhan o'r frwydr ffyrnicaf a ymladdwyd adeg Gwrthryfel y Pasg, sef Brwydr Mount Street Bridge.

Yn ystod yr ymweliad cyntaf hwnnw â Dulyn y deuthum yn ymwybodol o waddol chwerw'r carchariad yn y Fron-goch. Yn nhafarn Mooney's yn Parnell Square y cyfarfûm â Stephen Behan, patriarch y teulu enwog hwnnw. Yno, dros beint o Ginis a dwbl wisgi

Gyda Joe Clarke yn Nulyn ddiwedd y chwedegau. Bu Joe yn rhan o Frwydr Mount Street Bridge, a threuliodd saith mis yn y Fron-goch

Powers (y talwyd amdanynt o'm poced fy hun) condemniodd de Valera. Fel cyn-filwr Gweriniaethol roedd ganddo wahoddiad swyddogol i'r dathliad yn ei boced. Tynnodd hwnnw allan. Poerodd arno. Camodd pedwar cawr yn fygythiol o'r cysgodion. Achubwyd ni rhag crasfa gan y tafarnwr, a esboniodd yn dawel pwy oedd y dyn bach tanllyd.

Fy mwriad wrth fynd ati i gyhoeddi'r *Pair Dadeni* oedd deffro'r Cymry'n bennaf i'r sylweddoliad i'r Fron-goch, yn anad yr un lle arall, saernïo Iwerddon Rydd (neu rannol rydd). Ceisiais osod Gwersyll y Fron-goch yn ei gyd-destun hanesyddol drwy gyfeirio at y digwyddiadau a arweiniodd at Wrthryfel y Pasg a'u canlyniadau, ceisio esbonio ymateb y Cymry i'r Gwrthryfel, darlunio bywyd y dynion yn y gwersyll a hefyd ystyried caethiwedigaeth fel dull o garcharu ac o gosbi. Euthum ati hefyd i olrhain yr hyn a ddigwyddodd wedyn i'r prif actorion yn y ddrama fawr.

Wrth i mi ymchwilio i'r hanes, drwy holi cyn-garcharorion a phori drwy ddeunyddiau dirifedi mewn llyfrgelloedd ac archifdai, dysgais un wers chwerw. Credwn, fel y mwyafrif o'm cyd-Gymry, mai'r Saeson a'r Albanwyr, ynghyd ag Unoliaethwyr Gogledd Iwerddon, fu'n gyfrifol am drin y Gwyddelod mor frwnt. Ond na, roedd gennym ni Gymry lawn cymaint o ran yn y sarhad. Prin oedd y gefnogaeth i frwydr y Gweriniaethwyr. Eithriadau anrhydeddus oedd D. J. Williams ac Arthur Horner (darpar Lywydd Undeb y Glowyr). Dylwn ychwanegu i drwch trigolion ardal y Bala hefyd ddangos cryn gydymdeimlad â'r deunaw cant o Wyddelod a garcharwyd yn eu plith yn 1916.

Ni ddisgwyliaf y gwna fy nghyfraniad pitw i ddileu'r cywilydd cenedlaethol hanesyddol. Ond gobeithio y gwna o leiaf lanhau ychydig o'r staen.

Euthum ati i groniclo'r hanes nid fel hanesydd (yr hyn nad ydwyf) ond yn hytrach fel newyddiadurwr. Hoffwn gredu i'm cyfraniad ychwanegu rhyw gymaint at y diddordeb diweddar a ddangoswyd yn y fangre hanesyddol yng nghefn gwlad Sir Feirionnydd.

Nodyn: Defnyddiais y sillafiad swyddogol o'r Fron-goch, ar wahân i'r amgylchiadau pan fo'r enw'n ymddangos mewn dyfyniadau.

Lyn Ebenezer
2016

Rhagymadrodd

Doedd dim byd yn wahanol rhwng bore dydd Llun y Pasg 1916 ac unrhyw fore o ddydd gŵyl gwanwynol arall. Ond roedd hi'n braf ac ymddangosai mai hynny fyddai prif destun sgwrsio'r dydd. Yn wir, roedd hi mor heulog nes i̧ dywydd braf yn Nulyn, am flynyddoedd wedyn, gael ei ddisgrifio fel *Rebellion Weather*.

Gan ei bod hi'n Ŵyl y Banc, roedd y dociau hyd lannau'r Liffey'n dawel, gyda'r llongau nwyddau'n segur wrth angor a'r craeniau'n llonydd fel crehyrod disgwylgar uwch y dŵr. Prin ddechrau cyffroi oedd y strydoedd wrth i rai o'r trigolion achub y blaen i fod ymhlith y rhai cyntaf i gyrraedd traethau Killiney, Dalkey, Bray a Malahide ar feic neu ar dram. Roedd eraill, yn arbennig y milwyr Prydeinig nad oedd ar ddyletswydd, â'u bryd ar y rasys ceffylau blynyddol, y *Ward Union Point to Point* yn Fairyhouse ar gyrion gogleddol y ddinas. Yn arwyddocaol, enw un o'r ceffylau fyddai'n rhedeg yno oedd *Civil War*. Enw argoelus. Rheswm arall dros arafwch pobl y bore hwnnw oedd bod y callaf ohonynt, ar ddydd gŵyl, yn cysgu'n hwyr.

Ond nid pawb oedd yn gall ar y bore hwnnw o wanwyn. Wrth i'r haul godi dros Benrhyn Howth roedd deuddeg cant o wrthryfelwyr Gwyddelig yn mwstro i wynebu dwy fil a hanner o filwyr Prydeinig a chyhoeddi annibyniaeth.

Yn Ashbourne yng ngogledd Dulyn roedd gweithiwr deg ar hugain oed gyda'r Swyddfa Bost yn cuddio wedi iddo, y noson cynt, dorri'r llinell deliffon oedd yn cysylltu Dulyn a Llundain. Yn frodor o Waterford, roedd y peiriannydd hwn yn byw bellach yn Sutton,

Howth. Cuddiodd y noson honno gydag un o'i uwch swyddogion.

Yn rhif 7 Clifton Terrace yn Ranelagh roedd dyn byr ac eiddil 34 mlwydd oed o Rush, Swydd Ddulyn, gyda choesau gwan a llygaid gwannach fyth yn byseddu pistol trwm, hynafol. Tueddai'r pistol i gicio wrth danio a'r gwendid hwnnw, ymhen tridiau, fyddai'n achub bywyd ei berchennog. Hwn fyddai'r bore olaf am dros saith mis i'r plymwr gwylaidd ei dreulio yn ei gartref.

Yn rhif 3 Seafield Road, actio oedd yn talu am fara menyn llanc ugain oed artistig ei wedd. Ond doedd fawr o archwaeth brecwast arno'r bore hwnnw. Fel arfer, nerfau wrth edrych ymlaen at noson gyntaf perfformiad arall yn yr Abbey Theatre fyddai'n gwneud iddo deimlo fel hyn. Ac er bod y posteri yn datgan y byddai ar y llwyfan y noson honno ym mherfformiad agoriadol *The Spancell of Death* gan T. H. Nally, gwyddai'r llanc ei fod ar fin wynebu drama fwyaf ei fywyd ar lwyfan tra gwahanol.

Mewn gwesty ynghanol y ddinas roedd dau ddyn gwahanol iawn i'w gilydd yn cwnsela'n dawel a llechwraidd. Cyn-ffermwr trwsiadus o Ferns yn Swydd Wexford oedd un, ond gweithredai fel swyddog gyda'r Gwirfoddolwyr Gwyddelig y bore hwnnw yng ngwesty'r Metropole yn Sackville Street rhwng y Swyddfa Bost a'r afon. Cyn-glerc oedd y llall, dyn ifanc, cydnerth o Swydd Gorc gyda rhyw swae awdurdodol yn ei osgo.

Peiriannydd gyda'r Swyddfa Bost, plymwr, actor, cyn-ffermwr a chyn-glerc – pump a gaent eu huno a'u tymheru gan fflamau Gwrthryfel y Pasg. Ac er na wyddent hynny ar y pryd, byddent, ymhen llai na deufis, yn cael eu haduno mewn caethiwed yng nghefn gwlad Cymru, a hynny ymysg dros ddeunaw cant o'u cyd-Wyddelod. Erbyn diwedd y flwyddyn byddai Richard Mulcahy, Joe Clarke, Arthur Shields, W. J. Brennan-Whitmore a Michael Collins ymhlith graddedigion cyntaf Prifysgol Gwrthryfel Iwerddon yng Nghymru, Gwersyll Caethiwo'r Fron-goch ger y Bala.

1

Pram a lori Pickfords

Yng Nghwrt y Torwyr Cerrig yng Ngharchar Kilmainham, rhwng y 3ydd a'r 12fed o Fai 1916, dienyddiwyd pymtheg o arweinwyr Gwrthryfel y Pasg. Gyferbyn â'r carchar, ar draws afon Liffey, gorwedd erwau gwyrddion Parc y Cofio lle rhestrir enwau 49,000 o Wyddelod a gollodd eu bywyd wrth ymladd dros Brydain yn ffosydd Ffrainc rhwng 1914 a 1918.

Does dim yn arddangos yn gliriach y ddeuoliaeth a fu'n rhan o feddylfryd y Gwyddel ar hyd y canrifoedd. Tra oedd Iwerddon yn drefedigaeth Brydeinig, gwell gan y mwyafrif o'i dynion oedd colli gwaed dros y rhai oedd yn eu gorthrymu yn hytrach na brwydro dros ryddid eu gwlad eu hunain.

Fe fynnai Brendan Behan, gan aralleirio sylw gan Lenin, mai dim ond un peth oedd o'i le ar Wrthryfel y Pasg yn Nulyn. Dylid bod wedi cael mwy ohono, a hynny yn Llundain, Berlin, Moscow ac Efrog Newydd, oll ar yr un pryd.

Roedd y ffaith iddo ddigwydd yn Nulyn yn unig, yn hytrach nag yng Nghorc, Belfast a Derry ar yr un pryd yn ganlyniad i anhrefn. Ni welwyd gwrthryfel erioed mor llawn gwrthgyferbyniadau. Dim ond Gwyddelod fyddai'n ddigon byrbwyll i gyhoeddi gwrthryfel mewn hysbyseb papur newydd, ei ganslo drannoeth mewn papur arall cyn ei gychwyn bedair awr ar hugain yn hwyr heb hysbysu fawr neb.

Mae byrbwylltra yn rhan o ddelwedd boblogaidd y genedl; mae'n wir yn ystrydeb. Ond wrth gwrs, fel pob ystrydeb arall, mae iddi rywfaint o wirionedd. Caiff y

W. J. Brennan-Whitmore, awdur 'With the Ieish in Frongoch' yn y cyfnod pan gwrddais ag ef yn gynnar yn y 70au

Gwyddelod eu cydnabod fel pobl sy'n meddwl mwy am ddoe nag am unrhyw heddiw neu yfory. Does dim rhyfedd fod hen wireb yn mynnu fod hanes Iwerddon yn rhywbeth y dylai Lloegr ei gofio a'r Gwyddelod ei anghofio. Nid gwamalu wnaeth Chesterton wrth eu disgrifio fel:

... the great Gaels of Ireland,
The men that God made mad;
For all their wars are merry
And all their songs are sad.

Buan y sylweddolwyd fod tactegau'r Gweriniaethwyr yn hen ffasiwn. Dylai hanes fod wedi eu haddysgu. Dros ganrif yn gynharach ym 1803 defnyddiwyd yr union dactegau aflwyddiannus gan Robert Emmet. Protestant ifanc oedd Emmet a grogwyd yng Nghastell Dulyn – ef ac un ar bymtheg o'i ddynion. Y dacteg bryd hynny hefyd oedd meddiannu adeiladau a'u hamddiffyn.

Ond er gwaetha'r methiannau cynharach, credai'r Gwirfoddolwyr mai hwn fyddai'r cyfle delfrydol. Gyda'r Rhyfel Mawr yn ei anterth, eu slogan oedd '*England's Difficulty is Ireland's Opportunity*'. Doedd hynny ddim yn mynd mor bell â'r hen wireb Arabaidd sy'n datgan 'Gelyn fy ngelyn yw fy ffrind' ond roedd yna awgrym cryf o hynny.

Roedd y mesur *Home Rule* i Iwerddon wedi ei orchfygu deirgwaith – unwaith yn Nhŷ'r Cyffredin a ddwywaith gan yr Arglwyddi – a golygai'r rhyfel ddiwedd dros dro ar unrhyw obaith o'i wireddu. Ond o ragweld y deuai'n ffaith ar ddiwedd y rhyfel, bathodd yr Unoliaethwyr yn y gogledd eu slogan eu hunain: '*Ulster Will Fight, and Ulster will be Right!*' Arfogodd yr Unoliaethwyr eu hunain. Ymateb Pádraig Pearse i hyn oedd dweud, 'Dim ond un peth sy'n fwy ynfyd nag Unoliaethwr yn cario gwn sef Cenedlaetholwr sydd ddim yn cario gwn.'

I'r fei daeth Erskine Childers, Protestant a hanner Sais ac aelod o deulu breintiedig o dirfeddianwyr. Bu'n brwydro dros Brydain yn Rhyfel y Boer ond profodd dröedigaeth wleidyddol. Yn Rhyddfrydwr a Chenedlaetholwr, trefnodd ef a Syr Roger Casement i brynu naw cant o reifflau *Mauser* a chyflenwad o fwledi. Yn ei long hwyliau hanner can troedfedd, yr *Asgard*, a angorai yng Nghonwy, hwyliodd i gasglu'r arfau oddi ar long o Hambwrg oedd ar arfordir Gwlad Belg. Ar y ffordd yn ôl am Iwerddon, oherwydd storm, bu'n rhaid oedi yng Nghaergybi ac yna yn Aberdaugleddau cyn glanio'r cargo yn Howth ar y 26ain o Orffennaf 1914.

Mae'n anodd credu sut y llwyddodd yr *Asgard* i osgoi fflyd forwrol Prydain ym Môr Iwerddon. Credai Michael Collins fod yr awdurdodau wedi cau eu llygaid a chaniatáu'r glaniad er mwyn pryfocio rhyfel rhwng yr Unoliaethwyr a'r Gweriniaethwyr.

Bu'r *Asgard* am flynyddoedd wedyn yn segur wrth angor ym Mangor, cyn ei hadfer yn 2007 a'i symud i gyffiniau Barics Collins yn Nulyn fel rhan o Amgueddfa Genedlaethol Iwerddon.

Ers trafferthion streic fawr 1913 roedd Jim Larkin a James Connolly yr arweinwyr wedi bod yn brysur yn sefydlu byddin gyda'r bwriad gwreiddiol o amddiffyn streicwyr. Roedd y fyddin honno o ddau gant a hanner – *yr Irish Citizen Army*, o dan faner yr Aradr Serennog – yn barod am y frwydr ochr yn ochr â'r Gwirfoddolwyr a nifer o wahanol unedau chwyldroadol eraill, yn arbennig yr *Irish Republican Brotherhood*. Arwyddair byddin James Connolly oedd: 'Ni wasanaethwn na Brenin na Kaiser'. Codwyd yr arwyddair hwnnw ar ffurf baner uwchlaw pencadlys yr Undeb, *Citizen Hall*.

Ond fel yn hanes gwrthryfeloedd y gorffennol, roedd ffawd ynghyd â diffyg trefn yn Nulyn yn darogan methiant arall. Oedd, roedd y llong Almaenig yr *Aud* yn llawn arfau ar ei ffordd, a'r Gwrthryfel wedi ei drefnu ar gyfer Sul y Pasg. Danfonwyd pump o ddynion i Caherciveen, Swydd Kerry ar Ddydd Gwener y Groglith er mwyn cysylltu â'r llong. Yn Ballykissane ger Killorglin plymiodd y car i afon Laune gan foddi tri o'r dynion. Y gyrrwr oedd Michael McInerney, a phan arestiwyd ef a'i ddwyn o flaen llys gofynnwyd iddo pam yr oedd yno. Ei ateb oedd, 'Am fy mod i'n fyw'. Fe'i danfonwyd yn ddiweddarach i'r Fron-goch.

Yn y cyfamser, suddwyd yr *Aud* a'i chargo o ugain mil o reifflau Rwsiaidd hynafol yn fwriadol gan y capten, Karl Spindler a'r criw, rhag i longau rhyfel Prydain eu cipio. Yna arestiwyd Syr Roger Casement a dau o'i gynorthwywyr wedi iddynt lanio oddi ar long danfor Almaenig ar arfordir Swydd Kerry. Roedd y tri wedi bod yn cenhadu'n ofer am gymorth yn yr Almaen. Heb gymorth nac arfau Almaenig, teimlai Eóin MacNéill, pennaeth y Gwirfoddolwyr, mai doeth fyddai diddymu'r gorchymyn i godi. Yn y *Sunday Independent* gwelwyd neges ganddo yn cyhoeddi na fyddai 'ymarferion y Pasg' yn mynd rhagddynt.

Anwybyddwyd cyhoeddiad MacNéill. Ond hyd yn oed cyn tanio'r ergyd gyntaf, roedd y cyfan wedi ei

Byddin James Connolly, yr ICA y tu allan i Liberty Hall, neu Citizen Hall. Gynt bu'r lle'n westy a gedwid gan deulu o Gymry

dynghedu i fethu. Darllenwyd y Datganiad Annibyniaeth yn huawdl o flaen torf ddryslyd gan awdur y ddogfen hanesyddol honno, Pádraig Pearse, o risiau'r Swyddfa Bost ar brynhawn dydd Llun y Pasg. (Derbyniwyd Pearse, bardd a llenor, i Orsedd y Beirdd yn Eisteddfod Genedlaethol Cymru Caerdydd, 1899. Mabwysiadodd yr enw barddol addas 'Areithydd'.)

Sut fedrai'r fath ymgyrch lwyddo o gael ei harwain ar y naill law gan benboethyn o undebwr llafur a arddelai dactegau hen ffasiwn Emmet, ac ar y llaw arall gan fardd ac athro ystyfnig a gredai mai aberthu gwaed oedd yr unig ateb? Connolly a Pearse: dau mor wahanol â sofren a swllt.

Hyd yn oed wrth argraffu'r 2,500 o gopïau o Ddatganiad Annibyniaeth Iwerddon fe gafwyd trafferth. Wrth i'r argraffydd, Christopher Brady, osod teip ar gyfer yr hen wasg Wharfdale nid oedd ganddo ddigon o lythrennau 'E' i gwblhau'r datganiad. Fe'i gorfodwyd i osod gweddill y print drwy addasu'r llythyren 'F' gyda chymorth cwyr.

Y Swyddfa Bost yn Sackville Streen (O'Connell Street heddiw) a'r arwydd uwchlaw'r drws

A beth am weddill llofnodwyr y Datganiad? Criw cymysg, a dweud y lleiaf. Roedd y Ffeniad Tom Clarke yn hynafgwr 73 mlwydd oed a gadwai siop dybaco yn Nulyn. Clerc yn swyddfa Trysorlys Dinas Dulyn oedd Eamonn Ceant. Roedd Joseph Plunkett newydd dderbyn llawdriniaeth ddifrifol i'w wddf yn dilyn effeithiau'r diciâu. Athro a bardd oedd Thomas McDonagh. Roedd Seán McDiarmada yn ddyn claf a chloff o ganlyniad i'r polio. Ac wrth lofnodi'r Datganiad ochr yn ochr â Pearse a Connolly, gwyddent eu bod hefyd yn llofnodi eu gwarant marwolaeth eu hunain.

Yn anffodus trodd y cyfan – y trefnu a'r gweithredu – yn ffars. Yn wreiddiol galwyd ar Fyddin Dinasyddion James Connolly (ICA) i ymgynnull am bedwar o'r gloch ar brynhawn Sul y Pasg. Ni thaniwyd yr un ergyd.

Hyd yn oed petai'r Gwrthryfel wedi ei weithredu yn ôl y bwriad, byddai wedi bod yn orchwyl amhosib. Ond yn awr, gyda'r ymgyrch ar y gorau wedi'i ohirio, roedd gweision gwasanaeth clustfeinio Prydain yng Nghastell Dulyn yn gwbl hyderus y byddai Pasg 1916 yn mynd heibio'n ddidrafferth. Ond anwybyddwyd gorchymyn MacNéill gan Connolly a Pearse a thaniwyd yr ergydion agoriadol ddiwrnod yn hwyr.

Y peth olaf yr oedd ei angen ar y Gwrthryfelwyr oedd y fath ansicrwydd. Un enghraifft sy'n darlunio'r ffars yn berffaith yw'r disgrifiad o un digwyddiad gan Seán Cronin yn *Our Own Red Blood*. Yn gynnar ar brynhawn dydd Llun y Pasg roedd Jim Mooney newydd roi hanner sofren ar drwyn y ffefryn yn ras gyntaf Fairyhouse. Wrth i'w geffyl wthio'r trwyn hwnnw i'r blaen, fe glywodd Jim bytiau o sgyrsiau am ergydion yn cael eu tanio yng nghanol Dulyn. Gadawodd ar unwaith ar y trên olaf cyn i'r rheilffordd gael ei ffrwydro.

Dyn o Ddulyn oedd Jim, o Seville Place. Pan oedd yn saith oed fe symudodd y teulu i Gymru i chwilio am waith cyn dychwelyd i Swydd Kildare. Roedd Jim yn gweithio yn Swydd Clare pan ymunodd â'r Gwirfoddolwyr yno.

Pan gyrhaeddodd Jim i'r Swyddfa Bost, anfonwyd ef i Stephen's Green. Oddi yno anfonwyd ef i Ffatri Jacob's ac yna yn ei ôl i'r Swyddfa Bost, a oedd ar dân. Er mwyn cael mynediad byddai gofyn iddo yngan y geiriau cyfrin *O'Donnell Abú*. Methodd y gofalwr, gŵr o Glasgow, â'i ddeall. Ag yntau ar fin anobeithio, caniatawyd iddo fynd i mewn gan rywun mewn awdurdod.

Treuliodd Jim ei amser yn tanio o'r to ac yn ceisio diffodd y fflamau. Yn ystod yr oriau olaf roedd yng nghwmni Michael Joseph O'Rahilly, un o arweinwyr byddin Connolly ac un o'r criw a ildiodd, yn ddiweddarach, yn Moore Lane lle lladdwyd neu anafwyd 21 o'r 30 a geisiodd ddianc. Ymhlith y rhai a laddwyd roedd O'Rahilly ei hun, a yrrodd i'r frwydr mewn car *de Dion-Bouton* yn llawn reifflau. Roedd hwnnw wedi gwrthwynebu torri gorchymyn MacNéill yn wreiddiol, ond ei eiriau pan welodd fod y Gwrthryfel yn anochel oedd: 'Fe wnes i helpu i weindio'r cloc; cystal i mi ei weld yn taro.' Ei eiriau olaf cyn iddo ddisgyn oedd: 'Meddyliwch am golli hyn oll a chael eich lladd wrth redeg i ddal tram neu o ddal annwyd.'

Yno talwyd teyrnged iddo ef a'i gyd-Wirfoddolwyr gan filwr Prydeinig clwyfedig: 'Fe fyddai'n dda gen i gael mil o ddynion fel chi yn Ffrainc.'

O fewn ychydig ddyddiau roedd Jim ar ei ffordd i Gaergybi ar long wartheg y *Slieve Bloom* ac ar ôl cyfnod yng Ngharchar Knutsford, fe'i danfonwyd i Gymru am yr eildro yn ei fywyd, y tro hwn i Wersyll y Fron-goch.

Un arall a fu'n aberth i'r diffyg trefn oedd Cathal O'Shannon, cynrychiolydd Connolly ym Melffast. Pan glywodd am y penderfyniad i godi arfau, bodiodd ei ffordd i lawr i Ddulyn gan gyrraedd ar y dydd Mawrth. Curodd ar ddrws y GPO a chyflwyno'i hun. Dywedwyd wrtho am hel ei bac. Roedd y lle'n llawn, meddai'r gwarchodwyr, a'r brechdanau wedi'u bwyta bron i gyd. Y cyngor a gafodd oedd iddo chwilio am lodjins nes y byddai popeth drosodd. A dyna a wnaeth. Fel Jim Mooney, byddai O'Shannon yntau yn treulio cyfnod yn y Fron-goch.

Ar wahân i'r Gwrthryfelwyr eu hunain a'r milwyr Prydeinig, prin fod neb yn Iwerddon wedi cymryd y Gwrthryfel o ddifrif. Yn ei gyfrol *Ireland this Century*, disgrifia Tony Gray brofiadau dau o ewythrod ei wraig a oedd gartref ar wyliau o'r fyddin Brydeinig. Fe wnaethant benderfynu mynd i Ddulyn i weld y *craic* drostynt eu hunain.

Penderfynodd un arall, ewythr yr awdur ei hun, adael ei deulu a oedd yn mwynhau eu diwrnod ar lan y môr er mwyn seiclo i mewn i'r ddinas. O gyrraedd y

GPO, parciodd ei feic. Medrai weld i mewn drwy'r ffenestri toredig. Gwelodd Wirfoddolwyr yn eistedd yno yn dal reifflau ac yn bwyta brechdanau. Ni thorrodd neb yr un gair ag ef, felly fe ailafaelodd yn ei feic a seiclo'n ôl at ei deulu ar lan y môr yn Stillorgan i adrodd yr hanes.

Roedd Dulyn 1916 yn barod am chwyldro. A hithau'n ddinas llawn anghysondebau dybryd, gyda phoblogaeth o 400,000, roedd y gwychder a fu yn y ddeunawfed ganrif wedi hen ddiflannu. Dywed Conor Costick a Lorcan Collins yn *The Easter Rising: A Guide to Dublin in 1916* fod dadfeiliad economaidd wedi arwain at dwf yn agweddau tywyllach y ddinas. Trigai 25,000 mewn fflatiau bychain a 78% ohonynt mewn un stafell. Yn nau wyrcws y ddinas trigai 6,500 o dlodion. Yn ystod y flwyddyn flaenorol roedd siopau nwyddau gwystl wedi derbyn pedair miliwn a hanner o ernesau. Roedd afiechydon fel y diciâu yn rhemp. Tra bo 103 o bob mil yn marw o ganlyniad i esgor baban yn Llundain ym 1914, yn Nulyn roedd y ffigwr yn 142.

Ar y llaw arall, diolch i'r Rhyfel Mawr, roedd rhai pobl yn ffynnu. Roedd allforion llieiniau, bacwn, gwartheg, dofednod, gwlân a defaid ddwywaith yr hyn ydoedd ddegawd ynghynt. Roedd y tramiau'n orlawn a'r porthladd yn ferw o weithgaredd.

Roedd y rhaniad rhwng y tlawd a'r cyfoethog i'w weld yn glir ym mhrif stryd y ddinas, sef Sackville Street (O'Connell Street). Perthynai palmant un ochr y stryd i'r dosbarth parchus, tra bo'r *shawlies* – sef y menywod tlawd a garw yn eu sioliau nodweddiadol – yn troedio ar yr ochr arall.

Ond er gwaethaf y gagendor cynyddol, yn ôl sawl awdur, fe ddigwyddodd newid demograffig amlwg a phwysig. Datblygodd dosbarth canol Catholig yn y

Codi'r faner uwchlaw'r Swyddfa Bost. Carcharwyd y ddau â'i cododd yn y Fron-goch yn ddiweddarach

Darlun olew o Pearse yn arwyd-do'r Datganiad Annibyniaeth

Y Swyddfa Bost wedi'r drin

Portread o Michael Collins yn y brwydro yn y Swyddfa Bost

maestrefi deheuol. Ochr yn ochr â'r cynnydd yn eu cyfoeth, adferwyd hefyd eu balchder yn eu hunaniaeth Wyddelig. Dechreuodd adfywiad Celtaidd oresgyn llygriad y blynyddoedd wedi'r Newyn Mawr. Ond damweiniol fu ffars gychwynnol a gogoniant diweddarach y Gwrthryfel.

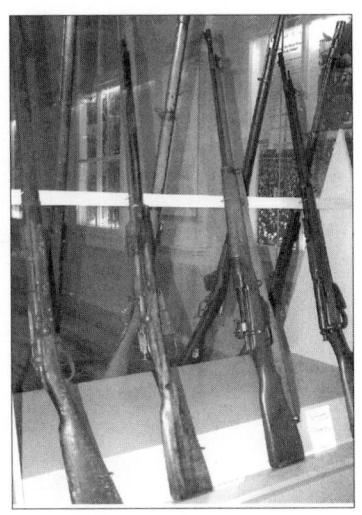

Rhai o'r reifflau a ddefnyddiwyd gan y Gwirfoddolwyr. Maent i'w gweld yn yr Amgueddfa Genedlaethol

I'r mwyafrif, ar y bore hwnnw o wanwyn cynnar, ymddangosai'r mil neu lai a gododd arfau yn Nulyn, a'r ychydig gannoedd y tu allan i'r brifddinas, yn ddim byd mwy na chiwed anghyfrifol o unigolion penboeth nad oedd yn cynrychioli meddylfryd eu cenedl mewn unrhyw ffordd, yn ôl yr hanesydd Dorothy Macardle.

Doedd gweld y fath wrthwynebiad i reolaeth Prydain gan ddynion (ac ambell fenyw) arfog ddim yn anghyffredin. Yn aml iawn byddai gweithgareddau o'r fath yn cynnwys ymosodiadau ffug ar adeiladau strategol. Ond doedd dim byd yn ffug yn yr ymosodiadau ar brynhawn dydd Llun y Pasg 1916.

Roedd y Gweriniaethwyr o dan anfantais o ran niferoedd, sef dau yn erbyn un. Disgrifiwyd y Gwrthryfel gan George Bernard Shaw fel gwrthdrawiad rhwng pram a lori Pickfords.

Ymhlith y rebeliaid roedd aelodau'r *Citizen Army* a thua mil o Wirfoddolwyr ynghyd â mân garfannau eraill, cyfanswm o rhyw 1,650 erbyn diwedd yr wythnos. Nid pob un oedd ag arfau. Fore dydd Mawrth

Prif ddrws Carchar Kilmainham, lle daliwyd yr arweinwyr cyn eu dienyddio

Adain 19160'r carchar, lle caethiwyd yr arweinwyr

'M Collins' wedi'i gerfio ar wal gyferbyn â chell de Valera yng Ngharchar Kilmainham

Drws cell Pearse. Oddi yma y'i harweiniwyd i'r stanc

Croes yn nodi'r fan lle saethwyd yr arweinwyr yng Nghwrt y Torrwyr Cerrig

Baner drilliw Iwerddon yn cwhwfan uwch y man coffa

yng nghyffiniau'r Swyddfa Bost gwelodd James Stephens olygfa ryfeddol, fel y tystiodd yn ei gyfrol *Insurrection in Dublin*:

> *Ymddangosai un Gwirfoddolwr yn arbennig o amlwg. Cariai ymbrelo menyw yn ei law, a phan wnâi unrhyw un ei gythruddo'n arbennig fe wnâi neidio dros y baricêd ac ymlid ei brae hyd hanner y stryd gan ei hitio ar draws ei ben â'r ymbrelo. Teimlwn mai rhyfeddod mawr y byd oedd nid y ffaith fod Iwerddon wedi cyhoeddi rhyfel, ond yn hytrach fod yr ymbrelo ymhen oriau yn dal yn gyfan.*

O un i un syrthiodd yr adeiladau a feddiannwyd yng nghanol y ddinas. Difrodwyd canol Dulyn gan daflegrau siel a daniwyd o'r llong ryfel *Helga* yn yr harbwr. Yr unig syndod oedd i'r Gwrthryfelwyr lwyddo i ddal eu tir am chwe diwrnod. Daeth y cyfan i ben

Dienyddiad un o'r arweinwyr ar ffurf llun a beintiwyd gan artist dienw yn y Fron-goch

brynhawn dydd Sadwrn pan ildiodd Pearse y tu allan i'r Swyddfa Bost.

Teimlai'r Cymry, yn eu gwlad eu hunain ar draws y dŵr neu'n filwyr yn Iwerddon, braidd yn ddryslyd. Pam oedd y Gweriniaethwyr wedi codi arfau yn erbyn Prydain? Roedd Cymru, fel Iwerddon, wedi anfon mwy na'i siâr o ddynion ifanc i ffosydd Ffrainc a Gwlad Belg. Yn wir, byddai 35,000 o Gymry'n colli eu bywyd yn y Rhyfel Mawr. Ac roedd nifer o Gymry ymhlith y milwyr Prydeinig a oedd yn ceisio adfer trefn yn Nulyn.

Ymhlith Cymry Dulyn ar y pryd roedd John Lloyd-Jones, Athro Cymraeg ym Mhrifysgol Iwerddon ac arbenigwr ar 'Eirfa Barddoniaeth Gymraeg Gynnar'. Roedd yn byw yn rhif 129 St Lawrence Road, Clontarf. Yng nghyfrol Huw Llewelyn Williams, *Wrth Angor yn Nulyn* (cyfrol am Gapel Bethel, y capel Cymraeg Methodistaidd yn Talbot Street, Dulyn), cawn atgofion

Freda Lloyd-Jones, priod John Lloyd-Jones, am ddydd Llun y Pasg:

> *Yn ôl eu harfer yr oedd llawer o drigolion Dulyn wedi mynd i lan y môr i Howth neu Kingston neu Dalkey; eraill wedi mynd allan i'r wlad neu i'r rasys. I Howth yr aethom ni. A dyma fynd am y trên yn ôl; ond doedd na'r un trên. Cerdded adref naw milltir. Fel y dynesem am y ddinas clywem sŵn y gynnau'n clecian yn y pellter. Cyrraedd adre'n ddiogel; ond cysgu ar lawr rhag ofn i'r bwledi ddod i mewn trwy'r ffenestri.*

Y dydd Sul dilynol ni chafwyd gwasanaeth yn y Capel Bach ac roedd angen trwydded i fynd i mewn ac allan o'r ddinas, ond erbyn y dydd Sul wedyn roedd drysau Bethel yn agored unwaith eto. Rywbryd yn ystod y brwydro, yn ôl cofnodion Henaduriaeth Môn (roedd Bethel yn aelod ohoni), saethwyd gweinidog Bethel, John Lewis drwy gantel ei het gan fwled strae.

Gydol yr wythnos bu difrifoldeb a ffars yn gymdeithion cyson. Yn Stephen's Green byddai gynnau'r Gwirfoddolwyr, ddwywaith y dydd, yn distewi am rai munudau. Pam? I roi cyfle i geidwad y parc, James Kearney fwydo'r hwyaid yn ddiogel.

Yno, yn brwydro ysgwydd wrth ysgwydd â'r dynion, roedd yr Iarlles Markowitz. Wedi iddi gymryd milwr ifanc o Sais i'r ddalfa disgwyliai hwnnw gael ei saethu. Ond na, gosododd yr Iarlles ef i eistedd ar fainc a'i fwydo â the a bynsen. Ymateb y milwr oedd: 'Trueni na fyddai gwrthryfel yn digwydd bob dydd!'

Ynghanol y saethu a'r lladd meddiannodd George Plunkett a'i ddynion arfog yng Ngarsiwn Kimmage dram cyhoeddus. Yna gofynnodd Plunkett yn foneddigaidd i'r gyrrwr am 59 o docynnau dwy geiniog unffordd i Bont O'Connell a thalodd amdanynt.

Criw o Weriniaethwyr ar eu ffordd i alltudiaeth ar long o North Wall i Gaergybi

Capel Cymraeg Bethel, Dulyn yn Talbot Street

*Un o'r rhai a alltudiwyd, Michael Collins, swyddog ieuengaf y
Gwirfoddolwyr*

*Yr Athro John Lloyd Jones,
a fu'n dyst i'r Gwrthryfel*

*Capel Bethel heddiw, caffi seiber
a neuadd snwcer*

Porthladd Caergybi fel yr ymddangosai ganol y dauddegau

Ar ei ffordd i briodas yr oedd yr Uwchgapten John MacBride, cyn-swyddog ym myddin Prydain yn Rhyfel y Boer. Nid oedd yn aelod o'r Gwirfoddolwyr ond wrth iddo basio Jacob's gwelodd yr hyn oedd yn digwydd ac ar unwaith, yn ei siwt orau, anghofiodd am y briodas ac ymunodd â'r Gwrthryfelwyr. Ymhen llai na phythefnos câi ei ddienyddio gan filwyr Prydeinig yng Ngharchar Kilmainham. Mae ef ymhlith y rhai a enwir gan Yeats yn ei gerdd 'Easter 1916'. Roedd Yeats yn ei gasáu am iddo briodi'r actores Maud Gonne, gwrthrych serch y bardd ac, yn ôl un edmygydd, y wraig harddaf yn Ewrop.

> *This other man I had dreamed*
> *A drunken, vainglorious lout.*
> *He had done most bitter wrong*
> *To some who are near to my heart,*
> *Yet I number him in my song ...*

*Y Capten John McBride yn cael ei hebrwng i'r ddalfa. Roedd ymhlith
y pymtheg a ddienyddiwyd*

Fe barhaodd y cyfuniad o drasiedi a ffars hyd ddiwedd
y Gwrthryfel. Yn yr *Irish Independent* ar y 10fed o Fai,
cyhoeddwyd stori am ddau filwr o Ddulyn – y naill yn
rebel a'r llall yn aelod o fyddin Prydain – yn cyfarfod ei
gilydd mewn cythrwfl. Meddai un: 'Dduw mawr, Tom,
yma rwy'n dy ganfod di! Rhed am dy fywyd!'

Fe gymerodd y rebel awgrym y milwr gan ffoi nerth
ei draed. Roeddent yn frodyr.

Ymhlith geiriau olaf Connolly wrth ei wraig, Norah,
roedd hanesyn am ddyn a aeth, ym merw'r brwydro, at
gownter y Swyddfa Bost i geisio prynu stamp ceiniog.
Pan wrthodwyd ei gais, ei ymateb oedd: 'I ba beth mae
Dulyn yn dod pan na fedrwch chi brynu stamp ceiniog
yn y Swyddfa Bost!'

I ba beth, yn wir.

Yn raddol y cyrhaeddodd y brwydro i'w uchafbwynt. Yn y *Sinn Féin Revolt Illustrated* dywedodd rhywun a alwai ei hun yn 'JWM' iddo gerdded ar hyd Sackville Street ar y dydd Mawrth heb ganfod na phlismon na thram na'r un cerbyd arall, dim ond llond stryd o bobl yn gwylio mewn awyrgylch gwyliau. Yma ac acw gwelai ambell adeilad wedi ei atgyfnerthu gan faricedau a dynion gerwin, distaw yn dal reifflau wrth ddisgwyl ymosodiad. Yn y *GPO* roedd dynion yn segura wrth ffenestri drylliedig wedi eu hatgyfnerthu â bagiau post, rhai yn smygu, eraill yn bwyta'u dognau o fwyd a gâi eu cario mewn bagiau ysgwydd, tra bo eraill yn dal ar y cyfle i gipio sgwrs frysiog â'r menywod – mamau, gwragedd, cariadon – ar y palmant. Gerllaw gwelai gyrff dau o geffylau'r *Lancers* yn pydru.

Yng ngwesty'r *Gresham* daliwyd rhyw Mrs Donoghue yn gaeth gan y digwyddiadau. Yn ei dyddiadur ysgrifennodd:

> *Rwyf wedi byw drwy wyth niwrnod o uffern, fy ymennydd wedi'i serio a'm dwylo a'm traed yn flinedig gan gymaint o waith a cherdded. Fe wnes i bron iawn â chlemio ynghanol dau gant o bobl eraill mewn gwesty crand.*

Yn ei llyfr coginio, nododd rhyw Mrs Constance Spry fod ffrindiau iddi wedi cael eu dal yng nghyffiniau Castell Dulyn a'u cyfyngu i fwyta dim byd ond deiet diddiwedd o eog am ymron i wythnos: 'Bendith iddynt fuasai cael llyfr Mrs Prunier, sy'n cynnig cymaint â 30ain o wahanol ffyrdd o baratoi'r pysgodyn blasus, ond bras.'

Yna dechreuodd yr ysbeilio. Y nwydd cyntaf i'w ddwyn o siop oedd pecyn o flawd i'w droi yn bast at rhyw ddiben milwrol. Ond y siopau cyntaf i'w hysbeilio o ddifrif, yn ôl 'JMW', oedd 'y siopau lolipops'. Yna siopau esgidiau a dillad. Gwelwyd menywod a phlant wedi'u gwisgo mewn dillad wedi'u dwyn, a nwyddau fel watsiau a diodydd meddwol yn cael eu gwerthu ar y strydoedd am geiniogau yn unig. Ysbeiliwyd siop deganau a ffotograffau *Lawrences* ac yna fe'i llosgwyd. Yn fuan roedd Sackville Street yn un trwch o wydr mâl, darnau o fframiau ffenestri, blychau cardbord, papur a hetiau o bob math.

Yn Talbot Street gwelwyd bachgen mewn siwt lawer yn rhy fawr iddo gyda label y pris yn dal ar y coler. Trawai bêl denis â chlwb golff ac ar ôl pob ergyd, edrychai ar y bêl drwy bâr o feinociwlars drudfawr. Gwelwyd dwy ferch ffatri yn eu sioliau-bob-dydd yn cerdded i lawr Great Britain Street yn cario raced denis bob un ac yn gwenu'n braf.

Ceir stori apocryffaidd am fachgen yn cario pâr o esgidiau newydd pan ddaeth wyneb yn wyneb ag offeiriad Catholig. Gofynnodd y Tad iddo'n sarrug: 'Ble gefaist ti'r esgidiau yna?'

Ateb y bachgen oedd: 'Draw yn y siop fan acw. Os na wnei di frysio fe fyddi di'n rhy hwyr. Fe fydd y blydi lot wedi'u dwyn!'

I'r dramodydd Seán O'Casey, cyn-ysgrifennydd yr *Irish Citizen Army* a phensaer cyfansoddiad y fyddin honno, yr ysbeilwyr oedd 'yr unig blydi Sosialwyr go iawn yn Nulyn' yr wythnos honno. Cychwynnodd y ddinas losgi ac fe ledaenodd y tanau wrth i'r *Helga* barhau i saethu taflegrau deunaw pwys o aber afon Liffey tuag at *Liberty Hall* ac erbyn dydd Iau roedd calon y ddinas yn wenfflam. Disgrifiodd O'Casey'r olygfa yn fyw iawn: 'Roedd y fflamau'n codi'n uwch nes bod y ffurfafen yn ymddangos fel perl ruddem enfawr yn hongian o glust Duw.'

O weld y goelcerth o ffenest ei gartref, fe wylodd Augustine Birrell, yr Uwch Ysgrifennydd dros Iwerddon.

O ben tŵr y Frigâd Dân, disgrifiodd y milwr Gweriniaethol a'r awdur Ernie O'Malley'r profiad o weld Dulyn yn ymestyn fel map islaw, ac yntau'n adolygu ei holl hanes truenus. Gymaint oedd grym y fflamau gyda'r nos fel y gallai trigolion Killiney, naw milltir i ffwrdd, weld Colofn Nelson ger y Swyddfa Bost o'u cartrefi am y tro cyntaf erioed.

Ymhlith y rhai oedd yn gwylio'r goelcerth roedd plentyn chwech oed yn llaw ei dad. Enw'r plentyn hwnnw, a dyfai i fod yn ddramodydd o fri, oedd Samuel Beckett.

Nid oedd Connolly wedi disgwyl y dacteg o ddanfon llong arfog i fyny'r afon i danio taflegrau. Nid oedd y Prydeinwyr yn chwarae'r gêm. A dyna pryd y sylweddolodd nad oedd tactegau Emmett yn ymarferol.

Y *GPO* oedd pencadlys a chanolfan symbolaidd y brwydro. Yno y codwyd y faner drilliw, y gwyrdd yn cynrychioli'r Weriniaeth, yr oren yn cydnabod Gwyddelod siroedd y gogledd a'r gwyn yn pontio'r ddwy garfan. Codwyd hefyd faner werdd gyda'r geiriau *Irish Republic* arni mewn llythrennau gwyn. Câi'r gwŷr a gododd y baneri hynny, Gearóid O'Sullivan yn achos y naill ac Eamon Bulfin y llall, eu hebrwng yn ddiweddarach i'r Fron-goch.

Credir i ragor na phedwar cant o Wirfoddolwyr gymryd rhan yn yr ymladd yn y *GPO*. Flynyddoedd yn ddiweddarach, mynnodd aelod o'r *Dáil Eirann*, sef Llywodraeth Iwerddon, y gallai'r holl ddynion a hawliodd bensiynau ar sail y ffaith iddynt ymladd yn y *GPO* ym 1916 fod wedi bod yn ddigon i guro'r milwyr Prydeinig yn rhacs!

Ond roedd y Gwirfoddolwyr wedi cipio canolfannau strategol eraill yn y ddinas, fel y Four Courts ar lan yr afon, St. Stephen's Green, Jacob's Factory, Boland's Mill, a'r South Dublin Union a Jamesons yn Marrowbone Lane. Bu'r brwydro ffyrnicaf yng nghyffiniau Mount Street Bridge, lle daliodd tri ar ddeg o Wirfoddolwyr (a Joe Clarke yn eu plith) eu tir am ddau ddiwrnod a hanner yn erbyn rhai cannoedd o'r *Sherwood Foresters*. Pan ddaliwyd Joe, dygodd swyddog Prydeinig ei bistol oddi arno a'i anelu at ben y Gwirfoddolwr. Methodd y gwn â thanio. Cyn i'r swyddog roi cynnig ar ei danio eilwaith, ymyrrodd meddyg a oedd yn tendio'r clwyfedig ac achubwyd bywyd Joe.

Y tu allan i Ddulyn roedd Iwerddon yn dawel. Bu ychydig o ymladd yng ngogledd Swydd Ddulyn o dan arweiniad Thomas Ashe a Richard Mulcahy; bu rhyw fân ffrygydau yn Swydd Galway o dan arweiniad Liam Mellows; ac fe gododd rhai o'r Gwirfoddolwyr lleol yn Enniscorthy yn Swydd Wexford.

Mae'n anodd dod o hyd i'r ystadegau cywir ond credir i'r 1,650 o Wrthryfelwyr (1,200 i gychwyn) – a thua 150 o fenywod yn eu plith – wynebu dros 2,000 o filwyr Prydeinig yng nghyffiniau Dulyn. Amcangyfrifir i 62 o'r Gwrthryfelwyr, 132 o filwyr Prydeinig a phlismyn a 256 o bobl gyffredin, gan gynnwys 28 o blant, gael eu lladd. Anafwyd 2,585.

Pan oedd y cyfan drosodd, daeth y Gweriniaethwyr dryslyd a blinedig allan i wynebu dinistr llwyr o gwmpas y *GPO*. Gadawodd rebeliaid y *GPO* eu harfau wrth droed cofadail Parnell i sŵn gwawd a rhegfeydd trigolion cyffredin y ddinas – y mwyafrif yn wragedd a mamau, llawer â'u gwŷr a'u meibion yn ymladd yn Ffrainc. Roedd 17,536 o ddynion Dulyn yn unig wedi ymuno â byddinoedd Prydain. Doedd dim rhyfedd nad oedd gan werin y ddinas fawr o gydymdeimlad â'r *Shinners*, fel y'u gelwid. Ar y pryd roedd y Cadfridog Haig yn hel dynion ar gyfer cychwyn ei gyrch yn y Somme, brwydr a oedd i bara tan fis Tachwedd. Cipiodd y frwydr honno fywydau 420,000 o filwyr Prydeinig. Yng ngwres y frwydr honno roedd y *36th Ulster Division*, milwyr a oedd wedi listio fel aelodau o'r *Ulster Volunteer Force*. Bu cynifer o golledion yn eu plith fel nad oedd yr un teulu yn Siroedd y Gogledd heb golli tad, mab, ffrind neu gariad.

Ond roedd elfennau eraill yn gyfrifol am ddicllonedd y dinasyddion cyffredin. Heb sôn am y colledion ymhlith y werin bobl, roedd y Gwrthryfel wedi difetha canol y ddinas yn llwyr ac nid y milwyr Prydeinig a'r llong ryfel a achosodd y difrod a'r marwolaethau hynny i gyd. Y Gwirfoddolwyr eu hunain fu'n gyfrifol am y farwolaeth gyntaf oll a briodolir i'r brwydro. Bu'r awdur James Stephens yn dyst iddi.

Y tu allan i Stephen's Green gwelodd ddinesydd cyffredin yn cael ei amddifadu o'i gert. Fe'i dygwyd oddi wrtho er mwyn atgyfnerthu'r amddiffynfeydd. Ceisiodd y dyn gipio'i gert yn ôl. Fe'i rhybuddiwyd i ymatal. Wnâi'r dyn ddim gwrando. Anelodd un o'r Gwirfoddolwyr ei reiffl tuag ato gan ddechrau cyfrif. Ar ôl cyrraedd pedwar, taniodd. Meddai Stephens:

Poerodd y reiffl tuag ato ac mewn dau ystumiad troellog, suddodd i mewn i'w gorff ei hun a llithrodd i'r llawr ... Gwelais dwll yn nhop ei ben, ac ni all unrhyw un sylweddoli pa mor hyll y gall gwaed ymddangos nes ei weld yn ceulo mewn gwallt ... Wrth i'r truan gael ei gludo i mewn, disgynnodd menyw ar ei gliniau ar y ffordd a dechrau sgrechian. Ar y foment honno, roedd y Gwirfoddolwyr yn bobl i'w casáu.

Alltudiwyd dros 2,500 o Weriniaethwyr, rhai heb fod o fewn milltir i ddryll. Erbyn iddynt ddychwelyd byddai llofnodwyr Datganiad Annibyniaeth Iwerddon wedi eu dienyddio: Tom Clarke, MacDiarmada, MacDonagh, Pádraig Pearse, Eamonn Ceannt, James Connolly a Joseph Plunkett. Felly hefyd nifer o'r swyddogion milwrol: John McBride, Edward Daly, Michael O'Hanrahan, Con Colbert, Seán Heuston, Michael Mallin a Thomas Kent. A Willie Pearse, 18 oed. Milwr cyffredin oedd Willie. Ei drosedd oedd bod yn frawd i Pádraig.

Roedd amodau'r dienyddio mewn rhai achosion yn ddigon i wylltio pobl a fu gynt, ar y gorau, yn llugoer tuag at y syniad o Weriniaeth. Oherwydd ei anafiadau, ni fedrai Connolly sefyll. Fe'i cludwyd o'r ysbyty i garchar Kilmainham mewn ambiwlans a'i saethu ar ei eistedd wedi'i glymu mewn cadair. Yn achos Joseph Plunkett, fe'i priodwyd ef a'i gariad, Grace Gifford yng nghapel y carchar brin awr cyn ei arwain at y stanc. Ar ôl y dienyddio, gwrthodwyd rhyddhau'r cyrff i ofal y teuluoedd. Aed â nhw i'w claddu'n dorfol mewn twll yng ngogledd y ddinas a thywallt calch brwd drostynt.

Disgrifiodd y Fonesig Fingall y dienyddiadau hyn fel 'gwylio gwaed yn llifo allan dan ddrws caeedig'. Ond mynnodd Peter Somerville-Large yn ei gyfrol *Fifty Years of Irish Life 1916-1966* nad oedd y dienyddiadau ddim mymryn yn fwy ciaidd na'r rheiny a weithredid yn eu cannoedd am droseddau milwrol ar y Ffrynt Orllewinol.

Ym mis Awst crogwyd Syr Roger Casement am fod yn uwch deyrnfradwr. Erys cryn ddirgelwch o gwmpas

Carcharorion Almaenig a symudwyd o'r Fron-goch i wneud lle i'r Gwyddelod

bedydd Casement. Fe'i bedyddiwyd yn Brotestant ond ar y 5ed o Awst, 1868 ac yntau ymron yn dair oed, aeth ei fam ag ef i Eglwys Gatholig y Santes Fair yn y Rhyl lle cafodd ei fedyddio yn *sub conditione*, sef bedydd ar gyfer y rheiny a fedyddiwyd yn wreiddiol yn Brotestaniaid. Trigai'r teulu yn Worthing yn Lloegr ar y pryd a does dim esboniad pam aeth ei fam ag ef i'r Rhyl o bobman.

Yr unig rai o brif arweinwyr y Gwrthryfel a arbedwyd oedd Eamon de Valera a'r Iarlles Marcievicz. Priodolir ei arbediad ef i'r ffaith ei fod yn ddinesydd Americanaidd, a'i harbediad hithau i'r ffaith ei bod hi'n fenyw. Bu galwad i ddienyddio Eóin MacNéill, Arweinydd y Gwirfoddolwyr. Yn ôl Thomas Jones, Ysgrifennydd y darpar Brif Weinidog yn ei ddyddiadur am 1918-1925, fe blediodd John Redmond, Arweinydd y

Blaid Seneddol Wyddelig dros arbed MacNéill gan ddweud bod hwnnw'n un o'r ysgolheigion Gaeleg mwyaf blaengar. Trodd y Cymro at Asquith a dweud: 'Dduw mawr, fedrwn ni ddim lladd ysgolhaig Gaeleg, a dyna ben ar y mater!'

Mae'n debyg bod Lloyd George wedi ystyried y byddai dienyddio'r fath ddyn yn gyfystyr â dienyddio rhywun fel T. Gwynn Jones.

Ond roedd y drwg wedi'i wneud. Roedd Prydain unwaith eto wedi cyflawni'r ffolineb a gyflawnodd droeon o'r blaen, ac a wnâi ei gyflawni eto yn y dyfodol. Defnyddiwyd y dwrn haearn yn hytrach na thrugaredd a chyfiawnder. Meddai Gordon Corrigan yn *Mud, Blood and Poppycock*:

> *Gwrthwynebwyd Gwrthryfel honedig 1916, methiant pitw mewn termau milwrol, gan y mwyafrif mawr o bobl Iwerddon; ond bu'r ymateb Prydeinig iddo, gydag 88 o'r arweinwyr yn wynebu cyhuddiad o wrthryfela a'u condemnio i'w dienyddio gan lysoedd milwrol, a phymtheg yn cael eu dienyddio, yn ddigon i wyrdroi'r farn o fynnu statws Dominiwn i hawlio datgysylltiad llwyr oddi wrth Brydain. Fe wnaeth hefyd frawychu barn niwtral, yn arbennig yn America, a daeth yn gyfle prin a defnyddiol fel propaganda Almaenig.*

Drannoeth dienyddiad Connolly, fe ysgrifennodd George Bernard Shaw yn y *Daily News*:

> *Bydd y Gwyddelod a saethwyd yn cymryd eu lle ochr yn ochr ag Emmet a Merthyron Manceinion yn Iwerddon, ac ochr yn ochr ag arwyr gwlad Pwyl a Serbia a gwlad Belg yn Ewrop; a does yna ddim byd yn y nef nac ar y ddaear a all atal hynny.*

Gwir a ddywedodd Shaw. A byddai gan Wersyll y Fron-goch ran amlwg i'w chwarae wrth wireddu'r broffwydoliaeth.

2

Y Rhiwlas

Ganrif yn ôl, cymuned o dyddynwyr a grafent fywoliaeth o'r tir di-ildio oedd mwyafrif trigolion Capel Celyn. Tenantiaid oeddynt oll i berchennog stad y Rhiwlas mewn cymuned uniaith Gymraeg. Adroddir o hyd hanesyn am un o'r tenantiaid hynny, Davies Fedw'r Gog. Mynnir mai ef wnaeth ddyfeisio'r tanc milwrol. Fel ateb i'r anhawster a gâi i lusgo wagenni ar draws rhai o'i gaeau corsog, adeiladodd draciau i'w gosod dros yr olwynion. Ond, medd traddodiad lleol, lladratawyd y patent gan Gapten digydwybod o Wersyll y Fron-goch a'i werthu i'r Swyddfa Ryfel. Mae'r cynlluniau yn bodoli ymhlith y teulu o hyd.

Ymhlith y Gwyddelod a gaethiwyd yn y Fron-goch ym 1916 byddai amryw a deimlent yn gartrefol ar lethrau moel Meirionnydd. Un ohonynt oedd Michael Collins, na fedrai beidio â sylwi ar y tebygrwydd rhwng y fro honno a'i ardal enedigol yng ngorllewin Swydd Corc. Nid yn unig yr ymddangosai'r ddwy ardal yn debyg i'w gilydd, fe ddioddefodd y naill fel y llall o ystrywiau landlordiaid diegwyddor. Pan oedd yn blentyn, byddai Collins wedi bod yn dyst i ymdrechion y Cynghrair Tir Gwyddelig, *y Land League*, i amddiffyn ffermwyr rhag cael eu troi allan o'u tyddynnod. Yn wir, bu Michael Davitt, arweinydd *y Land League*, yn annerch ym Mlaenau Ffestiniog ym 1885.

Fel cenedlaethau o Wyddelod, roedd trigolion ardal y Bala yn gynefin ag effeithiau ymfudo. Ym 1862, hwyliodd dau ar bymtheg o deuluoedd o Grynwyr o'r ardal am Bennsylvania rhag erledigaeth grefyddol.

Michael D. Jones, yntau o'r Bala, fu'n allweddol wrth sefydlu'r Wladfa ym Mhatagonia ym 1865.

Er gwaetha'r tebygrwydd rhwng y Cymry a'r Gwyddelod, ceid un gwahaniaeth sylfaenol. Pan drawsblannwyd y Gwyddelod, roedd bron bob un yn Babydd yng nghanol caer o Ymneilltuaeth. Yn y Bala y sefydlodd Thomas Charles (1755-1814) wasg ar gyfer lledaenu'r Gair a dysgu'r werin i ddarllen. Hyrwyddodd fudiad yr Ysgol Sul a darlleniadau o'r Beibl ac fe grynhoai carfannau o bobl ifanc ar gyfer prynu Beiblau yn y Bala. Trodd hanes Mary Jones, a gerddodd bum milltir ar hugain yn droednoeth i brynu Beibl, yn chwedl.

Ond nid yr un oedd Ymneilltuaeth y fro hon â natur Ymneilltuaeth gweddill Cymru. Yn rhan annatod o'u hymarweddiad roedd i bobl yr ardal ddogn helaeth o ystyfnigrwydd annibynnol. A dyna un esboniad sut y caniatawyd agor distyllty wisgi yno.

Her a osodwyd un prynhawn yn Hyde Park ym 1887 a arweiniodd at hynny. Rhyw hanner cellwair oedd Richard John Lloyd Price, sgweier y Rhiwlas, a Robert Willis, cyfaill iddo, pan drodd y sgwrs at fethiant Cymru i gynhyrchu wisgi. Eginodd yr hedyn yn nychymyg Lloyd Price ac o fewn dwy flynedd roedd wisgi Cymreig yn llifo i boteli a chasgenni mewn distyllty ar lan afon Tryweryn.

Richard John Lloyd Price oedd un o ddynion mwyaf dyfeisgar Cymru yn y bedwaredd ganrif ar bymtheg. Clywyd edliw ar hyd y blynyddoedd am ddiffyg menter ymhlith y Cymry. Roedd Lloyd Price yn eithriad. Yn ddyn llawn dychymyg, gallai olrhain llinach ei ragflaenwyr yn ôl at Farchweithian, sefydlydd yr Unfed Llwyth ar Ddeg o Uchel Dras yng Nghymru. Roedd un o'i hynafiaid, Syr Rhys ap Meredydd, neu Rhys Fawr, wedi arwain dynion Hiraethog i Faes Bosworth lle cododd faner y Ddraig Goch.

Ŵyr i Rhys, sef Cadwaladr Price, brawd i'r Dr Ellis Price, neu'r Doctor Coch, a sefydlodd Bendefigaeth y Rhiwlas. Disgrifiwyd hwnnw gan Thomas Pennant fel y cnaf mwyaf a'r gormeswr gwaethaf yn ei gymdogaeth.

Erbyn 1840 roedd y Rhiwlas yn un o bum stad yn Sir Feirionnydd a oedd yn berchen ar dros 10,000 erw o dir, sef yr isafswm ar gyfer bod yn stad Uchelwr. Cododd o 9,190 erw a 91 o ffermydd ym

R. J. Lloyd Price, heliwr ac ecsentrig

1797 i 14,751 erw a 168 o ffermydd, gyda'r cynnydd i'w briodoli'n bennaf i gaffaeliad stad Rhiwaedog.

Erbyn 1873, yn ôl *Returns of Owners of Land*, roedd gan y Rhiwlas 17,717 o erwau ac fe hawliai rent o £9,386 y flwyddyn. Erbyn 1890 roedd y stad ymhell dros 40,000 erw a'r rhent a dderbynnid yn £13,000. Ond yn ôl Watcyn L. Jones yn ei gyfrol *Cofio Tryweryn*, nid oedd y sefyllfa ariannol cystal ag yr ymddangosai. Ar wahanol adegau – 1905, 1911 a 1917 – roedd morgais uchel ar y stad a benthycwyd arian o wahanol ffynonellau.

Mewn rhifyn o *Gylchgrawn Hanes Sir Feirionnydd* ym 1962, ceir erthygl hynod werthfawr am ddiwydiannau coll stad y Rhiwlas gan J. H. Lloyd (Peryddon). Ynddi disgrifir R. J. Lloyd Price fel gŵr a gâi gryn foddhad mewn hela. Cyhoeddodd nifer helaeth o lyfrau a phamffledi yn cynnwys *Dogs' Tales Wagged by Lloyd*

Portread o R. J. Lloyd Price sydd i'w weld yn y Rhiwlas

Price; Rabbits for Powder and Rabbits for Pleasure; Practical Pheasant Rearing; Grouse Driving; Whist Over a Sandwich; Bridge Over a Sandwich a'r gyfrol gydag un o'r teitlau hiraf a fathwyd erioed, *The History of Rulace or Rhiwlas; Ruedok or Rhiwaedog; Bala, it's Lake, the valleys of the Dee River; and much more of Merionethshire and Counties adjacent thereto.* Roedd yn gapten ym Milisia Sir Feirionnydd ac yn un o Ddirprwy Raglawiaid y sir.

Roedd gan y sgweier, a addysgwyd yn Eton a Choleg Christchurch, gartref yn un o ardaloedd mwyaf ffasiynol Llundain, sef 40 Abermarle Street W1, ac roedd yn aelod o nifer o glybiau gan gynnwys *Turfs* (lle mae darlun ohono yn dal ar y mur), y *Carlton*, yr *Union*, yr *Eccentric* a'r *MCC*, sef Clwb Criced Marylebone.

Arwydd o'i ddiddordeb mewn cŵn oedd mai R. J. Lloyd Price ym 1873 wnaeth drefnu'r ymryson cŵn defaid cyntaf erioed. Yn wir, ef a greodd y gamp. Aeth yn ddadl rhyngddo a thirfeddiannwr o'r Alban yn y *Turf Club* pa un ohonynt oedd yn berchen ar y ci defaid gorau. Yna trodd y ddadl yn her wrth i Lloyd Price wahodd yr Albanwr i ddewis cŵn a bugeiliaid gorau ei genedl i gystadlu yn erbyn goreuon y Rhiwlas. Yn anffodus, o blith deg o gystadleuwyr, ci a bugail alltud Albanaidd a enillodd, sef James Thompson a Tweed o Fwlch yr Horeb, Caletwr. Ond pan gynhaliwyd y treialon rhyngwladol cyntaf yn Alexandra Park, Llundain ar y 30ain o Fehefin, 1876, sef *The Colley Trials*

– wedi eu trefnu eto gan Lloyd Price a'r *Kennel Club* – yr enillydd oedd John Thomas o Gwmyraethnen, Hirnant gyda'i ast bedair blwydd oed, Modi. Gast las oedd Modi ond yn anffodus, aeth rhywbeth ar goll yn y cyfieithiad mewn un adroddiad Saesneg. Fe'i disgrifiwyd fel '*green bitch*'!

Yn ôl Robin Price, gor-ŵyr i R. J. Lloyd Price, ni newidiodd y rheolau fawr ddim ers eu gosod gan ei hen daid ym 1873:

> *Dim ond un gwahaniaeth sylfaenol sydd. Tra bod gofyn i'r bugail heddiw sefyll 12 troedfedd o'r postyn cyn y corlannu, roedd rheolau Lloyd Price yn golygu y câi'r bugail ei glymu wrth y postyn â rhaff 12 troedfedd o gwmpas ei ganol.*

Erbyn hyn ceir llechen ar y Garth Goch, ddwy filltir i'r dwyrain o'r Bala, yn nodi'r fan lle cynhaliwyd yr ymryson cyntaf yng Nghymru. Roedd y graig uwchben yn eisteddle naturiol ar gyfer gwylio campau'r cŵn.

Cadwai Lloyd Price gymaint â chant o gŵn hela a chyflogai ddau ddyn i ofalu amdanynt. Gymaint oedd ei hoffter o gŵn nes iddo neilltuo mynwent i gŵn y stad. Galwai'r fynwent yn South America a châi pob ci garreg fedd. Yn ffodus iawn fe aeth J. H. Lloyd ati i gofnodi rhai o'r beddargraffiadau. Ceir un i ast o'r enw Stay:

> *She ever answered the name of STAY,*
> *Never disobeyed her Master's call,*
> *Save once when ranging far away,*
> *The once for all.*

Coffeir hefyd Stric, Spot a Fatpaws. Ceir meini yn dwyn yr enwau Nellie, An Ally, Panore, Petite a Grisette.

Hefyd ceir Oyster, Joe, Gather – a Comedy, a saethwyd drwy ddamwain gan 'ei meistr torcalonnus' ar yr 2il o Hydref, 1877.

Ceir cerdd gyfan o farwnad i gi Airedale dewr a ffyddlon o'r enw Major:

> *Somewhere in the Courts of Heaven today*
> *An Airedale angel waits;*
> *With other angels he will not play*
> *But sits alone at the gates;*
> *For I know that my Master will come, sez he*
> *And when she comes she will ask for me.*
>
> *And his Master far down on the earth below*
> *As she roams through the country so fair,*
> *Forgets sometimes and whistles low*
> *For the dog that is not there:*
> *And the little dogs's angel cocks his ears*
> *And thinks that his Master's voice he hears.*
>
> *But I know when at length his Master waits*
> *Outside in the dark and cold,*
> *For the hand of Death to open the gates*
> *That lead to the halls of gold,*
> *That the Airedale angel's cheery bark*
> *Will welcome her soul in the shivering dark.*

Sylwer fod Master yn fenywaidd yn y gerdd; awgrym, hwyrach, mai ci Mrs Lloyd Price oedd Major.

Enghraifft arall o hoffter y sgweier o gŵn yw iddo sefydlu'r *Zigzag Club*, gan benodi un o'r cŵn, Gather, yn ysgrifennydd. Un o weithgareddau'r clwb oedd chwarae criced, ond gyda rheolau amgen. Ni châi'r batwyr daro'r bêl yn rhy galed ond petai digwydd i

*Aelodau o'r Zig-zag Club. Saif Lloyd Price yr ail o'r chwith yn y cefn.
Penododd ei ast ddefaid, Gather fel ysgrifennydd*

rywun daro'r bêl dros y clawdd, byddai gofyn naill ai i'r
batiwr ei chyrchu neu ddanfon am fachgen o'r Bala i
wneud hynny ar ei ran. Rheol arall oedd na châi'r clwb
ond chwarae gemau yn erbyn tîm y byddent yn debygol
o'i guro.

Nid i'r cŵn yn unig y cyfansoddodd yr hen sgweier
feddargraffiadau. Ceir beddargraff diddorol ar
gladdgell y teulu ym mynwent Llanfor, un a luniodd
Lloyd Price ar gyfer ei orweddfan olaf ei hun. Pan oedd
ffortiwn y stad ar drai, mentrodd y cyfan a feddai ar
geffyl o dras Wyddelig o'r enw Bendigo yn y *Jubilee
Stakes* yn Kempton ym 1887. Fe enillodd Bendigo gan
adfer ffortiwn y sgweier. Roedd Bendigo yn chwedl yn
ei ddydd. Enillodd gyfanswm o dros £30,000 drwy
ddod yn fuddugol mewn chwech o'r prif rasys – yr
Eclipse yn Sandown, y *Cambridgeshire*, yr *Hardwicke* yn
Ascot, y *Lincolnshire* a'r *Champion* yn Newmarket yn

*Portread o Bendigo, y ceffyl a achubodd Lloyd Price
rhag mynd yn fethdalwr*

ogystal â'r *Jubilee*. Uwchlaw drws y gladdgell ceir
teyrnged Lloyd Price i'r ceffyl:

> As to my latter end I go, to meet my Jubilee,
> I thank my good horse Bendigo, who built this tomb for
> me.

Roedd ganddo gariad mawr at geffylau. Yng ngofal y
stablau roedd rhyw Mr Gildart. Cofiai J. H. Lloyd yr
adeiladau eang gydag enw pob ceffyl uwchlaw'r llociau.
Roedd yno gwpwrdd gwydr i ddal yr offer, cwrt helaeth
a chloc urddasol ynghyd â stafelloedd ar gyfer y
gweision.

Bwriad Lloyd Price oedd troi'r stad yn un o
ffermydd helwriaethol mwyaf Prydain. Plannwyd
trigain erw o goedlannau yn lloches i ffesantod, medd
Einion Wyn Thomas (mewn darlith sydd heb ei
chyhoeddi). Crëwyd tair warin cwningod – y mwyaf ar

dir Eglwys Ann, neu'r Glwysan, yn mesur 350 erw. Ar y 7fed o Hydref, 1885 saethwyd dros bum mil o gwningod yno gan ddeg saethwr. Sefydlwyd hefyd fagwrfeydd ffesantod ac ar gyfer porthi'r adar cynhyrchid bwyd arbennig – y *Rhiwlas Game Meal*.

Câi'r *Rhiwlas Game Farm*, a sefydlwyd ym 1880, ei hysbysebu fel yr hynaf a'r fwyaf yng Nghymru, yn ymestyn dros 20,000 erw. Ymhlith y cynnyrch a hysbysebid yr oedd wyau petris a ffesantod. Cynhelid adloniant yng ngwesty'r *Goat* yn y Bala ar gyfer ciperiaid a ddeuai yno i

Why ? with capers so many ?
John Jones, gay, you are,
" Welsh Whisky," dear Jenny,
From Bala ; " *bur ddha*."

Hysbyseb ddyfeisgar i'r wisgi Cymreig

nôl wyau. Talai saethwyr ar gyfartaledd rhwng £250 a £300 y tymor am y fraint. Sefydlwyd pump o saethfeydd mynydd ar gyfer grugieir a throwyd Plas Rhiwaedog yn *Rhiwaedog Sporting Hotel*.

Cyflogai Lloyd Price nifer o giperiaid a chododd fythynnod ar eu cyfer yn y Cwm, Pant-glas, Brynbanon ac yn y Rhiwlas. Y prif giper oedd William Guest. Gerllaw cartref hwnnw roedd stordy ar gyfer ffrwyth helwriaeth ac yn aml gwelid basgedi'n llawn ffesantod a chwningod yn cael eu cludo i orsaf reilffordd y Bala er mwyn eu dosbarthu i werthwyr yn Lloegr. Roedd yr wythnos saethu ffesantod flynyddol yn y Rhiwlas yn ddigwyddiad o bwys. Yr un mor enwog oedd y saethu grugieir ar y mynyddoedd cyfagos bob mis Awst.

Y distyllty wisgi pan oedd y busnes ar ei anterth

Y trên wisgi yn barod i adael gyda llwyth o'r hylif euraid

Yn y cyfamser, eilbeth oedd gwaith arferol y fferm, a oedd dan ofal John Williams. Wrth ymyl y plas ceid gerddi ynghyd â bythynnod ar gyfer y garddwyr a'u pennaeth. Cofiai J. H. Lloyd y seiri coed a meini a'r towyr a gyflogid yno. Ceid melin lif ar afon Meloch ger Tomen Gastell a ffatri gwneud brwsys, o dan reolaeth Mr Ingham, yn Ysgubor Isaf. Mewn catalog o'r cyfnod rhestrir hanner cant a thri o wahanol fathau o frwsys. Ynddo mae logo'r cwmni, y *Rhiwlas Brush Works*, yn arddangos menyw mewn gwisg Gymreig yn dal pedwar brws.

Cadwai Lloyd Price ei ladd-dy ei hun gan gyflogi cigydd o'r enw William Roberts. Agorwyd hefyd waith clai llwyddiannus yn y Cwm. Credir i Swyddfa Bost y Fron-goch a bythynnod garddwyr y stad gael eu codi â brics a gynhyrchwyd yno. Ar fur y Swyddfa Bost ceir yr arysgrif 'Home made House, Bricks and slates produced on Rhiwlas estate'.

Dengys cofnod arall i Lloyd Price sefydlu gwaith priddgalch ar gyfer pannu, lliwio a sgleinio gwlân yn ogystal â chynhyrchu sebon, olew a diheintyddion ym 1891. Yn ôl broliant y cwmni, roedd y priddgalch yn addas ar gyfer gwneuthurwyr tarpolinau ac yn ddiheintydd naturiol a doddai mewn dŵr heb adael unrhyw lygredd. Enillodd y cynnyrch rhyfeddol Fedal Arian a Diploma yn Arddangosfa Chicago ym 1893.

Yn y *Liverpool Daily Post Courier* fis Rhagfyr, 1892, cafodd darganfyddiadau daearegol ger gorsaf reilffordd y Fron-goch gryn sylw. Yn ogystal â'r priddgalch darganfuwyd clai glas oedd yn cynnwys alwminiwm. Dywedid fod y clai yn addas ar gyfer gwneud brics lliw coch tywyll neu liw siocled, deunydd *terra-cotta* a theils draenio. Byddai'r priddgalch, meddai'r erthygl, o ddiddordeb mawr i wneuthurwyr cynnyrch gwlân

Staff y distyllty pan oedd y wisgi'n llifo i gasgenni a photeli

Poster yn hysbysebu'r wisgi gyda llun o Mrs Lloyd Price
mewn gwisg Gymreig

Cymreig ac i'r rheiny a oedd am buro gwin o weddillion eplesu. Roedd y Fron-goch, meddai'r gohebydd, i ddod yn ganolfan o gryn bwysigrwydd gyda dyfodiad diwydiannau newydd a gaent eu hybu gan gyfalafwyr mentrus o Lerpwl.

Dengys yr erthygl hefyd mor fedrus oedd Lloyd Price wrth hybu ei gynnyrch. Yn gynnil iawn, wrth sôn am ddarganfod y clai, dyfynnir y wireb, 'lle mae clai, mae glo'. Aeth yr erthygl ymlaen i gyhoeddi fod cwmni ar fin cael ei sefydlu yn Lerpwl ar gyfer codi odynau brics yn y Fron-goch i gyflenwi teils draenio i ffermwyr Cymru a phibellau dŵr glanweithiol i Iwerddon.

Agorodd Lloyd Price chwareli llechi yng Nghaletwr nid nepell o bentref Llandderfel. Y gobaith oedd creu rhyw ail Flaenau Ffestiniog. Tybiai J. H. Lloyd hefyd mai'r sgweier oedd yn gyfrifol am odyn galch ar dir y Garnedd. Cofiai am ffermwyr o'r Waun a'r Cwm yn cludo calch mewn certi o'r odyn.

Menter arall a gafodd gryn sylw oedd y *Rhiwalis Table Waters*, sef menter masnachu'r dŵr o Ffynnon Sant Beuno ar dir Mawnog Bach, a oedd yn eiddo i'r *Red Lion* yn y Bala. Canwyd clodydd y dyfroedd mewn pamffledyn wyth tudalen. Hyd yn oed yn is yn y ddaear na Ffynnon Sant Beuno, roedd ffynnon Rufeinig. Roedd y dyfroedd, meddai'r pamffledyn, yn gwella problemau'r aren. Roeddynt hefyd yn dda i'r llygaid ac yn berffaith ar gyfer eu cymysgu â brandi neu wisgi. Yn wir, mor iachusol oedd y dyfroedd fel yr arferai'r diweddar Gapten Hopwood, Aberhirnant, Cynydd cŵn hela'r Fourmart, drochi'r cnud cyfan ynddynt wedi diwrnod caled o hela.

Ymestynnid rhyfeddodau Dyfroedd Rhiwalis yn y pamffledyn i gynnwys gwella'r iau a'r organau treuliol, ac awgrymir y gallai darpar gwsmeriaid ei archebu drwy'r post a'i dderbyn drwy gyfrwng y *Great Western Railway*. Roedd oerni'r dyfroedd yn rhinwedd fawr arall. Yr oeddynt, medd y broliant, 'Mor oer â nâd asyn'. Yn dilyn pryd o fwyd trwm roedd Dyfroedd Rhiwalis yn esmwytho teimladau o '*repletion, flatulence, or acidity*'.

Roedd canolfan y fenter yn Stryd Arenig, y Bala o dan reolaeth Ingham eto, ac er mai byrhoedlog fu'r fenter hon eto, hwyrach nad dychymyg Lloyd Price yn unig oedd yn gyfrifol am fendithion y dyfroedd. Dywedodd J. H. Lloyd iddo brofi esmwythder o'i dywallt ar arddwrn dolurus a chredai'r diweddar Dr Williams, y Bala, yn gryf yn rhinweddau'r dŵr.

Prif ddyfeisgarwch Lloyd Price oedd ei allu i uno nifer o'r diwydiannau er lles y cyfan. Fel gyda Dyfroedd Rhiwalis, a gysylltodd wedyn â'r wisgi Cymreig, ei fwriad oedd cyfuno'r gwaith brwsys a'r distyllty drwy gynhyrchu casgenni wisgi. Bwriadai hefyd gynhyrchu certi a gwahanol beiriannau amaethyddol eraill yno. Gydag afon Tryweryn yn llifo gerllaw gan ddarparu dŵr a phŵer roedd yn safle delfrydol. Roedd yr ardal hefyd yn gyforiog o goedwigoedd naturiol, yn goed gwern, bedw, ynn, derw a sycamor. O fewn tafliad carreg roedd yr orsaf reilffordd.

Daeth y syniad o osod rheilffordd rhwng y Bala a Ffestiniog i fodolaeth ar yr 28ain o Orffennaf, 1873 yn sgil deddf a alluogodd Henry Robertson, Samuel Holland ac eraill i osod trac rheilffordd o Gyffordd y Bala i Ffestiniog a Blaenau Ffestiniog. Cododd y *Great Western Railway* (*GWR*) ynghyd â thri chwmni o Lyndyfrdwy gyfalaf o £156,000 o'r £190,000 angenrheidiol.

Roedd gan y lein drac sengl 22 milltir o hyd gyda 42 o is-bontydd a 16 o draphontydd. Fe'i hagorwyd ar y 1af

Potel brin o Wisgi Brenhinol y Fron-goch

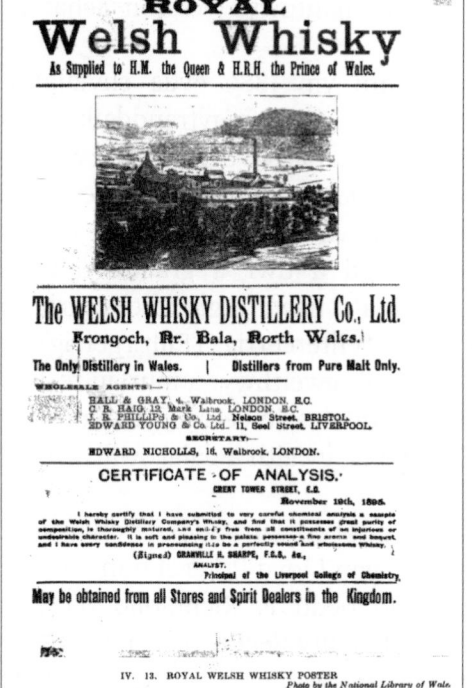

Poster yn clodfori bendithion y wisgi Cymreig

o Dachwedd, 1882. Dringai'r lein i'r gogledd o'i gorsaf newydd yn y Bala i fyny Cwm Tryweryn drwy orsaf y Fron-goch gan ddilyn yr afon i'r gorllewin rhwng copaon y ddwy Arenig, y Fach a'r Fawr, ac ymlaen am Ffestiniog ac i'r Blaenau. Yng ngorsaf Arenig, cysylltai'r lein â'r chwarel gwenithfaen gyfagos.

Prif fwriad y lein oedd darparu gwell cysylltiad â chanolbarth Lloegr er mwyn cludo llechi o'r Blaenau. Prin oedd y galw am wasanaeth i deithwyr ond am bedwar ugain mlynedd teithiai tri thrên yn ddyddiol, a hyd at bump neu chwech y dydd yn ystod blynyddoedd olaf y lein.

Roedd y Fron-goch, felly, yn fangre ddelfrydol ar gyfer gwireddu breuddwydion Lloyd Price – a'r diwydiant wisgi fyddai'n goron ar y cyfan. Cymerwyd samplau o ddŵr lleol a chanfuwyd y safon uchaf yn Nant Tai'r Felin.

Cofrestrwyd y cwmni ym 1889 gyda chyfalaf o £100,000 wedi'i rannu yn 19,960 o gyfranddaliadau o £5 a 200 o rai £1. Neilltuwyd darn o dros bum erw o dir ar gyfer y fenter – neu '*5 acres, 3 roods and 19 perches*' i fod yn fanwl gywir. Cafwyd caniatâd i dynnu dŵr o Nant Tai'r Felin ynghyd â dŵr a graean o afon Tryweryn, yn ogystal â'r hawl i gloddio cerrig o chwareli cyfagos megis 'Viltercerrig' (Filltirgerrig) ar gyfer codi'r distyllty, tai i'r gweithwyr a muriau terfyn. Un o'r ffermwyr lleol a fu'n cario cerrig gyda'i drol a'i geffyl oedd Bob Tai'r Felin, gwaith a dalai swllt y dydd iddo.

Denwyd cefnogaeth pobl ddylanwadol o'r diwydiant wisgi. Yn ôl pamffledyn gan Lloyd Price ei hun o'r enw *The Truth*, y cadeirydd oedd F. Richmond o'r Mri Young a'u Cwmni o Ddistyllty Seel Street, Lerpwl, a'r cyfarwyddwyr oedd A. W. Ridley o Ddistyllty'r Mile

End yn Llundain (a oedd hefyd yn gricedwr amlwg), H. Woodward o Ddistyllty Seel Street ac F. Roberts o Phillips a'i Gwmni, Bryste. Yr unig aelod heb brofiad yn y diwydiant oedd y sefydlydd, Lloyd Price ei hun. Penodwyd rhyw Mr Colville, Albanwr, a oedd â chryn brofiad mewn distyllu, yn rheolwr. Penodwyd Hall & Gray a C. R. Haig o Lundain, J. R. Phillips a'i Gwmni o Fryste ac Edward Young a'i Gwmni o Lerpwl yn asiantau.

Ar dudalen agoriadol *The Truth* ceir y geiriau canlynol:

> *Hir oes i'r Frenhines,*
> *Hir oes yn ddi-lyth,*
> *Hir oes i'r iaith annwyl,*
> *A Chymru am byth.'*

O dan y manylion gwelir yr anogaeth '*Drink Welsh Whisky*' ac yna'r cyfeiriad busnes, sef 18 Walbrook, London, E.C., ac 'E. Nicholls, Esq., Secretary'. Yna ceir llun o 'John Jones' yn dawnsio ac yn dal potel o'r wisgi wrth ei chyflwyno i 'Jenny' ac oddi tano'r rhigwm:

> '*Why, with capers so many*
> *John Jones, gay you are?'*
> '*Welsh Whisky, dear Jenny*
> *From Bala "bur ddha".'*

Ar y poteli cynnar, roedd y labeli yn darlunio Mrs Lloyd Price mewn gwisg ffansi yn yfed y wisgi'n awchus. Yn y *Liverpool Daily Courier* ar y 26ain o Ragfyr, 1892 ceid disgrifiad o'r distyllty. Dyma gyfieithiad:

> *Adeilad nobl yn sefyll nid nepell o'r Orsaf Reilffordd, ac*

yn amlwg felly, fel y dywed y gair, i'r sylwebydd mwyaf ansylwgar, er nad yw Cyfarwyddwyr y cwmni hyd yma wedi ei ystyried yn angenrheidiol i hysbysebu ei fodolaeth i'r Teithiwr Trenau sy'n mynd heibio drwy beintio unrhyw enw neu ddisgrifiad ar ei waliau anferth, a godwyd, fel mae'n hysbys, o ithfaen llwyd hardd a pharhaol y wlad.

Roedd gan y cwmni syniadau uchelgeisiol. Cofrestrwyd enwau gwahanol frandiau ym 1889-1890 ar gyfer y dyfodol. Yn eu plith roedd *Black Prince*, *Men of Harlech*, *Maid of Llangollen*, *Saint David*, *Taffy*, *Welsh Rare Bit*, *Bells of Aberdovey* a *The Leek*.

Mae'r broliant ar gyfer hybu'r wisgi Cymreig yn berl o enghraifft o ddawn marchnata Lloyd Price. O ystyried ei brofiad fel awdur a bardd, mae lle i gredu mai ef ei hun fu'n gyfrifol am y broliant blodeuog, a cham â'i ddawn ddisgrifiadol fyddai cyfieithu:

... the most wonderful whisky that ever drove the skeleton from the feast, or painted landscapes in the brain of man. It is the mingled souls of peat and barley, washed white within the rivers of the Tryweryn. In it you will find the sunshine and shadow that chased each other over the billowy fields, the breath of June, the carol of the lark, the dew of night, the wealth of summer, the autumn's rich content, all golden and imprisoned light. Drink it and you will hear the voice of men and maidens singing the 'Harvest Home' mingled with the laughter of children. Drink it, and you will feel within your blood the startled dawns, the dreamy tawny husks of perfect days. Drink it, and within your soul will burn the bardic fire of the Cymri, and their law-abiding earnestness. For many years this liquid joy has been

*within staves of oak, longing to touch the lips of man,
nor will its prototype from the Sherry Casks disdain the
more dulcet labial entanglement with any New or Old
Woman.*

Llifodd y cyflenwad cyntaf o wisgi Cymreig drwy'r
potiau distyllu copr ym 1889. Ym mis Awst y flwyddyn
honno, ymwelodd y Frenhines Victoria â Neuadd Pale
gerllaw a chyflwynwyd iddi gasgennaid o'r cyflenwad
cyntaf gan Lloyd Price. Er na dderbyniwyd Gwarant
Frenhinol, hysbysebwyd y wisgi o hynny ymlaen fel
Wisgi Brenhinol Cymreig. Diddorol yw sylw J. H. Lloyd
am yr ymweliad. Dywedir, meddai, mai dyna'r unig dro
i Victoria gyflwyno araith Gymraeg, a hynny wrth iddi
dderbyn darlun o Lyn Tegid. Yr hyn a ddywedodd,
mae'n debyg, oedd 'Diolch yn fawr i mi'! Tybir i'r
gasgen gael ei chludo i Gastell Windsor ym 1891 lle'r
oedd, yn ôl Lloyd Price ar y pryd, yn dal i ddisgwyl y
'*Royal consumption*'.

Cyflwynwyd casgennaid arall o'r wisgi i Dywysog
Cymru ym 1894 gan Gyfrinfa Seiri Rhyddion y Bala. Y
Tywysog oedd Prif Feistr Seiri Rhyddion Prydain.
Disgrifiodd Lloyd Price y gasgen fel un o bren derw
golau gyda chylchau euraid. Arni roedd llun o Mrs
Lloyd Price mewn gwisg Gymreig, sef yr union lun a
oedd ar labeli'r poteli, wedi ei gymryd o ffotograff
ohoni mewn gwisg ffansi. Yn ôl Robin Price, tad deiliad
presennol y Rhiwlas, roedd y gasgen arbennig honno
yn dal heb ei chyffwrdd mor ddiweddar â 1975.

Ceir copi o un o bosteri'r cwmni yn y Llyfrgell
Genedlaethol. Fe'i cyhoeddwyd ym 1895 yn dilyn
asesiad gan Granville R. Sharpe, Prifathro Coleg
Cemeg Lerpwl. Dyfynnir ef ar y poster yn canu clodydd
y wisgi gan briodoli iddo burdeb ac aeddfedrwydd.

Tystia hefyd fod y ddiod yn feddal a dymunol i'r daflod ac yn meddu ar arogl a sawr. Roedd y wisgi ar werth mewn siopau a chanolfannau gwerthu gwirodydd ledled y deyrnas.

Bu llythyru diddorol rhwng Lloyd Price a Syr Wilfred Lawson, yr Aelod Seneddol dros Cockermouth. Câi Lawson ei adnabod fel '*the Laureate of the Commons*' ac fel ymgyrchwr brwd dros ddirwest. Bu cyd-ddigwyddiad diddorol ar y 7fed o Fehefin, 1889, pan oedd Lawson yn annerch ar ddirwest ar bont y Bala. Yno ar y pryd roedd Edward Nicholls, ysgrifennydd y cwmni wisgi. Roedd hwn yn ddigwyddiad rhy dda i Lloyd Price ei golli. Ysgrifennodd at Lawson ar ffurf cerdd:

> *On Game of Temperance intent*
> *In accent clear and loud,*
> *Sir Wilfred on his usual bent*
> *Talks to the Bala crowd,*
> *From Bridge which Deva's wizard stream*
> *Spans nigh to Bala Lake;*
> *With honeyed words that flow like cream,*
> *He would the drunkard shake,*
> *He points out how that of the Dee*
> *Which neath his cork soles flows*
> *The products all that you and me*
> *Should trust beneath our nose.*

Mae'n rhaid bod Lawson wedi ateb oherwydd ar y 3ydd o Orffennaf y flwyddyn honno, anfonodd Lloyd Price rigwm arall ato:

> *Your reply, my dear Wilfred, was welcome to me,*
> *And your muse, as of yore, reels off glibly and free,*

An advertisment bold your verses become,
To strike Eno's Fruit Salt and Pears and Co. dumb –
Now part of your grievance of poor little Wales,
Of which your friend Ellis M.P. tells such tales,
Will soon be redressed, and none to [sic] soon too,
When she can proudly point to her own Mountain Dew
...

... In conclusion, I'm glad my dear Wilfred, to see
You're not quite so intolerant as you used to be,
Since you've come to praising up Hock and Dry Sillery
You may end up in the chair of the Wild Welsh
Distillery,
The first stone of which, should you credit all tales
Will be laid by the Queen on her visit to Wales.

Ni wireddwyd y dymuniad brenhinol hwnnw. 'Ellis M.P.', gyda llaw, oedd Thomas Edward Ellis, A.S. Meirionnydd 1886-1899. Nid oedd Tom Ellis yn un o edmygwyr y sgweier ac nid oedd ar ei ben ei hun yn hynny o beth. Hyd yma, gwelsom yr R. J. Lloyd Price arloesol ac ecsentrig ond roedd iddo ochr arall, un a drodd ei denantiaid a'r werin leol yn ei erbyn.

Câi'r sgweier ei gymharu byth a hefyd â'i ragflaenydd, Richard Watkin Price, ei daid, a drodd allan rai o'i denantiaid adeg etholiad 1859 am iddynt bleidleisio yn erbyn Syr Watkin Williams Wynne. Bum niwrnod cyn yr etholiad, galwyd y tenantiaid i'r *Bull* yn y Bala a'u rhybuddio, gyda bygythiad, i bleidleisio i'r Tori. Serch hynny, fe ataliodd un ar hugain ohonynt eu pleidlais; taflwyd pump allan o'u ffermydd a chodwyd rhent y gweddill. Dyma'r ystryw a elwid yn 'Sgriw'.

Er gwaethaf hyn roedd gair da i Richard Watkin Price ymhlith ei denantiaid. Nid felly ei ŵyr. Ei awydd ef i droi'r Rhiwlas yn un o stadau helwriaethol mwyaf Prydain, a chanlyniadau hynny, a drodd y bobl leol yn ei erbyn. Fel y dywedodd Einion Wyn Thomas, doedd dim byd yn newydd mewn sefydlu stadau helwriaethol. Yr hyn oedd yn anghyffredin yn hanes y Rhiwlas oedd brwdfrydedd cenhadol Lloyd Price wrth ymgymryd â'r gwaith. Ymhlith y rheolau caeth ni châi neb o'r tenantiaid gadw mwy na dau gi ac ni chaniateid i neb saethu heb ganiatâd y landlord. Ac, wrth gwrs, ni chaniateid aflonyddu ar yr helwriaeth mewn unrhyw fodd. Yn wir, ar yr Arenig Fach ni chaniateid i denant hel ei ddefaid ei hun ond drwy ganiatâd y ciper. Hyd yn oed wedyn, dim ond cŵn a bugail y Rhiwlas y gellid eu defnyddio ar gyfer eu crynhoi.

Trawsnewidiodd R. J. Lloyd Price stad y Rhiwlas. O'r £13,000 o rent a dderbyniodd y stad ym 1890, daeth £3,000 oddi wrth saethwyr. Dengys tystiolaethau a glywyd gan y Comisiwn Tir ym 1893 mor anfodlon oedd y tenantiaid. Yn ôl John Jones, Ty'n Celyn, ceid ffesantod ym mhob coedlan ar y stad a'r rheiny'n achosi niwed difrifol i'r cnydau. Ac ni fedrai Dafydd Roberts, Llannerch Eryr, gynhyrchu digon i gadw pedair buwch, pedwar llo a dau geffyl oherwydd nifer y cwningod a gâi eu bridio yno. Dywedwyd bod wyth saethwr ar yr 11eg o Hydref, 1883 wedi saethu dros fil o gwningod mewn un rhan o'r fferm yn unig a bod y fferm wedi ei throi'n warin.

Fel y gellid disgwyl, denodd yr holl gwningod a ffesantod ac ati botswyr. Ond fel yr haera Einion Wyn Thomas, nid gweithred o fwydo teuluoedd oedd potsio yn yr ardal. Trodd i fod yn weithred wleidyddol – bron iawn yn rhyfel – wrth i'r werin droi ar y sgweier.

Digwyddai hyn yn ardal y Bala ar yr un adeg â'r Rhyfeloedd Tir yn Iwerddon. Fel y nodwyd, ymwelodd arweinydd yr ymgyrch honno, Michael Davitt, â Blaenau Ffestiniog yn ystod gwanwyn 1885. Trefnwyd y cyfarfod gan Michael D. Jones. Buasai'r tenantiaid yn ymladd dros eu hawliau ers tro a'r *Land League* wedi dylanwadu ar Tom Ellis. Ffrwyth hynny fu Comisiwn Tir 1893.

Yn y cyfarfod hwnnw cafwyd sylw diddorol gan un o'r gynulleidfa am Michael Davitt a Michael D. Jones. Roedd un Meical gyda'i angylion wedi llwyddo i ddymchwel Satan, meddai. Beth felly, gofynnodd, fedrai dau Feical, y naill yn Wyddel a'r llall yn Gymro ei gyflawni?

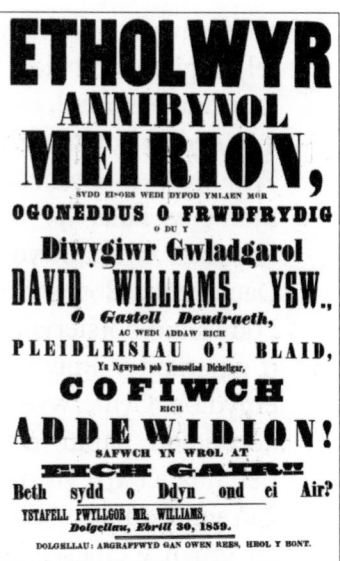

Poster yn annog pleidleiswyr i gefnogi'r Rhyddfrydwr David Williams yn Etholiad y Sgriw 1850

Ymateb Davitt oedd dweud y dylai'r siaradwr hwnnw gael ei ethol i'r Llywodraeth gan ei fod yn pregethu yng Nghymru yr hyn a bregethai ef ac eraill yn Iwerddon. Yn wir, etholwyd y siaradwr i gynrychioli Bwrdeistref Caernarfon bedair blynedd yn ddiweddarach ac yntau ond yn saith ar hugain oed. Ei enw oedd David Lloyd George. Etholwyd Davitt yntau yn A.S. dros Swydd Mayo ym 1892.

Roedd erledigaeth y landlordiaid lawn cynddrwg yng Nghymru ag yn Iwerddon. Mynegwyd hynny yn y *Newcastle Chronicle* ym mis Mehefin 1869. Galwodd y papur am etholiadau a deddfau tir yn y naill wlad a'r llall. Ond doedd y Cymry ddim mor benderfynol â'r Gwyddelod. Yn wir, yn dilyn y cyfarfod yn y Blaenau collfarnwyd y trefnwyr gan ffermwyr a gwleidyddion fel ei gilydd fel dau neu dri a oedd yn hyrwyddo'u hagenda personol.

Roedd y potsio'n rhemp. Rhwng 1867 a 1870, meddai Einion Wyn Thomas, cafwyd 70 o achosion o flaen Mainc y Bala, 49 ohonynt yn ymwneud â Stad y Rhiwlas. Cynhaliwyd yr achos enwocaf ar y 19eg o Dachwedd, 1867 ar fferm Ty'n Ffridd ger Llanfor wedi i ddwsin o botsieriaid ddod wyneb yn wyneb â chwech o giperiaid y Rhiwlas. Aeth yn ymladdfa a thaniwyd ergydion. Cymerwyd tri photsiwr i'r ddalfa – y tri, yn ôl adroddiad papur newydd, yn feibion i amaethwyr parchus a'r tri, yn ogystal, wedi eu hanafu'n ddifrifol gan ymosodiadau ciaidd. Yn wir, daethpwyd ag achos yn erbyn y ciperiaid gan un o'r tri, John Roberts, 25 oed, a'u cyhuddodd o 'ymosodiad a lladrad pen-ffordd'. Cynhaliwyd yr achos hwnnw y tu ôl i ddrysau caeedig. Cafwyd y ciperiaid yn ddieuog ac ysgogodd hynny nifer o lythyron yn *Y Faner* yn condemnio'r Fainc. Dywedodd un llythyrwr: 'Cyn y ceir y werin i barchu'r gyfraith, rhaid iddynt gael eu hargyhoeddi fod y bonheddwyr yn gweithredu'n deg.'

Y ddau a gyhuddwyd gyda John Roberts yn achos ffrwgwd Ty'n Ffridd oedd Edward Owen, 21 oed, ac Evan Jones, 16 oed. Trodd y bobl leol yn erbyn y sgweier gymaint nes i'r Brawdlys yn ddiweddarach ryddhau'r tri ar fechnïaeth i gadw'r heddwch. Yn amlwg, ofnai'r ynadon y canlyniadau petaent wedi cosbi'r tri yn drwm. Awgrymir yn gryf hefyd i bwysau gael ei roi ar Lloyd Price i ffrwyno'i ddynion. Credai'r *Faner* iddo gael ei fygwth. Yn sicr, dysgodd oddi wrth y digwyddiad gan iddo gyfaddef fod y ffrwgwd yn Nhy'n Ffridd wedi codi nid yn gymaint o faterion helwriaethol ond o ddicllonedd tuag ato ef.

Mewn erthygl yn *Y Seren* yn dilyn marwolaeth y sgweier ddechrau 1923, dywed 'Gohebydd Achlysurol', wrth edrych yn ôl ar y potsio:

Yr oedd hwn yn rhywbeth gwahanol iawn i herwhela cyffredin. Nid rhyw chwilio gan weithwyr tlawd am ambell 'sgyfarnog a ffesant i ddod â swllt neu hanner coron i'w boced, weithiau, ydoedd. Eithr cad gan feibion ffermwyr cyfrifol a gwŷr ieuainc parchusa'r fro. Protest ydoedd yn erbyn y giwed o giperiaid Seisnig diegwyddor a digymeriad oeddynt wedi eu dwyn i'r wlad i dreisio trigolion, i ddwyn camdystiolaeth yn eu herbyn, ac i wneud eu hoedl yn drueni am flynyddau.

Aeth y colofnydd ymlaen i ddisgrifio'r hyn a ddigwyddodd yn Nhy'n Ffridd fel 'cadgamlan' y cyfnod.

Yn ei gofiant gan ei fab, T. I. Ellis, dyfynnir o dystiolaeth a gyflwynodd Tom Ellis gerbron Comisiwn y Tir 1893. Ynddi mae'n canmol rhagflaenydd R. J. Lloyd Price, sef y taid, Richard Watkin Price, fel gŵr nodedig a gwir arweinydd y diwydiant amaeth a oedd ar delerau cymdogol â ffermwyr a ffermydd ei stad. Oddi tano ef, meddai Tom Ellis, doedd ond un ciper ar y stad, a fawr ddim helwriaeth. Ond dywedodd fod pethau wedi newid yng nghyfnod ei olynydd, a ddaeth i'w oed ym 1864. Dyna pryd y cychwynnodd cyfnod mawr yr hela:

A crowd of English and Scotch gamekeepers was introduced and dotted all over the estate. I cannot describe the repugnance to and loathing for the game preserving system engendered by the overbearing conduct and petty tyrranny of these gamekeepers, by the monstrous increase of rabbits and pheasants, and by

Delw Tom Ellis A.S. ar Stryd Fawr y Bala gan Goscombe John.
Fe'i dadorchuddiwyd yn 1903

the depredations of game on the crops of struggling farmers.

Dengys Cyfrifiadau 1861 a 1871 i nifer y ciperiaid godi o un, a hwnnw'n Gymro, i bedwar ar ddeg – deg ohonynt yn Saeson, dau Albanwr a dau Gymro. Yn ôl ei dystiolaeth, fe ddygodd Tom Ellis i gof ddigwyddiad a wnaeth gryn argraff arno pan oedd ond yn wyth mlwydd oed. Ym mis Chwefror 1867, tra oedd ei dad oddi cartref, fe redodd un o'r cŵn ar ôl ysgyfarnog, ond heb ei dal. Y noson honno galwodd un o'r ciperiaid, George Stretton, i edliw gweithred y ci. Drannoeth galwyd ar y tad i fynd i'r Rhiwlas gyda'i ddau gi. Yno fe saethwyd y cŵn.

Yn y cyfamser cynghorwyd y tad gan yr unig giper Cymraeg ar y stad y gallai'r digwyddiad gostio'i ddenantiaeth iddo ac y dylai wneud rhywbeth ar fyrder i osgoi hynny. Ar y 27ain o Fedi, derbyniodd rybudd i ymadael â'r fferm. Yn dilyn wythnosau o drafod, cytunwyd y câi'r tad barhau fel tenant gyda chynnydd o £10 y flwyddyn yn ei rent. Doedd ganddo ddim dewis ond derbyn. Meddai ei fab: '*My father has forgiven and wishes to forget it all. But these things cannot be forgotten ...*'

Ac ni wnaeth Tom Ellis anghofio. Mewn llythyr i'w chwaer o Dde Affrica yn gynnar ym 1891, dywed iddo gwrdd â rhywun mewn gwesty yn Sea Point a oedd yn adnabod R. J. Lloyd Price. Fel hyn aeth y sgwrs:

'*And do you know my friend, Dick Price?*'
'*No, but my father is a peasant farmer on his estate.*'
'*How interesting! And what is he doing now?*'
'*He is still receiving grants, selling milk and making brushes and whisky.*'

Yn ei lythyr teimla i hyn fod yn fywgraffiad lled gyflawn o Lloyd Price. Â ymlaen i ofyn a fyddai i fab y sgweier, Robert Kenrick Price, a oedd ar fin cyrraedd oedran gŵr, fywgraffiad llawnach:

Ai tybed a ydyw yn meddwl weithiau y gallasai rhoddi

*llyfrgelloedd cyhoeddus i drigolion plwyfydd ei ystâd fod
o fwy o les i wlad na gwneud Warrens i wningod? A fydd
ef weithiau yn meddwl y buasai gwario arian ac amser
i roddi addysg i ymenyddiau plant ei denantiaid yn
llawn gwell investment na rhoddi plwm yng nghyrff
petris a ieir mynydd? Ai ni fuasai cau ambell dafarn ar
ei ystâd yn well i gyrph ac eneidiau ei gyd-ddynion nac
agor gwaith whisci yn Fron-goch?*

Aiff ymlaen i ddymuno pob anrhydedd a dymuniad da
i fab y Rhiwlas:

*Da fydd os ydyw yn llanc ystyriol. Caiff fwy o
anhawsderau na'i dad i'w gyfarfod oherwydd mae
Cymru yn meddwl llawer mwy ynghylch ei sefyllfa a'i
ddyfodol ef a'i fath nag ydyw ef a'i fath yn meddwl
ynghylch sefyllfa a dyfodol Cymru.*

Yn Y *Seren* ar y 6ed o Fehefin, 1891, caed adroddiad am
gyfarfod yn y Bala i ddathlu dyfodiad i oed aer y stad.
Daeth tenantiaid y Rhiwlas a byddigions o bell ac agos
i'r dathliad. Bu Tom Ellis yr un mor ddiamwys yn ei
araith yno ag y bu yn ei lythyr. Gresynai fod y gŵr ifanc
yn arddel cyfenw Cymreig ond eto'n methu â siarad
iaith ei genedl. Meddai yn ei araith:

*Daw anrhydedd iddo os y rhestra ei hun yn filwr yn
erbyn anwybodaeth, tlodi a thrueni. Yn y rhan
brydferth hon o Gymru, lle gorwedd ei ystâd, sef ardal
Tryweryn, mae un o bob ugain yn dlotyn. Daw i'w allu
fel tirfeddiannwr, fel ynad ac fel gwarcheidwad i helpu i
symud y gwarthnod hwn ar gymdeithas.*

    *Mae tafarnau mewn tref a phentref ar yr ystâd,
ond nid oes un llyfrgell gyhoeddus. Mae'n aer i ystâd o*

dyddynwyr. Mae'n siriol iddo ef, ac i ni oll, weled eu hwynebau calonnog heddiw, ond gwn yn dda fod y llinellau sydd ar eu hwynebau yn fynegiad o'r pryder a'r profedigaethau a'r bywyd caled sydd yn disgyn mor helaeth i'w rhan: a gwyn ei fyd os cofia hyn yn ei holl ymwneud â hwy. Gresyn nad oes ar y stad hon, mwy nag yn rhannau eraill o Gymru, un ysgol amaethyddol fel sydd yn Denmark etc ...

Robin Price, Y Rhiwlas gyda photel brin o Wisgi'r Fron-goch

Mae hefyd yn aer i ran o dir Cymru – a gobeithio y sylweddola mai gwlad y deffro ydyw Cymru – fod bywyd cenedlaethol adnewyddol yn treiddio trwyddi; fod syniad newydd yn ein mysg am urddas gwaith a llafur, a thyfiant newydd o hunan hyder fel cenedl.

Roedd hon yn araith herfeiddiol, yn wir yn araith ddewr o dan y fath amgylchiadau. A diddorol nodi i Michael D. Jones, yn yr un cyfarfod dathlu, ganmol dau o ragflaenwyr y gŵr ifanc, sef Richard Watkin Price, a neb llai nag R. J. Lloyd Price. Canmolodd y naill am adeiladu ffyrdd yn yr ardal ac am hybu ffermio effeithiol ymhlith ei denantiaid a'r llall am sefydlu gwaith brwsys a thorri ffosydd ar dir ei stad. Ni chyfeiriodd at y gwaith wisgi.

Cynigiwyd mwy nag un esboniad dros ganmoliaeth gyhoeddus Michael D. Jones o fyddigions a oedd yn rhan o gyfundrefn a fu'n gyfrifol am droi ei fam ei hun o'i fferm. Tybed a oedd teulu'r sgweier wedi cyfrannu tuag at fenter Patagonia ym 1865? Mwy tebygol yw esboniad llawer symlach, sef bod Lloyd Price a Michael D. Jones ill dau yn Seiri Rhyddion, felly ni fyddai'n briodol i Frawd ladd ar Frawd.

Ni chafodd Tom Ellis ei ddymuniad cyn belled ag yr oedd iaith ac addysg aer y Rhiwlas yn y cwestiwn. Fe'i haddysgwyd yn Eton a Sandhurst ac ymunodd â'r *Third East Kent Regiment*, sef y *Buffs*. Ond o ran y gwaith wisgi, cafodd yr Aelod ei ddymuniad. Prin ddeng mlynedd fu hoedl y Cwmni Wisgi Cymreig cyn iddo fynd i'r wal.

Un arall a ymfalchïodd, mae'n rhaid, ym methiant y cwmni wisgi oedd 'Gwaenfab', y bardd a ganodd nifer o gerddi yn beirniadu'r fenter. Yn rhifyn haf 1997 o gylchgrawn *Y Casglwr* dyfynnir rhai o'r cerddi hynny a gasglwyd gan y Prifardd Elwyn Edwards. Dyma ddetholiad o un ohonynt:

Hen feddwon Sir Feirionnydd,
Ymgasglwch at eich gilydd,
I Fron-goch;
Pwy fyddai yn sychedig
Pan ellir am ychydig
Gael wisci bendigedig
Yn Fron-goch?
Mae meddwon yn barchedig
Yn Fron-goch.

Pa ddrwg sydd ar y gwirod
Ac yfed tipyn gormod
Yn Fron-goch?
Rhown bellach daw ar Sandy

Ag uchel dwrw Paddy,
Byth mwyach fe fydd Taffy
Yn Fron-goch
Yn d'wysog byd y wisci
Yn Fron-goch.

Yn y gerdd aiff y bardd ymlaen i nodi effaith y ddiod gadarn Gymreig ar fywyd pysgodfaol afon Tryweryn:

Daw mwyach 'run pysgodyn
I fyny y Tryweryn
I Fron-goch;
Brithyllod a ymfudant,
Llysywod a'u dilynant,
A'r holl eogiaid nofiant
O Fron-goch,
I fyny Aberhirnant
O Fron-goch.

Ond yma mae'r bardd wedi'i methu hi braidd. Yn ôl J. H. Lloyd, roedd pysgod afon Tryweryn yn ffynnu ar y soeg, sef y gymysgedd o'r barlys a'r dŵr poeth a ollyngid yn rheolaidd i'r afon.

Yn aml gosodir y bai ar fethiant y fenter ar ddylanwad y mudiad dirwest yng Nghymru. Awgryma un chwedl leol mai cymaint y gwrthwynebiad fel mai dim ond wedi nos y câi'r wisgi ei symud. Os hynny, sut mae esbonio y byddai hyd at ddeg ar hugain o ddynion yr ardal yn gweithio yn y distyllty? Yn wir, wrth gynnwys y rhai a fyddai'n llenwi'r poteli hefyd – gwaith a wneid yn y *White Lion* – câi dros gant eu cyflogi gan y fenter. Yn ôl un honiad poblogaidd arall, Diwygiad 1904-05 a laddodd freuddwyd Lloyd Price. Ond y gwir yw i'r fenter ddod i ben bum mlynedd cyn hynny.

Haws credu mai diffyg safon y cynnyrch fu'n gyfrifol am ei dranc. Yn rhifyn mis Hydref 1966 o'r *Country Quest* dywed H. A. Lloyd fod y wisgi, tra oedd yn ardderchog mewn casgen, yn gwrth-aeddfedu mewn potel. Ac yn *Harper's Manual* ym 1915, awgrymir mwy o resymau credadwy dros ei fethiant. Doedd y wisgi, medd yr erthygl, ddim yn aeddfedu'n foddhaol. Fe arhosai yn amrwd, garw a bron iawn yn ddi-flas o ystyried y dylai fod yn gynnyrch brag pur. Er gwaethaf y disgrifiadau canmoliaethus ohono gan Lloyd Price, doedd dim marchnad ar ei gyfer am bris a allai ddwyn elw. Bu'r wisgi, medd *Harpers*, yn gorwedd yn stordai'r distyllty yn 'bwyta'i ben ei hun' o brinder cwsmeriaid. Gwerthwyd cyflenwadau achlysurol o gasgenni ar golled er mwyn ceisio osgoi gor-stocio a'r canlyniad fu gwaredu'r cyfan o dan forthwyl yr arwerthwr yn Llundain ar gyfartaledd o lai na hanner, neu hyd yn oed draean o gost ei gynhyrchu a'i storio a'r llog ar wariant cyfredol.

Diddymwyd y cwmni yn dilyn dau gyfarfod o'r bwrdd, ar yr 16eg o Ragfyr, 1898 a'r 3ydd o Ionawr, 1899. Cyhoeddwyd y byddai'r arwerthiant gan George N. Dixon yn y Mart, Tokenhouse Yard, Llundain, ar yr 21ain o Chwefror, 1900. Prynwyd y safle gan William Owen, y *White Lion*, y Bala, am £5,000 ar y 24ain o Ebrill, 1900. Prynodd William Owen y brydles hefyd am y blynyddoedd oedd yn weddill am £250.

Hyd y gwyddys does ond ychydig iawn o wisgi'r Fron-goch wedi goroesi. Ceir tystiolaeth am un botel a gyflwynwyd i Amgueddfa Genedlaethol Cymru gan Dywysog Cymru. Ceir potel wag yno hefyd. Ceir tystiolaeth hefyd i botel lawn gael ei gwerthu ym mis Medi 2001 gan brynwr dienw yn arwerthiant cwmni Phillips yn Nhŷ Tredegar ger Casnewydd am £1,350.

Paratoi ar gyfer dymchwel simdde fawr y distyllty. Ar y chwith saif yr arbenigwr dymchwel, Mr Larkin o Lundain. Rhwng y ddau sydd ar y dde saif perchennog y safle, Arthur Morris, Plas Deon

Disgwylid iddi fynd am gymaint â £2,500. Mae'n rhaid bod honno yn un o'r rhai gwreiddiol cyn ymweliad Victoria â Neuadd Pale gan nad yw'r gair 'Royal' ar y label. Ar un adeg hefyd, yn ôl Watcyn L. Jones, roedd sôn bod potel ar gael yn ardal Llandyrnog. Deuthum i wybod am fodolaeth tair potel gan rywun o Sir Benfro.

Ar un adeg roedd saith potelaid o'r wisgi ym meddiant gŵr o'r Bala

Y simdde'n disgyn ar y 13eg o Fai 1934

ond ym 1969, cyflwynodd chwech o'r poteli i'r Tywysog Charles a'r seithfed i deulu'r Rhiwlas. Mae honno'n dal ym meddiant teulu'r Rhiwlas ac yn cael lle urddasol yn y plasty. Y tro diwethaf i botel ddod ar y farchnad agored oedd yn 2004. Prynwyd hi gan gwmni Wisgi Penderyn am £5,000.

Fe wnaeth J. H. Lloyd enwi rhai o'r Cymry lleol a oedd yn ymwneud â'r fenter. Yr is-gadeirydd neu'r ysgrifennydd oedd rhyw Mr Hughes o'r Fron-goch. Roedd ei ferch Lottie yn bianydd medrus iawn ac yn perfformio'n rheolaidd mewn cyngherddau, meddai. Yn ôl ym 1962, pan ysgrifennodd Mr Lloyd ei erthygl, roedd un cyn-weithiwr yn dal i fyw yn y Bala – rhyw Mr Owen o Merfinia, Heol yr Orsaf.

Bu'r adeiladau'n wag am rai blynyddoedd cyn eu haddasu'n ganolfan gadw i garcharorion Almaenaidd ddiwedd mis Mawrth 1915 ac ar gyfer y Gweriniaethwyr Gwyddelig yn 1916. Yn ôl y mudiad cymunedol 'Caru fy Nghymru' fe wnaeth Almaenwyr ddychwelyd am gyfnod byr ddiwedd mis Hydref 1919 o Blas Bryncir, lle cedwid hanner cant o uwch swyddogion. Ond rhyddhawyd carcharorion Almaenaidd yn gyffredinol ymhen wythnosau'n unig ac fe gaewyd y gwersyll yn derfynol yn fuan wedyn. Cliriwyd yr adeiladau'n raddol a'u dymchwel yn llwyr yn nhridegau'r ganrif ddiwethaf.

Dymchwelwyd y simdde fawr ar y 13eg o Fai, 1934 gan simneiwr o Lundain, W. Larkin. Un o berchenogion y safle erbyn hynny oedd Arthur Morris o Blasdeon, Llanuwchllyn. Cofiai Ivor Owen, Llanuwchllyn y digwyddiad gyda'r gweithwyr yn tynnu allan rai o'r brics isaf a dianc cyn i'r gweddill ddechrau disgyn. Cofiai hefyd i'r cerrig o'r hen waith gael eu defnyddio i godi dau dŷ yn Llanuwchllyn. A phetai gwir yn yr honiad mai culni crefyddol a roddodd y farwol i'r wisgi Cymreig, mae yna eironi mawr o feddwl am dynged rhai o gerrig y distyllty. Defnyddiwyd rhai ohonynt, yn ôl J. H. Lloyd, i drwsio muriau capel a festri Methodistiaid Tal-y-bont.

Mae'n rhaid bod tacteg y Sgriw yn etholiad 1859 wedi gweithio. Erbyn etholiad 1865 ni wnaeth yr un o'r tenantiaid bleidleisio yn erbyn dymuniad y Rhiwlas. Ond erbyn etholiad 1868, cawn fod y Sgriw ar waith eto. Fel ymateb, lladdodd criw o ddynion gymaint o ffesantod y Rhiwlas ag y gallent eu canfod. Yn ôl *Y Faner*, yr oeddent 'yn fintai mor bwerus fel na feiddiai run cipar eu hatal'. Ar ben hynny cymerodd rhai o'r tenantiaid y gyfraith i'w dwylo eu hunain drwy rybuddio rhai o'u cyd-denantiaid fod 'matches yn bethau pur rad'. Roedd y Sgriw bellach, medd Einion Wyn Thomas, yn nwylo'r tenantiaid. Ychydig cyn dydd yr etholiad, tynnodd y Tori yn ôl. Ni wnaeth yr un Tori gynrychioli Sir Feirionnydd fyth wedyn.

Bu farw R. J. Lloyd Price ar y 9fed o Ionawr, 1923 yn 80 mlwydd oed. Olynwyd ef gan ei fab, R. Kenrick Price, a alwyd yn Robin. Dilynwyd hwnnw gan y Cyrnol Jack Price, a anrhydeddwyd am ei wrhydri yn yr Ail Ryfel Byd. Mab i'r Cyrnol, sef Robin Price wnaeth olynu hwnnw, gŵr llawer mwy adnabyddus am ei gefnogaeth i Sioe Amaethyddol Cymru ac am ei gymwynasgarwch yn hytrach nag am unrhyw gysylltiadau milwrol. Ar dir y Rhiwlas y cynhaliwyd Eisteddfodau Cenedlaethol 1967 a 1999, Eisteddfod Jiwbilî'r Urdd ym 1972 ynghyd â Phrifwyl yr Urdd 2014.

Yn y cyfamser, wrth i'r hen sgweier gael ei ddaearu, roedd rhai o'r Gwyddelod a fu'n garcharorion yn y distyllty a drowyd yn garchar, yn brysur yn lladd ei gilydd yn y Rhyfel Cartref. Ar noswyl marwolaeth

Lloyd Price dienyddiwyd pum Gweriniaethwr ar orchymyn Llywodraeth y Dalaith Rydd ar gyhuddiad o fradwriaeth. Rhwng dydd marwolaeth yr hen sgweier a dydd ei gladdu, dienyddiwyd pedwar ar bymtheg arall am fod ym meddiant arfau. Roedd yr hadau a heuwyd yn y Fron-goch ym 1916 wedi aeddfedu'n gynhaeaf gwaedlyd.

3

Drwg o ddwy ynys

Cyn ystyried yr ymateb i gadw ymron i ddwy fil o Wyddelod yn y Fron-goch, cystal fyddai olrhain yr ymateb yng Nghymru i'r Gwrthryfel. Prin iawn fu'r gefnogaeth a dderbyniodd y Capten Jack White pan groesodd o Ddulyn i Gaerdydd a Chymoedd Rhondda a Dâr i geisio annog y glowyr i streicio o blaid y Gweriniaethwyr. Yn fab i Syr George White, Maeslywydd a oedd ag enw da fel milwr, roedd White yn Brotestant a ymladdodd gyda'r 1st *Gordon Highlanders* yn Rhyfel y Boer. Trodd i fod yn Gomiwnydd rhonc ac yna'n anarchydd.

Wedi iddo gyrraedd Cymru fe'i harestiwyd a'i osod ar brawf ar y 25ain o Fai yn Llys yr Heddlu, Aberdâr. Roedd torf yn disgwyl amdano wrth iddo gael ei gyrchu i'r llys oddi ar drên o Abertawe. Cyhuddwyd White o dorri Deddf Amddiffyniad y Deyrnas (DORA) drwy ledaenu, yn anghyfreithlon, ar yr 8fed o Fai (y diwrnod cyn dienyddiad Connolly) adroddiadau, a gwneud datganiadau a bod ym meddiant dogfennau a allai amharu ar recriwtio a pheri anniddigrwydd i'w Fawrhydi.

Yn y llys honnwyd i White fod yn rhan o drafferthion undebol yn Nulyn, yn arbennig adeg y Streic Drafnidiaeth ym 1913. Dywedwyd mai ef wnaeth hyfforddi'r *ICA* a'i fod yn adnabod Casement, Iarlles Markievics, Connolly, Plunkett ac eraill a oedd wedi gweithredu yng Ngwrthryfel y Pasg. Haerwyd iddo ddod i Gymru i annog y glowyr i streicio er mwyn gorfodi'r Llywodraeth i ddangos trugaredd tuag at arweinwyr y Gwrthryfel.

Mynnai un tyst, Tyssul Davies o Drecynon, i White ddweud wrtho mai arbed bywyd Connolly oedd ei fwriad ond ei fod hefyd am weld yr Almaen yn ennill y Rhyfel. Yn ôl White, celwydd noeth oedd yr ail honiad. Cafwyd White yn euog ar ddau gyhuddiad a'i ddedfrydu i dri mis o garchar ar y ddau gyhuddiad, y dedfrydau i gydredeg.

Ar wahân i eithriadau prin, ychydig iawn o gefnogaeth a gafodd y Gweriniaethwyr Gwyddelig yn y Gymru Ryddfrydol oedd ohoni, fel y dywed Jon Price yn ei erthygl ar y Fron-goch yn *Irish Migrants in Modern Wales*. Lle cafwyd cefnogaeth, daeth y gefnogaeth honno, meddai, o fewn i'r undebau drwy eu cefnogaeth i'r undebwr Llafur James Larkin yn dilyn arweiniad hwnnw yn Streic 1913 Dulyn.

Un cefnogwr oedd Arthur Horner, darpar Lywydd Ffederasiwn Glowyr De Cymru ac Ysgrifennydd Cyffredinol Undeb Cenedlaethol y Glowyr. Gwrthododd Horner ymladd yn erbyn yr Almaenwyr am y teimlai fod perchenogion y glofeydd a'r Llywodraeth a'u cefnogent yn elynion llawer nes atynt na'r Kaiser.

Ym 1917, a'r awdurdodau'n awyddus i'w arestio, ffodd i Ddulyn lle listiodd yn yr *Irish Citizen Army* o dan enw gŵr o Swydd Longford, Jack O'Brien, a oedd wedi marw. Cynigiwyd gwaith iddo fel glanhawr ffenestri ond gwrthododd am y byddai honno'n swydd rhy beryglus. Meddai yn ei hunangofiant *Incorrigible Rebel* ym 1960:

Fyddwn i ddim yn meindio cael fy lladd dros ryddid Iwerddon, ond ni wnaf dderbyn rhywun yn ysgrifennu adref at lowyr Cymru yn eu hysbysu fod Arthur Horner wedi ei ladd wrth lanhau ffenestri am chwe cheiniog y tro.

Disgrifiodd Horner fel y bu'n drilio gyda'r fyddin yn y mynyddoedd fin nos ac ar benwythnosau. Cymharai ei hun ag aelodau o'r Mudiad Rhyddid – fel y *Resistance* – a ffurfiwyd i ymladd yn gudd yn erbyn y Natsïaid yn ddiweddarach adeg yr Ail Ryfel Byd. Arestiwyd Horner ym mhorthladd Caergybi wrth iddo ddychwelyd adref at ei wraig a'i blentyn. Wrth iddo gael ei ddiarddel o bedwerydd bataliwn y Ffiwsilwyr Cymreig, gwrthododd wisgo'i lifrai. Cipiwyd ei het oddi ar ei ben a'i sarnu dan draed. Dedfrydwyd ef i ddwy flynedd o garchar gyda llafur caled.

Ond wrth ddisgrifio Gwrthryfel y Pasg yn ei hunangofiant fe wnaeth Horner ei methu hi, braidd, drwy fynnu i tua 1,100 o aelodau'r *Irish Citizen Army* godi arfau. Yn ôl yr ystadegau swyddogol a ddyfynnir gan R. M. Fox yn ei gyfrol ar hanes y fyddin honno, rhestrir enwau 162 o aelodau a gymerodd ran yn ystod y Gwrthryfel, 26 ohonynt yn fenywod a deg yn fechgyn ifainc. Ond tybir i'r ffigwr llawn fod yn 220. Lladdwyd naw ohonynt yn y brwydro, yn cynnwys un bachgen, Charlie Darcy, a dienyddiwyd James Connolly a Michael Mallin.

Llais unig oedd un Arthur Horner. Yn ei gofiant i Saunders Lewis, dywedodd D. Tecwyn Lloyd nad oedd angen gwneud dim byd mwy na darllen cynnyrch gwasg Gymraeg y dydd i weld pa mor eithriadol oedd cael unrhyw Gymro a fyddai'n barod i yngan gair wrth amddiffyn ymgyrch Gweriniaethwyr Iwerddon. Yn yr un gyfrol, dywedodd am ugeiniau'r ganrif ddiwethaf:

Fe ddylid cofio, wrth gwrs, fod gwrthryfel Iwerddon ac ymdrechion Sinn Féin yn parhau'n atgof byw a diweddar iawn i bawb y pryd hwn, ac fe ddylid cofio mai ychydig iawn o ddim cydymdeimlad a gawsai'r

Gwyddelod gan y Cymry trwy gydol eu gwrthryfel hir am annibyniaeth.

Llais Cymraeg unig ar y pryd oedd un D. J. Williams mewn erthygl yn *Y Wawr*, cylchgrawn myfyrwyr Coleg Prifysgol Cymru, Aberystwyth yng ngwanwyn 1916, ac yntau erbyn hynny yn Rhydychen. O dan y teitl 'Y Tri Hyn', sef yr 'Ellmyn', y Sinn Ffeiniaid a'r gwrthwynebwyr cydwybodol, ymdriniodd â'r tri phwnc a oedd yn wrthun gan Brydeinwyr. Wrth sôn am y Gweriniaethwyr, gofynnodd y cwestiwn:

Onid plant anffodus yr Ynys Werdd ydynt ... wedi dioddef canrifoedd o orthrwm a chamdriniaeth oddi ar law llywodraeth wrthnaws iddynt, a thân rhyddid o hyd yn llosgi'n fud yn eu heneidiau, ac yn torri allan yn fflam pryd bynnag y chwytho awel arno? Pa wir Gymro, a ŵyr rywbeth am rywle y tu allan i'w blwyf genedigol, a all beidio â chydymdeimlo â hwy o waelod ei galon? ... Gall ein llywodraeth ladd a dinistrio'r Gwyddel. Ni ellir gosod hwn â'i gefn ar y mur i yrru bwled drwy ei ymennydd a darfod am dano. Mae ysbryd cenedl a orchfygwyd drwy drais mor anfarwol ag ysbryd rhyddid yng nghalon dyn. Y gelyn o fewn y muriau yn unig, –llygredd moesol a all ddinistrio a rhoddi terfyn ar hwn. Rhodder i Iwerddon lywodraeth rydd, ddi-Sais yn ôl dyhead canrifoedd, a phroffwydwn iddi yngrym y deffroad presennol o'i mewn, gyfnod blodeuog o wasanaeth i genhedloedd y byd. Sathrer hi ymhellach a chryn Vesuvius drachefn.

Yna ceir ganddo dinc eironig:

Ni all fod gan y Sinn Ffeiniaid gwrthryfelgar yr un

neges i'w dysgu i ni, Gymry ymherodrol a theyrngar. Oni ddaw pob bendith a daioni, y gwêl y Duw mawr y bo'i hangen arnom, i ni drwy ddisgwyl yn ymarhous a gweddigar wrth y Llywodraeth Ymerhodrol? Os rhaid bod dipyn yn wylaidd a chynffongar ar adegau a bod yn barod i blygu glin i dduw'r Ymerodraeth pryd bynnag y gelwir arnom i wneuthur hynny, y mae rhyw fawredd o gynffonna i'r mawr, wedi'r cyfan, ac y mae'n talu i fod yn blant da bob amser, wyddoch ... Yn yr argyfwng presennol mae Cymru wedi dangos ei hun, ar amryw ystyron, mor amddifad o wroldeb moesol ag ydyw hi gyfoethog o wroldeb naturiol, ac yr ydym ni blant ieuengaf y Deffroad am ymladd brwydrau Cymru Fydd yngrym y gwroldeb cyntaf – gwroldeb y gwrthwynebwyr cydwybodol, os myn rhywun ei alw felly.

Â ymlaen i ddweud:

Pe meddiannid ni yng Nghymru â thraean o ddewrder a fflam anniffodd y Gwyddel am ryddid, trylwyredd diffuant a phenderfyniad didroynôl yr Ellmyn, yn ogystal a grym moesol y gwrthwynebwyr cydwybodol, byddem yn allu i symud y byd.

Yn *Cymru Coch* mis Mehefin y flwyddyn honno, cafwyd ymateb chwyrn gan O. M. Edwards i'r Gwrthryfel. Ar ôl dadansoddi natur tair plaid arfog Iwerddon, yr Unoliaethwyr, y Cenedlaetholwyr a'r Gwirfoddolwyr daw i'r casgliad mai'r ail, sef plaid John Redmond, fyddai'n rheoli Iwerddon. Ond am y Gwirfoddolwyr, dywed fod i'r blaid hon ddwy adran, sef yr hen blaid Wyddelig a oedd yn byw ar atgofion y gorffennol gyda chasineb at Sais yn rhan ysgogol o'i bywyd, a phlaid newydd iawn, sef:

... y llafurwyr anghymodlawn, rhai na fynnant son am gynrychiolaeth wleidyddol nac am undeb gweithwyr ... Y mae'r naill yn hunanaberthol, yn brydyddol ac yn dra chrefyddol; y mae'r llall yn hunanol, yn ymarferol, yn hunangeisiol, ac yn ddibris o hen ddylanwadau. Gwell gan gyfeillion pennaf yr Iwerddon Wyddelig, hwyrach, yw i'r blaid hon losgi ei hun allan mewn ffagl anhawddgar a di-fudd.

Neges fawr O. M. Edwards oedd:

... nad Saeson y dyddiau hyn yw gorthrymwyr y dyddiau gynt. Ac mae'n disgrifio'r Ymerodraeth Brydeinig fel tylwyth o genhedloedd rhyddion, pob un wedi tyfu'n naturiol i fesur ei hannibyniaeth. Pa un fuasai'r amcan uchaf i'r Iwerddon neu i Gymru, – ymryddhau o'r ymherodraeth a byw mewn rhyddid arfog, ynte dysgu'r ymherodraeth enfawr i fagu cenhedloedd mewn undeb cariadus?

Cadwodd ei ymosodiad ffyrnicaf tan ddiwedd ei erthygl:

Ac yn yr Iwerddon wele'r bwystfil yn cael ei ollwng, ac y mae'r bwystfil yn y natur hygaraf a'r galon gynhesaf; ac wrth ladd y bwystfil cymer ei anian afael yn ei orchfygwr a chwerwa fywyd y genedl obeithiol ond adfydus hon am flynyddoedd lawer. Arhosed yr ymherodraeth yn gref, a dyweded wrth galon pob cenedl sy'n rhan ohoni, – 'blant bychain, cerwch eich gilydd.' Na fydded galw ar Fforestwyr Sherwood a bechgyn Gwent byth mwy i golli eu bywydau i achub bywyd yr Iwerddon rhag ei phlant ei hun.

Yna, yn rhifyn mis Awst yn y golofn 'Llyfrau a Llenorion' ceir ymateb uniongyrchol O. M. Edwards i erthygl D. J. Williams:

> *Beth sydd wedi dod dros Wawr Aberystwyth? ... Breuddwydiais y deuai'n llais newydd ysgol newydd wrth fodd fy nghalon, llais rhai o brif lenorion Cymru wedi eu casglu at eu [sic] gilydd i'n Coleg Prifysgol cyntaf. A thybiais y troai'r breuddwyd yn ffaith wrth glywed lleisiau Eifion Wyn a Gwynfor ymysg y lleill. Ond wele dri arwr, bob un ar ei droedfainc, a gynhygir imi, – y German, y Sinn Feiner, a'r gwrthwynebydd cydwybodol, fel arwyr Cymry fydd! ... Sieryd rhai ohonynt beth ymddengys i mi yn deyrnfradwriaeth amlwg. Gyda'r rhifyn yr oeddwn yn derbyn llythyr o Ffrainc yn disgrifio cyfarfyddiad damweiniol amryw o fechgyn Coleg Prifysgol Cymru cyn yr ymosodiad cyntaf ar Contalmaison. Beth, tybed, feddyliant hwy am y Wawr yn awr? Gwn na fuasent yn medru gadael un o'u nifer dan 'fwg a llaid' ei fedd yn Ffrainc heb gymaint a chyfeirio at yr aberth a'i cododd uwchlaw pob ysbryd hunanol a hunanddigonol.*

Cadarnheir y digwyddiad gan Cassie Davies, a oedd yn gyd-fyfyriwr â D.J. yn Aber, yn ei hunangofiant *Hwb i'r Galon*. Fe wnaeth D.J., meddai'n ganmoliaethus, fynnu

> *... ynghanol penboethni gwallgof y rhyfel honni nad du i gyd mo'r Almaenwyr na'r Sinn Féin na'r Gwrthwynebwyr Cydwybodol.*

Ond ychwanegodd i'r mater gael ei ystyried yn un mor ddifrifol fel i gwestiwn gael ei godi ar lawr y Tŷ. Dywed hefyd fod erthygl ar gyfer rhifyn diweddarach o'r *Wawr* gan D.J. o dan y teitl 'Ich Dien' – erthygl na chafodd ei chyhoeddi ar y pryd – wedi arwain at alw am ddiswyddo'r golygydd, Ambrose Bebb. Yn hytrach ymddiswyddodd y pwyllgor cyfan a daeth einioes *Y Wawr* i ben ar ôl dim ond tri rhifyn ar ddeg. Fel arwydd o anfodlonrwydd tynnwyd llun yr aelodau 'mewn gwisgoedd du galarus', medd Cassie Davies.

Efallai y teflir rhywfaint o oleuni ar agwedd O.M. tuag at syniadaeth D.J. o gofio bod ei fab Ifan, ar y pryd, yng ngwres y frwydr yn y Rhyfel Mawr.

Bu cydymaith D.J. ym Mhenyberth, Lewis Valentine, yr un mor gadarn â D.J. Roedd wedi gwasanaethu yn y fyddin yn Iwerddon fel aelod o uned feddygol ac wedi dod i adnabod nifer o aelodau *Sinn Féin*. Pan ddychwelodd i Fangor i fod yn Llywydd y Myfyrwyr, gwnaeth safiad cadarn ar ran y Gwyddelod, safiad a ddaeth ag ef mewn gwrthdrawiad ag awdurdodau'r coleg. Ceir un hanesyn ganddo mewn teyrnged a ysgrifennodd i'w gyn-gyd-fyfyriwr J. P. Davies. Derbyniodd Cyngor y Myfyrwyr lythyr oddi wrth Gyngor Myfyrwyr Prifysgol Iwerddon yn galw am gyhoeddi'r gwir am dynged Kevin Barry, Gweriniaethwr ifanc a ddienyddiwyd gan Lywodraeth Prydain ym mis Tachwedd 1920. Teimlodd Valentine mai ei ddyletswydd, fel Llywydd, fyddai darllen y llythyr o flaen y Cyngor. Cwynodd cyn-swyddog o'r Cyngor wrth y Prif Gwnstabl fod gan Valentine ddogfen fradwrus yn ei feddiant. Cafodd orchymyn gan y Prifathro na châi ar unrhyw gyfrif ddarllen y llythyr o fewn muriau'r coleg. Fel ymateb rhybuddiodd Valentine y gwnâi, felly, ddarllen y llythyr mewn cyfarfod y tu allan i'r coleg ym Mangor Uchaf. O'r diwedd caniatawyd iddo ddarllen y llythyr ar yr amod na cheid trafodaeth. Gwnaeth hynny, ac yna gadawodd

Dylanwad y Gwrthryfel ar genedlatholwyr o Gymry?
Cofeb Penyberth i nodi gweithred D.J. Williams, Saunders Lewis a
Lewis Valentine ym Mhenyberth yn 1930

Valentine y gadair. Etholwyd cadeirydd newydd a chondemniwyd y *Black and Tans* a'u creulondeb tuag at Kevin Barry.

Bu mewn trafferthion hefyd, fel y dywedodd mewn sgwrs â Ioan Roberts yn *Y Cymro* fis Tachwedd 1970, pan wrthwynebodd gynnig oedd yn cefnogi polisïau Lloyd George yn Iwerddon. Cynigiodd welliant yn galw ar Lloyd George ei hun i ddod i'r coleg i gyfiawnhau ei bolisi yn Iwerddon.

Beth am drydydd aelod trindod Penyberth? Ceir sylwadau cyhoeddus cyntaf Saunders Lewis ar Wrthryfel y Pasg ddwy flynedd wedi'r digwyddiad, yn *Y Cymro* (Dolgellau), y datganiad cyntaf a wnaeth erioed, medd D. Tecwyn Lloyd yn ei gofiant i Saunders, ar genedlaetholdeb gwleidyddol. Mewn erthygl ar addysg, canodd glodydd Ysgol Enda Sant, a sefydlwyd gan Pádraig Pearse:

Pan saethwyd Pádraig Pearse am ei ran yng Ngwrthryfel y Pasg (1916), rhoes y Syr John Maxwell (Rheolwr Milwrol Prydain yn Iwerddon) goron merthyrdod ar fywyd sant a gweledydd a lafuriodd tra bu ar ennill drachefn i'w wlad ysbryd diymblyg ei hen gewri. Ddeng mlynedd cynt na hynny daeth Pearse yn ôl i Ddulyn wedi iddo am dymor ymdreulio i ddeall cynlluniau addysg y cyfandir a phenderfynodd gychwyn ysgol yn yr Iwerddon er magu cenhedlaeth o blant trwythedig yn niwylliant yr hen Wyddelod.

Aeth ymlaen i annog y Cymry i fagu, 'yn ein pentrefi, yn ein hysgolion, ac ar ein haelwydydd, gariad at ein hen draddodiadau a gwareiddiad ein tadau', a thrwy hynny, meddai, afael eilwaith ar drysorau ysbrydol ein tadau. Ond os oedd yn edmygu Pearse, doedd Saunders ddim yn coleddu syniadau *Sinn Féin* na de Valera, fel y dengys Gerald Morgan mewn erthygl yn *Cymru'n Deffro*. Dywed fod Saunders Lewis wedi cwrdd â de Valera cyn hynny, a heb hoffi ei syniadau:

... bu Saunders Lewis yn dadlau y dylid datblygu hunan lywodraeth drwy drawsnewid llywodraeth leol, yn hytrach na thrwy San Steffan, ac wrth wraidd ei syniadau, roedd yr iaith Gymraeg – mater dadlennol, fel y dadleuai ef. Hwyrach y dylanwadwyd arno yn hyn o beth gan lwyddiant Sinn Féin ym 1918, pan feddiannodd y Gwyddelod lawer o weinyddiaeth sifil Iwerddon yn ddirgel, gan adael y llysoedd Prydeinig yn weigion. Ond erbyn canol y dauddegau, prin y gellid cyfrif Saunders Lewis yn un o edmygwyr Sinn Féin. Pan ysgrifennodd H. R. Jones ym 1926 ei fod am wahodd de Valera i Ysgol Haf gyntaf y Blaid, ysgrifennodd Saunders Lewis yn ôl yn condemnio de Valera a'i bolisïau yn hallt.

Buasai ei wahodd i'r Ysgol Haf, a gynhaliwyd ym Machynlleth, wedi bod yn anghwrtais i Wyddel arall a wahoddwyd, meddai, sef Kevin O'Sheil, Dirprwy *Fine Gael* ac aelod o'r *Dail*.

Union eiriau Saunders Lewis am de Valera yn 'Nodiadau'r Mis' yn *Y Ddraig Goch* ym mis Ionawr 1927 oedd, 'Cawsom hefyd ymddiddan hir gyda De Valera. Y mae ef yn deip o'r mwdwl meddw gwyntog, digyfundrefn. Nid oedd ganddo unrhyw athroniaeth, nac unrhyw syniadau pendant ond yn unig rhetoreg ddiffrwyth ac anonest.'

Diddorol nodi fod de Valera, ynghyd â'i Ysgrifennydd, Frank Aiken, Pennaeth Staff gyda'r Gweriniaethwyr adeg y Rhyfel Cartref, wedi ymweld â Chymru fis Ionawr 1950 ar wahoddiad undebau athrawon, yn cynnwys UCAC. Bu'n annerch yn Nhrecynon a Chaernarfon ar fater dwyieithrwydd. Yn y cyfarfod yn Nhrecynon fe wnaeth Victor Hampson Jones, golygydd Undeb-Unity, gloi drwy ddyfynnu o *Buchedd Garmon* Saunders Lewis. Ceir mewnwelediad pellach i feddylfryd Saunders ar fater Iwerddon yn ei deyrnged i H. R. Jones:

> *Dywedir weithiau mewn beirniadaeth arnom ein bod yn Sinn Ffeiniaid Cymreig. Er drwg ac er da, y mae'n bell oddi wrth fod yn wir amdanom. H.R. oedd yr unig un yn ein plith y gellid dychmygu am Michael Collins yn rhoi swydd iddo.*

Ym mis Mawrth 1929 ceir sylw perthnasol gan Saunders ar y gwahaniaeth rhwng y llwybr y dylai Cymru ei gerdded a'r llwybr a gerddodd *Sinn Féin*:

> *Nid torri cysylltiad â Lloegr a fynnwn ni; hynny a*

fynnai Iwerddon. A fynnwn ni yw seilio ein hundeb â Lloegr ar sylfaen yr Orsedd, a chael senedd annibynnol i Gymru.

Roedd am weld '*King of England*' yn newid i fod yn '*King of England and Wales*'.

Eithriadau oedd Arthur Horner, triawd Penyberth a'u tebyg. Pam, felly, y fath wrthwynebiad – casineb yn wir – tuag at ymdrechion Iwerddon dros ryddid? Dylid cofio mai amwys fuasai'r berthynas rhwng y ddwy wlad erioed. Nododd y Dr John Davies yn *The Green Dragon* ym 1999 fod yr amwysedd wedi bodoli o'r cyfnodau cynharaf, a doedd y Mabinogion ddim yn darlunio dwy wlad a oedd yn rhyw gofleidiol iawn. Ac o Gymru, meddai, y lansiwyd y goresgyniad a arweiniodd at saith ganrif o ddarostyngiad Iwerddon, a'r bygythiad a ddeilliodd o hynny'n arwain at Gymru'n cofleidio rheolaeth y goron Seisnig.

Mewn cyfnod diweddarach, yn ystod hanner cyntaf y bedwaredd ganrif ar bymtheg, dyfnhau wnaeth y casineb tuag at y Gwyddelod, meddai, o ganlyniad i'r mudo Gwyddelig i'r Gymru ddiwydiannol. Cyhuddwyd y Gwyddelod o fod yn gyfrifol am iselhau cyflogau'r boblogaeth frodorol. Achosodd y twf cynyddol mewn parchusrwydd ymhlith y dosbarth gweithiol at ddirmygu'r hyn a ystyrid yn arferion cymdeithasol y Gwyddelod, tiwn gron mewn llythyron a ysgrifennid ar longau mudo ac yng ngholofnau papurau newydd Cymry Glannau Mersi.

Atgoffodd ni mai Thomas Davis, mab i Gymro oedd un o'r ymgyrchwyr ffyrnicaf dros ryw fath o ymreolaeth i Iwerddon. Er hynny, byddai gwladgarwyr Cymreig, o leiaf tan ddegawdau olaf y bedwaredd ganrif ar bymtheg, yn ystyried gweithgareddau gwladgarol y Gwyddyl yn embaras yn hytrach nag yn ysbrydoliaeth. Ystyrient fod yna ddau fath ar wladgarwch Celtaidd: un y Cymry, a oedd yn gyfystyr â'r teyrngarwch cynhesaf, a'r un Gwyddelig, a oedd yn fradwrus ac ystyfnig.

Yn ei draethawd 'The Black Hand: 1916 and Irish Republican Prisoners in North Wales' yn y gyfrol Irish Immigrants in Modern Wales (Gol. Paul O'Leary) dywed Jon Parry:

> Yn 1916 roedd Cymru yn bilar teyrngar i'r Ymerodraeth Brydeinig: roedd ei glofeydd yn cyflenwi tanwydd i'r ymgyrch ryfel a byddai ei mab amlycaf, Lloyd George cyn hir yn eistedd ar orsedd grym fel y Prif Weinidog. Er bod ei hen hunanhyder Edwardaidd dan fygythiad gan straen y rhyfel a moderneiddio cymdeithas, roedd hi'n bybyr undebol o ran ei safle o fewn y Deyrnas Unedig. Roedd paratoadau ar gyfer ymreolaeth Gymreig ar y gweill ond aent yn fwyfwy diangen.

Yn ôl Jon Parry roedd rhai o arweinwyr y llafur gwleidyddol a diwydiannol yng Nghymru erbyn hyn yn rhan o lywodraeth rhyfel:

> Doedd gan y rheiny chwaith fawr o gydymdeimlad â'r rhai a gododd yn erbyn y Goron. Yn ei swydd fel is weinidog yn y Swyddfa Gartref, roedd gan William Brace, un o arweinwyr arloesol Ffederasiwn Undeb y Glowyr yn Ne Cymru ond yn seneddwr rhonc erbyn hyn, y dasg o adrodd ar wersyll y Frongoch ac amddiffyn yr amodau yno i'r Tŷ'r Cyffredin. Mae'n bosibl fod ASau Cymreig wedi ymuno ag Arthur Henderson pan wnaeth hwnnw, mae'n debyg, gymeradwyo dienyddiad arweinwyr y Gwrthryfel, yn

cynnwys James Connolly. Byddai eraill, gyda chysylltiadau personol neu fasnachol Gymreig un dydd yn ceisio cynnal awdurdod Prydain o Gastell Dulyn.

Ond yma eto roedd yna eithriadau. Yn ei gyfrol *Whenever Green is Worn*, dywed Tim Pat Coogan fod cefnogwyr Cymreig mewn gêm rygbi rhwng Cymru ac Iwerddon yn Llanelli ym 1897 wedi bod yn gweiddi 'Home Rule for Ireland!'.

Cafodd yr ymateb ymhlith y Cymry i'r Gwrthryfel ac i ddyfodiad y carcharorion Gwyddelig ei liwio a'i adlewyrchu gan y wasg. O ran y wasg Gymreig, dilynodd yn ufudd farn y wasg Brydeinig ar y cyfan. Weithiau roedd y wasg Gymraeg a Chymreig yn fwy trugarog. Ac ar y 29ain o Ebrill, yn annisgwyl, dewisodd *The Celt and London Welshman* feio'r Gwrthryfel ar lacrwydd y Llywodraeth wrth arolygu'r fasnach arfau. Yn wir, aeth y gohebydd dienw mor bell â honni i Iwerddon gael ei hachub o drwch blewyn rhag chwyldro – nid un a drefnwyd gan garfan *Sinn Féin* ond yn hytrach gan wladgarwyr teyrngar Ulster.

Ond o fewn wythnos roedd gohebydd a alwai ei hun yn *Onlooker* 'nôl yn y gorlan. Meddai:

Daeth diwedd ar Weriniaeth Iwerddon yn sydyn iawn. Bu'n ddigwyddiad trychinebus o ran pob agwedd. Fel ymgais i ddymchwel rheolaeth Brydeinig yn Iwerddon bu'n ddim llai na llanast, gan na wnaeth y genedl gyfan gyfrannu mewn unrhyw ffordd i'r gwrthryfel. O ran gwrthryfel trefnedig, nid oedd ond o natur leol lwyr, ac ni chafwyd unrhyw berson o ddylanwad na safle i arolygu ei weithrediad. Nid oedd yr holl griw o ffanaticiaid anghyfrifol yn ddim ond ciwed di-bolisi, di-syniadau a heb yr un wreichionen o ymarferoldeb.

Roedd erthygl Gymraeg yn yr un rhifyn, er hynny yn amharod i gondemnio *Sinn Féin*. Yn hytrach canmolodd ei sêl a'i wytnwch gan nodi fod yr arweinwyr yn gwbl ymwybodol y byddai angen awdurdod dylanwadol cyn y gwnâi'r Saeson gynnig hyd yn oed rithyn o ryddid i'r Gwyddyl. Yn wir, awgrymodd mai grym fyddai'r unig ddull. Yn awr, gan fod y rebeliaid wedi eu concro, y pwnc nesaf i'w drafod fyddai'r ffordd y dylid ymddwyn yn gyfiawn tuag at y cannoedd o'r dynion hyn a oedd nawr yn y ddalfa.

Awgrymodd yr erthygl y byddai delio â hwy yn yr un modd ag y gwnaed â de Wet a'i 'blaid bitw' yn Ne Affrica yn cynnig gobaith y câi'r holl fusnes ei anghofio'n fuan. Ond os câi rhai eu gwneud yn ferthyron, a'r arweinwyr yn derbyn eu cosb haeddiannol, ni wnâi hynny ond ychwanegu at y drygioni, gyda hynny'n creu gelynion am flynyddoedd i ddod.

Fe aeth erthygl Gymraeg arall yn yr un papur gam ymhellach. Cyhuddodd y Saeson o fethu â deall y broblem Wyddelig. Rhywfodd, ni chredai ein cymdogion Seisnig y gwnâi gwladgarwch fodoli tu hwnt i ffiniau eu gwlad fach eu hunain. Ond roedd y Gwyddel, fel y Cymro, a roddai flaenoriaeth i'w genedl ei hun, yn cael ei weld ar unwaith fel bradwr. Os oedd y Gwrthryfel wedi bod yn fethiant chwerw, rhaid fyddai cydnabod na lwyddwyd i ddileu ysbryd gwrthsafiad yn llwyr o'r cylch Gwyddelig.

Yn wir, aethpwyd ymhellach drwy fynnu na fu i aelodau *Sinn Féin*, a oedd wedi ymdynghedu i ymwrthod â phob dim Seisnig gan fod yn barod i aberthu cysur, iechyd a chyfoeth er mwyn cyrraedd eu nod, weithredu'n fyrbwyll. Ym marn y gohebydd roeddynt yn fwy gonest eu credo a mwy teyrngar i'w tir na'r Sais mawreddog a lenwai strydoedd Llundain â 'khaki'. Yn wir, ni fwriedid i *Sinn Féin* erioed fod yn fudiad milwriaethol – yr un a ddygodd y diafol i'r cylch oedd Syr Edward Carson, arweinydd Unoliaethwyr Ulster a gwrthwynebydd di-ildio i Hunan Ymreolaeth. (Carson oedd yr erlynydd yn achos enwog Oscar Wilde.)

Sylwadau prin oedd y rhai uchod o fewn cymunedau Cymreig. Yr hyn a'u gwnaeth yn fwy annisgwyl oedd iddynt ymddangos mewn papur newydd â chylchrediad o 50,000 a gâi ei ddarllen gan Gymry ym mhrifddinas Lloegr.

Beth am y papurau amlycaf? Gwelai'r *Times* y Gwrthryfel fel Cynllwyn Almaenig, a'r digwyddiad domestig mwyaf cyffrous yr esgorwyd arno gan y rhyfel. Doedd yna ddim unrhyw amheuaeth, bloeddiodd y golygyddol, na fu *Sinn Féin* law yn llaw â'r gelyn. Gwnaed y Prif Ysgrifennydd, Birrell, 'gyda'i hynawsedd oedrannus', yn fwch dihangol. Cymharwyd y cynllwyn rhwng *Sinn Féin* a'r Almaen â chynllwyniau tebyg gan yr Almaenwyr i greu gelyniaeth rhwng Japan a Mecsico ac America. Cymeradwyodd y cyhoeddiad fod tri o arweinwyr y Gwrthryfel eisoes wedi cael eu dienyddio.

Dilyn yr un cyfeiriad wnaeth prif bapurau Cymru. Ailadroddwyd y cyhuddiad o'r Cynllwyn Almaenig yn yr argraffiad Cymreig o'r *Liverpool Daily Post and Mercury*. Daliwyd ar y cyfle i bardduo Syr Roger Casement a geisiodd recriwtio carcharorion Gwyddelig a ddelid yn yr Almaen. Ymfalchïodd yn yr honiad fod rhai o'r carcharorion teyrngar hynny wedi ymosod arno. Galwodd ar i'r awdurdodau ddileu'r elfen annheyrngar a fu'n gancr yng nghalon y gymuned.

Roedd argraffiad Cymreig y *Manchester Guardian* yn

dynerach ei agwedd. Mynnai mai'r unig rai a fedrent ennill a chynnal yr heddwch oedd y Gwyddelod eu hunain drwy eu harweinwyr yn y Blaid Lywodraethol Wyddelig. A thrannoeth i ddienyddiad y ddau olaf o'r pymtheg arweinydd, Connolly a MacDiarmada, galwodd am roi diwedd ar y dienyddio.

Canlyn y farn boblogaidd wnaeth y *Western Mail.* Cysylltodd y Gwrthryfel ag ymosodiad gan *Zeppelins* a llongau rhyfel yr Almaen ar arfordir dwyreiniol Lloegr. Disgrifiodd y Gwrthryfelwyr Gwyddelig fel '*dupes*' yr Almaen.

Hawdd, ganrif yn ddiweddarach, yw beirniadu agweddau pobl Cymru, wrth gwrs. Ymhlith y milwyr Prydeinig a laddwyd roedd o leiaf ddau Gymro. Yn *Y Celt a'r Cymro Llundain* ar yr 20fed o Fai, ceir adroddiad am farwolaethau'r ddau. Dywedir i W. Edgar Moy James, 'Cymro ifanc, disglair' a mab i Edgar Griffith James, dirprwy reolwr Glofa'r Caerau, Maesteg, gael ei saethu'n farw wrth orymdeithio drwy strydoedd Dulyn yng nghwmni 84 o filwyr ar ddydd Llun y Pasg. Yn 18 oed, roedd yn aelod o'r *Glamorgan Yeomanry.* Fe'i claddwyd ym Mynwent Gymreig Dulyn, rhan o Fynwent Glasnevin ac yn Eisteddfod Nantyffyllon mynegodd y gynulleidfa gydymdeimlad â'r teulu drwy sefyll ar eu traed mewn tawelwch.

Milwr arall o Gymro a laddwyd oedd T. Wynford Llewellyn, 17 oed, o Lanstadwel, Neyland, Sir Benfro, aelod o'r *Pembrokeshire Yeomanry.* Ceir cofnod o'i farwolaeth yn yr *Haverfordwest and Milford Haven Telegraph.* Mae bedd Wynford Llewellyn yn y Fynwent Filwrol Brydeinig yn Blackhorse Avenue ger Phoenix Park yn Nulyn a nodir ar ei garreg fedd iddo gael ei ladd ar y 29ain o Ebrill, diwrnod olaf y Gwrthryfel.

Yn y *Sinn Féin Rebellion Handbook* enwir trydydd

milwr Cymreig a laddwyd, un â'r cyfenw James o Benfro, aelod arall o'r *Yeomanry*. Ond yn ôl Comisiwn y Beddau Rhyfel does yr un cofnod yn bodoli am unrhyw un sy'n cyfateb i'r cyfenw hwnnw a'r adeg dan sylw, ar wahân i W. Edgar Moy James.

Enwir hefyd bedwar Cymro a anafwyd, y rhain eto o'r *Yeomanry*, sef R. D. Richards, o ardal Croesoswallt, H. Asbury o'r Hôb, y Fflint, T. Jones o Abertawe o'r *Yeomanry* a W. Addis, Pengam, o'r *Lancers*. Yn yr *Haverfordwest and Milford Telegraph* ceir hefyd enw George Llewellyn o Neyland fel milwr a anafwyd.

Yn y *South Wales Evening News* ar y 12fed o Fai, ceir hanes y Lefftenant T. D. Thomas o'r Gatrawd Gymreig a oedd yn treulio gwyliau yn Nulyn dros y Pasg. O weld y brwydro, ymunodd â'r *Royal Inniskillins* gan ymladd yn Sackville Street yng nghyffiniau'r Swyddfa Bost.

Yn yr un papur ar yr 16eg o Fai, ceir hanes am ddihangfa'r Corporal H. L. Morgan o Thornhill, Clydach, a ddaliwyd gan y Gwirfoddolwyr. Fe'i gosodwyd ef a deg milwr arall yn erbyn wal i'w saethu, meddai mewn llythyr at ei dad. Ond achubwyd ei fywyd wedi i fachgen a adwaenai redeg i nôl Capten yn y Gwirfoddolwyr yr oedd Morgan yn gyfarwydd ag ef. Gorchmynnodd hwnnw i'r Gwirfoddolwyr beidio â thanio.

Yn y cyfamser roedd paratoadau mawr yn digwydd mewn pentref bach yn Sir Feirionnydd ar gyfer darparu lle o gadwedigaeth i ymron ddwy fil o Wyddelod, dwywaith poblogaeth y dref agosaf, sef y Bala.

4

Frogmore

Clywodd rhai o'r dynion a alltudiwyd i garchardai yn Lloegr sibrydion y caent eu hebrwng i wersyll cadw. Soniwyd am Ynys Manaw. Sant Helena wedyn, ynys tua dau gan milltir oddi ar arfordir Gorllewin Affrica lle carcharwyd Napoleon ynghyd â nifer o'r Boer. Yna clywyd enw arall, enw anghyfarwydd, sef Frogmore. Daeth yn glir mai'r enw oedd y Fron-goch, lle'r oedd gwersyll caethiwedigaeth eisoes ar gyfer milwyr Almaenig.

O glywed enw'r lle doedd fawr neb o'r tu allan i Gymru ddim callach. Yn wir, ar lawr Tŷ'r Cyffredin gofynnodd yr Unoliaethwr pybyr Syr Edward Carson ble'r oedd y Fron-goch? Derbyniodd yr ateb cwta 'yng Nghymru' oddi wrth yr Is-ysgrifennydd Rhyfel, Mr Harold Tennant.

Ni fyddai ddim gwaeth iddo ddweud bod y Fron-goch ar y lleuad. Câi trigolion ardal y Bala wybod yn achlysurol drwy bapur *Y Seren* am y datblygiadau yn y Gwersyll. Ar y 10fed o Fehefin, cyhoeddwyd o dan y pennawd 'Camp Fron-goch', 'Y mae tua dau gant o "guards" wedi dod i'r lle uchod.'

Yna, ar y 24ain o Fehefin, caed y sylw, 'Dal i ddod i Fron-goch mae'r Gwrthryfelwyr o Iwerddon. Mae yno nawr tua 600. Disgwylir yno tua dwy fil pan ddaw'r oll. Dr Peters ydyw y meddyg swyddogol.'

Yn yr un rhifyn ceir y sylw, 'Y Sinn Feiners. Dyna fel yr adnabyddir y carcharorion Gwyddelig sydd yng ngwersyll Fron-goch. Y mae rhai cannoedd yn cyrraedd bron bob dydd. Hefyd y mae amryw o berthynasau y carcharorion wedi dyfod i ymweled â hwy. Deallwn mai dyddiau ymweled yw dyddiau Mawrth a Iau.'

Mae'n rhaid mai un cwestiwn amlwg a ofynnid gan y carcharorion, fel llawer un arall oedd – pam y Fron-goch? Roedd un ateb amlwg: roedd y lle eisoes yn wersyll cadw ar gyfer carcharorion Almaenig. Ond roedd rhesymau eraill hefyd, fel yr esboniodd yr Athro Seán McConville yn *Irish Political Prisoners 1848-1922*:

Gallai'r Frongoch ateb sawl un o nifer o anghenion – hyfforddiant sylfaenol, hwylustod teithio ac ail-ymgynnull, neu gadw carcharorion rhyfel. Ar gyfer yr olaf roedd gan safle daearyddol y gwersyll oblygiadau disgyblaethol arbennig. Pe na châi ei rannu'n nifer o adrannau diogel câi'r carcharorion gymysgu'n rhydd â'i gilydd, i bob pwrpas. Gan mai pwrpas y gwersyll oedd cadw yn hytrach na chosbi neu ddiwygio, gofynnai'r gadwedigaeth yr angen am derfynau diogel a chynifer o warchodwyr i fedru atal gwrthgodiad penderfynol posibl.

Byddai lleoli'r gwersyll yng Nghymru yn hytrach nag yn Iwerddon yn lleihau'r posibilrwydd hwnnw, meddai. Er gwaetha'r ffaith ei fod wedi ei leoli ger cysylltiadau rheilffyrdd a ffyrdd a arweinient i Ddulyn yn y pen draw, byddai ffoaduriaid yn gorfod wynebu poblogaeth elyniaethus cyn cyrraedd Lerpwl, neu, yn fwy tebygol, cyn gorfod croesi Môr Iwerddon. Roedd yn dal yn ddirgelwch, medd McConville, na lwyddodd neb i ddianc, hynny er gwaetha'r ffaith y caent gydymdeimlad mawr ymhlith y gymuned Wyddelig ar lannau Mersi.

Cyn i garcharor gael ei ddanfon i'r Fron-goch roedd gofyn iddo lofnodi'r Gorchymyn o dan Reol 14B o Ddeddf Amddiffyniad y Deyrnas (*DORA*) lle byddai'n cydnabod ei ymddygiad gwrthryfelgar a'i aelodaeth o fudiad a elwid yn Wirfoddolwyr Gwyddelig neu yn Fyddin Dinasyddion Gwyddelig a oedd wedi hyrwyddo gwrthryfel arfog yn erbyn Ei Fawrhydi. Câi'r dynion saith diwrnod i apelio yn erbyn y Gorchymyn. Ond credir mai dim ond un, yr hynafgwr Henry Dixon, a wrthododd lofnodi'r ddogfen.

Carchar y De (Camp 1), sef yr hen ddistyllty, fyddai cartref y 936 cyntaf. Roedd y gwaith ar Wersyll y Gogledd yn dal heb ei gwblhau wrth i Wersyll y De lenwi. Dim ond ychydig o'r Almaenwyr oedd yn weddill erbyn hynny; y rhai gwaelaf eu hiechyd. Ymhlith y rheiny roedd un yn dioddef o'r diciâu. Bu farw rhai ohonynt yn y Fron-goch. Claddwyd saith ym mynwent yr eglwys gerllaw'r gwersyll. Nodwyd eu henwau fel W. Forster, H. Langenberg, A. Schmirner, P. H. Schroter, A. Stauch, P. Velleur ac R. T. Waschkowitz. Ym mis Mawrth 1963 codwyd gweddillion y saith a'u hail-gladdu ym Mynwent Ryfel yr Almaen yn Cannock Chase, Swydd Stafford. Roedd hwn yn rhan o bolisi a welodd ail-gladdu 5,500 o filwyr Almaenig a fu farw yng ngwledydd Prydain.

Cyrhaeddodd y tri Gweriniaethwr cyntaf y cwmwd bychan a swatiai ar lawr y dyffryn rhwng mynyddoedd yr Arenig a'r Garn ar y 9fed o Fehefin. I'r tri cyntaf hynny roedd y daith wedi cychwyn, fel i'r 1,860 a oedd i'w canlyn, yn fuan wedi'r ildio ar ddydd Sadwrn Wythnos y Pasg. Wedi i'r swyddogion Prydeinig chwynnu'r arweinyddion o blith y rhengoedd cyffredin, cadwyd y gweddill ym Marics Richmond yn Inchicore yn Nulyn, cyn eu hebrwng i borthladd North Wall ar aber afon Liffey a'u corlannu mewn llociau o dan ddeciau'r llong wartheg *Slieve Bloom* a'u cludo i Gaergybi.

Yn dilyn y Gwrthryfel, alltudiwyd cyfanswm o dros

2,500 o Weriniaethwyr i wahanol garchardai yn Lloegr. Yn ogystal â Knutsford, danfonwyd rhai i Stafford, Wakefield, Wandsworth, Woking, Lewes, Glasgow a Perth. Fe chwaraeodd Carchar Brynbuga yng Nghymru ei ran hefyd.

Cawn ystadegau swyddogol gan y Pencadlys Milwrol yn Nulyn yn datgelu i 3,149 o ddynion a 77 o fenywod gael eu holi ym Marics Richmond erbyn yr 11eg o Fehefin. Rhyddhawyd 1,104. Roedd 1,862 wedi eu carcharu ynghyd â chwech o feynwod. Allan o 183 a wynebodd lysoedd milwrol cafwyd 160 yn euog.

Cyrhaeddai'r carcharorion Wersyll y Fron-goch yn rheolaidd fesul grwpiau. Ceir rhestr o'u henwau yng nghyfrol Seán O Mahony, *Fron-goch: University of Revolution*, er ei fod yn pwysleisio nad yw'r rhestr yn gyflawn. Nid oes rhestr gyflawn swyddogol o enwau a chyfeiriadau yn bod.

Ceir, yn ôl y disgwyl, o bori drwy'r rhestr anghyflawn, mai o ddinas a Swydd Ddulyn y daeth y mwyafrif mawr, sef 926. Yna 322 o Galway, 150 o Wexford a 92 o Gorc. Rhestrir pump o Loegr, er bod llawer iawn rhagor wedi byw yno. Rhaid bod nifer o'r Gwrthryfelwyr wedi byw a gweithio yng Nghymru, pobl fel Jim Mooney, pan ddaeth ei rieni drosodd i chwilio am waith.

Ystyrid y rhai a anfonwyd i'r Fron-goch ymhlith y lleiaf eithafol o'r rheiny a feiddiodd roi plwc i waelod sgert Britannia. Disgrifiwyd y Gweriniaethwyr yn waradwyddus fel *Shinners*, sef aelodau o blaid *Sinn Féin*, sy'n golygu 'Nyni ein Hunain'. Yn eu plith roedd nifer nad oedd erioed wedi gafael mewn gwn.

Roedd y dynion felly'n gymysgedd o rai a oedd wedi brwydro ynghyd â nifer na chymerodd ran o gwbl. Ymhlith y naill roedd Richard Mulcahy, Dick McKee a

Michael Collins. Ond yn euog neu'n ddieuog, fe wnâi cadw'r dynion gyda'i gilydd o fewn terfynau cyfyng carchar sicrhau y deuai pob un ohonynt yn rebel, ac amryw i ddod yn benseiri'r Iwerddon Newydd.

Triniwyd y mwyafrif o'r dynion yn frwnt ar eu ffordd drwy strydoedd Dulyn, yn gyntaf i'r barics ac yna tuag at y dociau. Mewn cyfweliad ar gyfer cwmni teledu Ffilmiau'r Nant ym 1988 cofiai Ambrose Burne wawd ei gyd-ddinasyddion wrth iddo gael ei hebrwng i Farics Inchicore. Wrth iddo fynd drwy Sackville Street (O'Connell Street) a Thomas Street taflwyd llestri te ato ef a'i gyd-garcharorion.

Cofiai fy hen gyfaill Joe Clarke – a ddisgrifiwyd gan Eamon MacThomáis fel y Ffeniad mwyaf mewn hanes – yn dweud sut y cafodd ei annog yn ei flaen gyda chymorth bidog:

Gwawdiwyd ni'n ddidrugaredd gan ein cyd-Wyddelod a oedd wedi llenwi'r strydoedd er mwyn gweld y ffyliaid Sinn Feiners. Taflwyd atom afalau pwdr a phethau gwaeth. Yn naturiol, teimlem yn isel. Ond yma ac acw ymhlith y dorf chwifid ambell faner werdd a chenid ambell i hen gân rebel. Aethom tuag at y llongau gyda'n pennau, os nad ein calonnau, yn uchel.

Cofiai cyfaill i Joe Clarke, sef Joe Sweeney, gyfarfyddiad rhyfedd pan oedd ar ei ffordd gyda'r lleill i Farics Richmond i gael ei holi: 'Fe syllodd un o'r swyddogion ar un o'n dynion ni a heb yngan gair, ysgrifennu ei enw ar ddarn o bapur cyn cerdded ymlaen. Ymhen ychydig gofynnwyd i'r carcharor, "Oedd hwnna'n dy adnabod di?" Atebodd, "Oedd, fy mrawd i oedd e." '

Disgrifiodd Brian O'Higgins brofiad a fu, mae'n

rhaid, yn gyffredin i lawer. Wrth i'r carcharorion ddynesu at y stemar *Slieve Bloom*, roedd nifer o filwyr Prydeinig ar fin byrddio. A dyma orchymyn iddynt gan swyddog Prydeinig, 'Safwch ble'r ydych chi, ddynion. Gadewch i'r gwehilion fynd gyntaf!'

Gorfodid amryw i rannu llociau'r gwartheg. Roedd y drewdod a'r awyrgylch yn annioddefol. Allan ar y môr roedd yna fygythiad parhaus gan longau tanfor yr Almaenwyr. Byddai'r milwyr Prydeinig yn hawlio'r gwregysau achub. Cofiai Michael Brennan o Swydd Clare orfod teithio yng nghanol y gwartheg, a'r llong yn troi a gwyro mewn ymgais i osgoi torpidos, a'r gwartheg, druain, yn cael eu gyrru'n wallgof gan ofn.

Un o'r rheiny a orfodwyd i rannu â'r gwartheg oedd darpar Arglwydd Faer Corc, Tomás MacCurtain. Dewisodd adael yr howld a sefyll yn yr awyr agored er mwyn ceisio osgoi salwch môr. Disgrifiodd ei deimladau wrth i'r llong adael North Wall:

> *Daeth amryw eraill allan i ymuno â mi er mwyn cael eu golwg olaf ar Iwerddon, gan geisio rhoi'r argraff na hidient, ond hawdd oedd gweld y tu ôl i'r cellwair a'r hiwmor eu bod nhw'n gofidio'n fawr.*
>
> *Gydag Iwerddon allan o'n golwg, aeth pawb yn dawel, a diflannodd yr hiwmor a'r hwyl. Ceisiai pawb ddyfalu pryd fyddai adref nesaf, os o gwbl. Gwaethygodd y sefyllfa wrth i'r rheiny y tu mewn fynd yn sâl, gan welwi a gwelwi a gorfod gorwedd yn rhywle. Daeth rhyw dawelwch nawr, gyda'r rheiny nad oedd yn sâl yn gofidio yr aent yn sâl.*

Cyn y fordaith derbyniai pob un o'r dynion un fisged cŵn yr un ond dim i'w yfed, dim un diferyn o ddŵr hyd yn oed. Ond roedd M. J. O'Connor a'i gyd-deithwyr yn

Hen gwt signal Gorsaf y Fron-goch yn dal i sefyll

freintiedig. Pan gludwyd hwynt ar y 6ed o Fehefin ar 'filgi'r cefnfor', fel y disgrifiai'r llong, cawsant rannu adnoddau'r trydydd dosbarth. Yn ei hunangofiant *Stone Walls*, adroddodd O'Connor, a arestiwyd yn Tralee, ei brofiadau:

Treuliwyd yr amser yn sgwrsio, smocio a chanu. Diddorol, os nad doniol, oedd gweld y milwyr a'r swyddogion yn gwrando'n astud arnom yn canu 'The Felons of Our Land' wrth i'r llong daro glan yng Nghymru tua 12.45 yn amser Lloegr. Ac eithrio un truan o Enniscorthy, llwyddodd pawb i osgoi salwch môr.

Tŷ cyffredin yw Gorsaf y Fron-goch bellach

Hen gartref gorsaf-feistr y Fron-goch. Bu wedyn yn Swyddfa Bost

Un arall a gafodd brofiadau tebyg oedd Joe O'Doherty o Derry a recordiodd ei atgofion ar dâp. Mae gen i gofnod o lais Joe wrth iddo edrych yn ôl ar ei fordaith i Gaergybi. Cofiai gael ei hebrwng gydag eraill i'r dociau mewn cyffion, a chriw o'i gyd-Wyddelod yn taflu cerrig atynt. Doedd y llong wartheg, meddai, ddim wedi ei glanhau ac roedd tail y creaduriaid dros waelod yr howld. Yr unig oleuni oedd hynny a ddeuai drwy un o'r gorddrysau, a oedd yn rhannol agored.

Drwy'r agoriad cul hwnnw, meddai Joe, ymwthiai pelydryn o oleuni. Yna dyma un o'r carcharorion yn codi ac yn sefyll ynghanol y pelydryn golau gan ddechrau canu '*When Will the Day Break in Erin?*' Fe wnaeth y perfformiad argraff ddofn ar Joe a'i gyd-garcharorion.

Yng Nghaergybi cofiai M. J. O'Connor y milwyr oedd yn eu disgwyl ar y cei. Er mawr hwyl i aelodau'r *Dublin Fusiliers* oedd wedi gwarchod y carcharorion ar y fordaith, ac i'r carcharorion eu hunain, y milwyr oedd

Golygfa gyffredinol o leoliad Gwersyll y De ar gerdyn post
sy'n cofnodi disgrifiad diddorol o'r lle

i'w hebrwng tua'r trên i Garchar Knutsford oedd aelodau o Fataliwn y Bantams, sef bataliwn ar gyfer milwyr anarferol o fyr. Bedyddiodd y carcharorion hwy yn *The Grenadier Guards.*

O'r gwahanol garchardai, cludwyd yr alltudion i'r Fron-goch ar drenau o dan warchodaeth arfog ac unwaith eto wynebodd rhai ohonynt gryn gasineb. Un a fu'n dyst i'r fath driniaeth oedd Michael Newell o Galway. Disgrifir rhai o'i brofiadau gan Fergal McGarry yn *The Rising: Easter 1916.* Ar y ffordd o Nottingham, ymosodwyd ar Newell a'i gyd-garcharorion gan griw o labystiaid ond fe ymatebodd un o'r gwarchodwyr, milwr o Wyddel, drwy daro a llorio tri o'r ymosodwyr â'i ddryll, a gwaeddodd, '*Up Carraroe!*' ac '*Up Connnemara!*'

Roedd hyn, medd McGarry, yn enghraifft o wendid sylfaenol rheolaeth Prydain dros Iwerddon a'i dibyniaeth ar gydsyniad pragmatig – yn hytrach na chydymdeimlad neu deyrngarwch – ymhlith trwch y boblogaeth genedlaetholgar. Byddai'r gormes a

Milwyr Albanaidd y eu ciltiau, aelodau o'r Cameron Highlanders
neu'r Scottish Regimental Guard, *yn gwarchod y
carcharorion Gwyddelig*

ddilynai yn herio yn y diwedd hawl Prydain i reoli y tu
hwnt i dorbwynt.

Cyrhaeddodd rhai o'r dynion mewn cyflwr truenus
a bawlyd. Yn wir, ofnid y byddent yn lledaenu haint.
Gadawodd Tomás MacCurtain Garchar Wakefield am y
gwersyll ar y 10fed o Fehefin. Disgrifiodd ei hun yn
cyrraedd ynghanol aelodau'r *Cameron Highlanders*:

*Daethom i'r Fronngach [sic] ar nos Sadwrn tua 6.00
o'r gloch. Gorsaf fach yw hon, a phan wnaethom
ddisgyn o'r trên gwelsom y Gwersyll wrth ymyl y
rheilffordd gerllaw, wedi ei amgylchynu'n llwyr â
weiren bigog. Gwelsom wylwyr lleol yn cerdded i fyny ac
i lawr yn syllu arnom o'u gwahanol safleoedd.*

Byddai'r mwyafrif o'r carcharorion wedi cyrraedd
gorsaf Crewe cyn cael eu cludo drwy Gaer gan groesi'r
ffin i Wrecsam ac ymlaen drwy Riwabon, Llangollen ac

yna i Gyffordd y Bala a'r Fron-goch. Tystiodd amryw i'r teimlad o hapusrwydd wrth groesi'r ffin i Gymru. Mewn llythyr personol a dderbyniais oddi wrth W. J. Brennan-Whitmore ar y 6ed o Fehefin, 1971 fe ysgrifennodd:

> *Dywedodd un cydymaith wrthyf, 'Mae mor debyg i Iwerddon. Roedd pob un o'r Cymry y daethom ar eu traws yn gyfeillgar.' Cofiaf gydymaith arall wrth i ni aros mewn gorsaf yn dweud, 'Maent mor wahanol i'r Saeson, sy'n edrych arnoch fel mae buwch yn syllu dros glawdd.' Ac nid gweniaith yw hynna!*

Ceir disgrifiadau tebyg ganddo yn ei gyfrol ar y Fron-goch. Hebryngwyd M. J. O'Connor a'i griw o Garchar Knutsford i'r orsaf drenau gan osgordd o'r Ffiwsilwyr Cymreig. Gweld y newid yn iaith yr enwau lleoedd wnaeth iddo sylweddoli fod y trên wedi croesi'r ffin:

> *Un peth a'n trawodd oedd gweld hysbysebion y cwmni trenau [Great Western] yn y llythrennau haearn arferol, mewn Saesneg a Chymraeg – esiampl y gallai'r cwmnïau rheilffyrdd Gwyddelig ei dilyn yn hawdd gyda'r iaith Wyddeleg.*

Roedd O'Connor wedi disgwyl gorfod cerdded y tair milltir o'r orsaf i'r gwersyll. Credai mai'r Bala oedd diwedd y lein. Syndod felly, meddai, oedd canfod mai dim ond ychydig lathenni oedd ganddo i'w cerdded o'r orsaf i'r 'lle o gaethiwedigaeth', sef y disgrifiad swyddogol o'r Gwersyll.

Amrywiai'r carcharorion yn fawr o ran oedran a chefndir. Un o'r rhai hynaf yn y Gwersyll oedd Jeremiah Reardon a garcharwyd gyntaf yn ôl ym 1881 am ei ran yng ngweithgareddau'r Cynghrair Tir. Hynafgwr arall oedd James Stritch, a oedd wedi cymryd rhan mewn digwyddiad hanesyddol ym Manceinion, sef ymosodiad ym 1876 a gafodd ei adnabod fel *The Smashing of the Van* pan ryddhawyd dau Ffeniad, Thomas Kelly a Timothy Deasy o fen garchar a gâi ei thynnu gan geffylau. Yn ystod yr ymosodiad lladdwyd aelod o Heddlu Manceinion, y Rhingyll Charles Brett. Arweiniodd y digwyddiad at ddienyddio William Allen, Michael Larkin a Michael O'Brien, a gofiwyd wedyn fel Merthyron Manceinion.

Gweithwyr cyffredin oedd y mwyafrif a gyrhaeddodd y Fron-goch, fel y dywed O. Mahony a Brennan-Whitmore: peintwyr tai, clercod, teilwriaid, gyrwyr, porthorion, argraffwyr, certmyn a labrwyr. Ar y llaw arall, roedd Barney O'Driscoll wedi bod yn aelod o'r Gwarchodwyr Cenedlaethol yn America. Roedd Frank Bulfin o Swydd Offaly yn frawd i berchennog un o'r ffermydd mwyaf yn yr Ariannin. Ei frawd oedd William Bulfin, y ddau yn ewythrod i Eamon Bulfin a gododd y faner drilliw uwch y Swyddfa Bost. Roedd Dan O'Mahony o Swydd Kerry wedi bod yn heliwr anifeiliaid mawr yn neheudir Affrica tra oedd Mort O'Connor o Swydd Kerry wedi bod yn chwilio am aur yn y Klondike.

Dynion ifainc oedd y mwyafrif yn y Gwersyll gyda chynifer â phedwar ugain ohonynt yn ddeunaw oed neu'n iau. Eto, yn ôl Joe Good o Ddulyn yn ei gyfrol *Enchanted by Dreams*, roedd cynifer â deugain y cant o'r carcharorion yn ddynion priod.

Y rhyfeddod mwyaf yw nifer aelodau'r Gwersyll a hanai o'r un teulu. Roedd yno lawer iawn o frodyr. Yn eu plith roedd Charles, James a John Goulding; Seán T. a Michael O'Kelly; Ambrose a Laurence Byrne; Hugh a

Frank Thornton; a Bob a Daniel Holland. Perthynai'r Hollands i deulu o rebeliaid pybyr. Yn eu cartref hwy yn Inchicore storiwyd saith bocsaid o reiffls Americanaidd yn ystod yr wythnosau cyn y Gwrthryfel. Yn ei ddatganiad tystiolaeth i'r Biwro Hanes Gwyddelig dywedodd Bob:

> *Trefnwyd hwb yn annog y dynion i gael hyd i reiffls gweithredol a bwledi .305. Roedd modd prynu'r rhain oddi wrth filwyr oedd yn dychwelyd ar wyliau o Ffrainc a pharthau rhyfel eraill. Amrywiai'r pris o rhwng £5 a £7 y reiffl. A phetai milwr yn ddigon meddw, fe wnaem gipio ei reiffl heb dalu iddo ddim.*

Llun o Collins yn ei ugeiniau cynnar

Brodyr eraill oedd Michael a John Edwards; John a Joseph Guilfoyle; a John, Joseph a Thomas Kearns, oll o Ddulyn. Brodyr eraill o'r brifddinas oedd Patrick a Donald Ward; Tommy a John O'Connor; y brodyr Tully; John a Pat Poole; John, Charles a Joseph Tallon (O'Tallamháin). Hefyd Peter a Liam O'Carroll. Fe gafodd eu tad hwy, Peter, ei saethu'n farw'n ddiweddarach gan griw o swyddogion cudd. Nai iddynt yw'r actor Brendan O'Carroll, awdur a phrif actor *Mrs Brown*. Fis Tachwedd 2015 ymwelodd yr actor â'r Fron-goch ar gyfer ffilmio dogfen ar ganmlwyddiant y Gwrthryfel. Cefais y cyfle i gyfarfod ag ef ar safle Gwersyll y Gogledd.

Roedd gan y tri brawd King – George, Jon a Pat –

gyfeiriadau yn Nulyn ond Lerpwliaid oedden nhw. Fe frwydrodd y tri yn y Swyddfa Bost, gyda Pat yn aelod o Garsiwn Kimmage. Defnyddiasant gyfeiriadau yn Nulyn i osgoi cael eu consgriptio i Fyddin Prydain. Deuai'r brodyr Kerr – John a Neil – o Lerpwl hefyd a Michael, brawd arall, o Ddulyn. Llundeinwyr oedd Seán ac Ernest Nunan.

Brodyr eraill oedd Con, Daniel a Pat O'Donoghue; Seán, Patrick a Michael Hyde; a Seán a Bill Hales, oll o Swydd Gorc. Dihangodd Tom Hales cyn iddo gael ei ddal a rhyddhawyd brawd arall iddynt, sef Bob. Roedd y brodyr Hales i chwarae rhan allweddol yn yr hyn oedd i ddilyn.

O Swydd Meath deuai pedwar o'r brodyr Boylan, sef Seán, Joseph, Peter ac Edward a frwydrodd yn y

Dormitories, Frongoch.

Golygfa gan artist o'r tu mewn i un o gytiau Gwersyll y Gogledd

Gwrthryfel, a Seán a anfonwyd i'r Fron-goch. Arestiwyd pump o'r brodyr Ring o Ddulyn a charcharwyd o leiaf dri ohonynt yn y Fron-goch.

O Athlone a Tralee y deuai'r brodyr Melinn, Peter a Joseph. Yna y Brennans o Swydd Clare, Michael a Patrick. Brennans eraill o Swydd Clare oedd John a Mick o Roscommon; Frank a Bertie Shouldice o Mayo; a'r Malones, sef Séamus a Tomós (Ó Maoleoin) o Westmeath.

Ceir syniad o'r clymau teuluol wrth ystyried i O'Mahony – yn ei restr anghyflawn o 926 carcharor o Ddulyn a Swydd Ddulyn – gyfeirio at ymron i hanner cant o setiau o frodyr o ddau neu fwy a rannent yr un cyfeiriad. Yn ei gyfrol *50 Things You Didn't Know of 1916*, canfu Mick O'Farrell 111 o barau o frodyr, 22 o driawdau a 10 set o bedwarawdau o frodyr.

Gellir yn ogystal nodi dwy enghraifft o dadau a'u meibion yn y Fron-goch, sef Patrick a Joseph Fleming o Galway, a ymladdodd gyda Liam Mellows yn y Gwrthryfel; a Henry a Séamus Dobbyn o Felfast.

Ond y teulu mwyaf niferus oedd y teulu O'Reilly o 181 Circular Road, Dulyn. Ar ddydd Llun y Pasg 1916 aeth y tad, John Kevin, ynghyd â'i bum mab allan i ymladd. Carcharwyd y tad yn ogystal ag o leiaf dri o'r meibion, Desmond, Kevin a Sam yn y Fron-goch. Roedd Sam yn un o griw o Wirfoddolwyr a ddanfonwyd gan Cathal Brugha i Lundain ar y 15fed o Hydref, 1918, diwrnod ailagor y Senedd, i lofruddio pa Weinidogion bynnag a fyddai'n gyfrifol pe cyhoeddid consgripsiwn yn Iwerddon. Roedd y criw yn oriel Tŷ'r Cyffredin yn barod i gyflawni'r weithred. Yn ffodus i'r Gweinidogion dan sylw, ni chafwyd y fath gyhoeddiad a dychwelodd y criw i Ddulyn. Yn ystod y Rhyfel Annibyniaeth bu Sam ar streic newyn yng Ngharchar Mountjoy cyn troi'n alltud am America. Adeg y Cytundeb fe rannwyd y teulu. Cefnogai'r tad a dau o'r meibion achos y Dalaith Rydd ond roedd dau fab arall ymhlith y Gweriniaethwyr a feddiannodd y Four Courts, gweithred a sbardunodd y Rhyfel Cartref.

Pan aethpwyd ati i gynllunio Gwrthryfel 1916, un o'r mannau cyfarfod oedd cartref Hugh Holohan yn rhif 77 Amiens Street. Roedd teulu O'Reilly ymhlith y rheiny a gyfarfu yno. Bu Holohan hefyd yn y Fron-goch.

Gellir nodi hefyd nifer o gymdogion a garcharwyd yn y Fron-goch. Y drws nesaf i'r brodyr Edwards – John a Michael o 25 St Michael's Terrace, Blackpits, Dulyn – trigai Pat O'Brien yn rhif 26; Edward Gibson yn rhif 31; a James McGuire (neu Maguire) yn rhif 32.

Roedd nifer o fyfyrwyr Pearse yn Ysgol Enda Sant yno. Yn eu plith roedd Desmond Ryan, Frank Burke a Joseph O'Connor, neu 'Little Joe', oll o Ddulyn; Eamon Bulfin o Offaly; Joseph Sweeney o Ddonegal; John J.

Carcharorion yn cael eu harchwilio yng Ngwersyll y De yn y Fron-goch

Kilgannon o'r Taleithiau Unedig; Fintan Murphy o
Lundain; Brian Joyce o Galway; a Desmond Ryan o
Ddulyn. Roedd dau o aelodau staff Enda Sant yno
hefyd, sef Michael MacRuairí a Paddy Donnelly, a oedd
yn arddwyr. Gyda'i gilydd ffurfient Bedwaredd
Fataliwn E. Coy. Galwyd hwy allan gan Pearse ar fore
Llun y Pasg. Ar ôl cyfarfod yng Nghapel Rathfarnam,
aethant yn eu blaen ar feiciau i'r Swyddfa Bost gydag
arfau, bwledi, offer perthnasol a dogn diwrnod o fwyd.

Ymhlith y rhai a arestiwyd roedd o leiaf bedwar
Americanwr a ganfu eu hunain yn y Fron-goch. Yn
ogystal â John J. Kilgallon a nodwyd uchod, enwir tri
arall gan Ruan O'Donnell (gol.) yn *The Impact of the
Rising: Among the Nations*, sef Peter Fox, William Pedlar
a Michael Joseph Lynch. Dedfrydwyd y pedwar i'w
dienyddio ond yn dilyn pwysau gan y Taleithiau
Unedig, gwyrdrowyd y ddedfryd. Yn achos Kilgallon, a
nododd ei gyfeiriad fel James Street, Far Rockaway,
Efrog Newydd tybir i'r Arlywydd ei hun, Woodrow
Wilson ymyrryd. Yn dilyn ei ryddhau aeth Kilgallon
adref gan ymuno ag Awyrlu America ac ymladd yn y
Rhyfel Mawr.

Diddymwyd dedfryd y gosb eithaf ar Eamon Bulfin
yn ogystal ar ôl iddo fynnu ei fod yn ddinesydd
Archentaidd. Fe'i ganed ym Muenos Aires cyn i'w rieni
symud yn ôl i Iwerddon. Yn dilyn ei garchariad yn y
Fron-goch fe'i halltudiwyd ef yn ôl i'r Ariannin lle bu'n
newyddiadurwr ac yna'n olygydd a pherchennog *La
Cruz del Sur* (Seren y De).

Yn ogystal â'r Gweriniaethwyr a fu'n brwydro, roedd
eraill yn y gwersyll heb unrhyw reswm dros fod yno ar
wahân i'r ffaith iddynt gael eu dal yn y man anghywir ar
yr adeg anghywir. Hyn, meddai Rex Taylor yn ei gyfrol
ar Collins, oedd yn gyfrifol am amwysedd y termau

Un o'r ychydig ffotograffau sy'n bodoli o ran o Wersyll y Gogledd

internees a charcharorion. Heb gyhuddiad yn eu herbyn, ni fedrent gael eu galw'n garcharorion rhyfel. Mewn llythyr at Seán Deasy ar y 12fed o Fedi, nododd Collins:

> *Byddaf yn mynd yn fwy anghrediniol bob dydd gan fod yma, yn y Fron-goch, yn ôl fy nghyfrif i, o leiaf chwarter y dynion yng Ngwersyll y Gogledd nad ydynt yn gwybod unrhyw beth am y Gwrthryfel. Dywedodd un dyn, cydnabod i mi sy'n labrwr, iddo gael ei orfodi oddi ar y stryd yn ystod y chwilio. Ymddengys mai ei unig drosedd oedd iddo fod yn cerdded y stryd.*

Cyn i'r carcharorion gael eu halltudio roedd y Prif Weinidog, Herbert Asquith wedi ymweld â rhai ohonynt ym Marics Richmond. Ar y 14eg o Fai ysgrifennodd at ei wraig:

> *... roeddynt, gan fwyaf, yn ddynion o fannau anghysbell y wlad a doedd yr un ohonynt wedi cymryd rhan yng Ngwrthryfel Dulyn. Roedd yna amryw y buasai'n well petaent wedi cael sefyll adref. Pwysais ar Maxwell a'i*

ddynion i fynd drwyddynt â chrib fân, gan ddanfon i Loegr ddim ond y rheiny oedd ag achos cryf yn eu herbyn.

Anwybyddwyd ei apêl gan Maxwell ac fe alltudiwyd 2,519 o ddynion, euog a dieuog a'r un ohonynt wedi wynebu achos llys. Yn ôl amcangyfrif Seán O Mahony, dim ond 1,777 o rebeliaid wnaeth godi. Golyga hyn fod tua 750 o'r alltudion heb gymryd unrhyw ran.

5

Oerach na Chonemara

Wrth i'r tri charcharor cyntaf, James Coughlan, Thomas Boylan a Herbert Conroy – y tri o Ddulyn – syllu drwy ffenestri'r trên ar lein y Bala i Ffestiniog ar y 9fed o Fehefin, yr arwydd cyntaf o'u cartref newydd oedd y simdde frics dal a main a ymsythai uwchlaw tirlun gwyrdd a brown Cwm Tryweryn. Mae'n rhaid na welwyd adeilad llai tebyg i wersyll cadw erioed. Fel 'gwesteion' cyntaf y gwersyll, fe'u cofnodwyd fel Carcharorion 1, 2 a 3.

A hwythau'n ddynion o ddinas fawr, mae'n rhaid bod cyrraedd ardal mor wledig fel glanio ar blaned arall. Syndod i hyd yn oed wladwr fel M. J. O'Connor o Swydd Kerry oedd i'r lle gael ei ddisgrifio fel gwersyll:

> *Dychmygwch adeilad carreg trillawr hir a digalon yr olwg a fuasai, tan ddechrau'r Rhyfel, yn stordy brag a oedd yn gysylltiedig â'r distyllty cyfagos, ac a oedd hefyd yn segur. Prin iawn oedd y ffenestri, a bach, ac o'r math mwyaf cyntefig, y rhai ar y llawr gwaelod ac ar dalcen yr adeilad wedi eu bario. Doedd hwn, yn sicr, ddim yn lle deniadol iawn ar gyfer carchariad am gyfnod amhenodol.*

Hwn oedd Gwersyll y De (Camp 1). Teimlad diflas a digroeso gafodd W. J. Brennan-Whitmore o weld y lle am y tro cyntaf o'r trên. Meddai yn ei gyfrol *With the Irish in Fron-goch*, 'Nid oedd yr un enaid i'w weld yn yr iard. Ond roedd ffenestri'r adeilad y tu ôl yn frith o wynebau, a phawb yn gweiddi eu cyfarchion tra oedd y newydd-ddyfodiaid yn eu hateb mor frwdfrydig ag y medrent.'

Synnwyd Séamus Ó Maoileoin o weld y lle. Yn ei gyfrol *B'fhiú ân Braon Fola* (Gwerth Diferyn o Waed), dywed iddo ganu'n iach i Garchar Wakefield rywbryd ar ddechrau mis Mehefin:

> *Aethpwyd â ni ar drên tua 120 o filltiroedd tua'r de-orllewin i'r Fron-goch. Gwersyll-garchar oedd yno, wrth droed mynyddoedd nad oedd yn rhyw uchel iawn, yn Sir Feirionnydd yng Nghymru. Roedd e'n debyg i Conemara mewn ffordd, meddyliais ar yr olwg gyntaf, ond dwi'n sicr nad oes unrhyw le yn Conemara mor bellennig, mor unig, mor oer, mor ddiflas. Nid oedd ond ychydig iawn o dai yn y gymdogaeth, er bod tref y Bala, sy'n sefyll ar lan llyn o'r un enw, o fewn tair milltir i ni â phoblogaeth o dros fil ynddi; pur anaml y gwelid na dyn na dieithryn yn mynd heibio.*

Cofiai Billy Mullins o Tralee bob eiliad o'r daith o Garchar Wormwood Scrubs i'r Fron-goch. Mewn sgwrs ar raglen deledu gan Ffilmiau'r Nant ym 1988, dywedodd, 'Wyddwn i ddim ble o'n i'n mynd, a hynny heb falio'r un dam. Carcharorion oedden ni, ac fe gaen nhw wneud fel y mynnen nhw â ni ... Roedden ni wedi cael ein carcharu heb brawf. Wydden ni ddim pryd y caen ni'n rhyddhau, ac roedden ni am gael gwybod hynny.'

Mewn llythyr at ei chwaer, Hannie yn fuan wedi iddo gyrraedd, disgrifiodd Michael Collins ei daith yno fel un a aeth ag ef drwy wlad ddeniadol. Yn ei gofiant i Collins ceir disgrifiad cryno gan Rex Taylor o fro Tryweryn:

Gweundir garw oedd yr ardal lle lleolwyd y gwersyll, gwlad ddymunol ond heb unrhyw arbenigrwydd; ardal wledig a oedd yn addas, oherwydd ei diffeithwch, i saethu a physgota. Ond i lawer o'r carcharorion roedd y lle yn eu hatgoffa o'u broydd gartref yn Iwerddon, gyda'r mynyddoedd a thyfiant cyfoethog, llawn o rug a choedydd gwasgaredig a rhedyn.

Ond roedd rhywbeth yn pigo cydwybod rhai o'r carcharorion. Roedd y gweithwyr cyffredin a'r crefftwyr a'r masnachwyr a ddeuent i'r gwersyll oll yn siarad eu hiaith frodorol. Cododd hyn gryn gywilydd ar rai o'r Gwyddelod am eu bod hwy wedi esgeuluso eu hiaith eu hunain. Fe ysgogwyd ynddynt yr awydd i'w hadfywio. Roedd hyn yn arbennig o wir am Collins, fel y tystiodd Rex Taylor eto:

Cymerodd gryn ddiddordeb yn y crefftwyr Cymraeg a alwent i gyflawni dyletswyddau yn y gwersyll ac a siaradent eu hiaith frodorol gyda balchder yr anorchfygol. Wrth eu clywed yn ei siarad wrth weithio, taniwyd ynddo'r penderfyniad i ganfod eto wir werth ei iaith frodorol ei hun. Roedd hyn yn rhywbeth y ceisiodd gwladgarwyr Gwyddelig eraill ei wneud yn y gorffennol: y weledigaeth o iaith frodorol yn symbyliad tuag at ryddid. A hyd yn oed bryd hynny, yn y Frongoch fel mewn canolfannau eraill o garcharu a chadwedigaeth, câi'r syniad o iaith frodorol ei meithrin ar fyrder. Mewn mannau o'r fath y cychwynnwyd mewn gwirionedd yr ymchwydd anferth o genedlaetholdeb a wnâi'n ddiweddarach ysgubo i fuddugoliaeth dros gyfiawnder – a'r gwrthwyneb i hynny – yn wleidyddol ac mewn meysydd eraill.

Gwnaed sylw tebyg gan Margery Forester yn *Michael Collins: The Lost Leader*:

> *Y tu hwnt i'r gwersyll i'r de llifai afon Tryweryn. Yn esgyn i fyny tua'r gogledd byddai prydferthwch gwyllt copaon gweundirol gwledig Cymreig gydag enwau fel Carnedd-y-Filast a Chader Benllyn yn atgoffa'r alltudion Gwyddelig y trigai yno bobl oedd â'u gwlad a'u hiaith mewn llawer ffordd mor anghysbell oddi wrth Loegr ag Iwerddon ei hun.*

O blith y carcharorion daeth Batt O'Connor yn gyfeillgar iawn â Collins. Yn ei gyfrol *With Michael Collins in the Fight for Irish Independence* fe ddywed:

> *Un peth yn y Frongoch a wnaeth argraff ddofn arnom oll. Fe wnâi'r holl grefftwyr a ddeuent i gyflawni gwaith plymio neu atgyweirio siarad yr iaith Gymraeg. Achosodd hyn gryn syndod i'r mwyafrif ohonom. Gwirionasom ar ysbryd cenedlaethol y dynion hyn, eu cariad tuag at eu hiaith frodorol, iddynt lwyddo i'w chadw, a hwythau'n byw ochr yn ochr â'r Saeson heb gymaint â bae rhyngddynt.*
>
> *Trwythodd ynom ymdeimlad o ostyngeiddrwydd iachusol o fod yng nghwmni cymrodyr Cymraeg a'u clywed yn sgwrsio â'i gilydd heb un gair o Saesneg, tra ninnau'n llafurus ail-ddysgu iaith ein tadau.*

Synnwyd Joe Good gan gymaint y rhyddid ar y dechrau. Disgrifiodd y lle fel un pleserus, o'i gymharu â Charchar Knutsford. Rhyfedd iawn, meddai, oedd canfod caeau chwarae a chytiau cyffyrddus heb sôn am gael eu cogyddion yn ogystal â'u cyfundrefn ddisgyblaeth eu hunain.

Roedd Gwersyll y Fron-goch yn cynnwys dau gwrt o fewn un ganolfan. Tra bo Gwersyll y De yn yr hen ddistyllty, casgliad o gytiau pren digon tebyg i'r rheiny a welwyd wedyn yng ngwahanol wersylloedd *Stalag* yr Almaenwyr adeg yr Ail Ryfel Byd oedd Gwersyll y Gogledd (Camp 2). Rhwng y ddau gwrt rhedai'r lôn rhwng yr orsaf drenau a'r ffordd fawr.

O gwmpas y gwersylloedd caed ffens isel y tu mewn i ffens allanol o weiren bigog a honno'n ddeuddeg troedfedd o uchder. Câi'r ffens isel ei hystyried fel weiren angau, meddai O'Connor. Roedd gan y carcharorion yr hawl i osod dillad arni i sychu ond ni chaent bwyso arni, ac fe allai unrhyw ymgais i ddianc olygu bwled; y gorchymyn fyddai tanio i ladd. Fel y dywedodd Ambrose Byrne, 'Roedden ni'n rhydd i wneud unrhyw beth – ond dianc.'

Bodolai naws gyfeillgar rhwng yr Almaenwyr oedd ar ôl a'r Gwyddelod, ond pan sylweddolodd y gwarchodwyr hynny fe symudwyd yr Almaenwyr oddi yno. Cofiai Joe Clarke yn glir yr enwau Almaenig a adawyd ar y waliau. Un arwydd a oroesodd oedd *Trinke Wasser* (dŵr yfed) uwchlaw un o'r tapiau dŵr. Ond gwrthodwyd caniatâd i'r Gwyddelod osod arwyddion Gwyddeleg yno.

Cyn i'r cyfan o'r carcharorion Almaenig adael y Fron-goch, cafodd y Gwyddelod wybod gan yr ychydig oedd ar ôl mai Gwersyll y De oedd y gorau o'r ddau. Tra oedd hwnnw'n boeth iawn yn yr haf, roedd Gwersyll y Gogledd yn oer iawn yn y gaeaf. Mae'n debyg bod mwy o Almaenwyr wedi marw o oerfel nag o effeithiau gwres. Gellir dychmygu'r gwahaniaeth rhwng yr amodau yn y ddau wersyll o ystyried y câi'r naill ei alw'n 'Burdan' a'r llall ei alw'n 'Siberia'.

Mewn llythyr at ei chwaer Johanna ar y 25ain o Awst,

cawn Collins yn cwyno am awyrgylch lethol 'Purdan': 'Mewn rhai mannau anffafriol mae hi braidd yn anodd anadlu yn y boreau. Yn ffodus i mi, rwyf wrth ymyl ffenest ac felly ddim yn dioddef cynddrwg â rhai o ganlyniad i hyn ond er hynny, y noson o'r blaen, a oedd yn stormus a gwlyb, aeth fy nillad gwely yn llaith iawn.'

Roedd Gwersyll y De ar ffurf nifer o adeiladau o boptu sgwâr agored, a oedd ei hun o fewn sgwâr mwy. Safai'r hen stordy trillawr a drowyd yn stafelloedd cysgu ar yr ochr orllewinol. Ar yr ochr ogleddol safai'r porth, rhwng yr ysbyty a stafell y Sensor i'r dde a'r cwt cynhyrchu trydan i'r chwith gyda'r stafell sychu dillad, a ffwrnais ynddi, gerllaw. I'r dwyrain roedd y distyllty a'r cerwyn wedi eu haddasu yn storfa lo a gweithdai seiri coed a pheirianwyr. Yn y pen isaf safai'r gegin. I'r de safai'r stafell fwyta gyda lle ynddi i 1,500 o garcharorion. Defnyddid yr adeilad hefyd fel neuadd a man i addoli. O fewn y sgwâr codwyd cytiau cysgu ychwanegol ynghyd â baddondy, ffreutur nwyddau sychion a siopau ar gyfer barbwr, crydd a theiliwr.

Oddi allan safai clos o boptu i'r ochr ogleddol a gorllewinol lle ceid adeiladau ar gyfer cleifion. Ar y gornel safai cwt *YMCA* a ddefnyddid ar gyfer chwaraeon dan-do a chyfarfodydd Cyngor Cyffredinol y carcharorion. Ymhellach draw roedd gardd tair erw lle gallai'r carcharorion weithio, gyda chaban o'i mewn.

O boptu'r ffiniau allanol ceid cymhlethdod o wifrau pigog gyda gwarchodwyr arfog yn sefyll ar lwyfannau pren ddydd a nos. Rhwng y gwifrau pigog a'r ffordd fawr safai tai'r swyddogion, adeiladau tal sydd i'w gweld heddiw gyda'r ffenestri cefn yn edrych i lawr ar y clos allanol. Codwyd y rhain yn wreiddiol ar gyfer swyddogion y gwaith wisgi. Yna, tu hwnt i'r gwersyll a'r afon ceid y cae chwarae.

Cofiai Séamus Ó Maoileóin ei gartref newydd fel adeilad yn cynnwys pum stafell, neu lofft, tair ohonynt yn fawr gyda gwelâu ar gyfer dau neu dri chant o ddynion a dwy arall yn dal tua chant yr un. Pan gyrhaeddodd y lle, roedd tua saith gant yno eisoes. Cofiai ar ei noson gyntaf weld y lle'n dywyll, diflas a thrist. Roedd y gwelâu ar bennau ei gilydd, y ffenestri'n brin ac yn fach iawn gyda dim ond ychydig o aer yn medru dod i mewn. Roedd yn lle iawn yn ei amser fel distyllty, efallai, pan wneid defnydd o'r llofftydd i sychu grawn, ond stori arall oedd eu defnyddio fel stafelloedd cysgu, meddai, yn enwedig yng ngwres yr haf.

Daliai dortur Eamon Martin ddau gant o ddynion. Mor orlawn oedd y lle, meddai, fel y dihunai rhai i ganfod eu hunain yn gorwedd ar draws gwely rhywun arall. Fe wnaeth hyd yn oed arolygwyr y gwersyll ei ddisgrifio fel lle 'anaddas'. Smyglwyd allan lythyr gan rai o'r carcharorion yn cwyno fod tair o'r pum dortur yn brin o unrhyw ddull o awyru, a'r llofftydd yn gwbl anaddas ar gyfer yr hil ddynol. Roedd dorturiau 1, 2 a 3 yn heigio o lygod mawr tra bod y drewdod o'r tai bach – dau ym mhob dortur – yn gwneud i ddynion lewygu. Cadarnhawyd bodolaeth y pla llygod mawr gan Collins ei hun mewn llythyr at Susan Killeen: 'Cefais y profiad mwyaf cyffrous fy hun y noson o'r blaen – dihunais a darganfod llygoden fawr rhwng fy mlancedi – wnes i ddim dal y cythraul chwaith.'

Gwrthod y cwynion wnaeth y Swyddfa Gartref a mynnu bod yr adnoddau'n ddigonol; cystal, meddid, â gwersylloedd ymarfer unrhyw fataliwn yn Lloegr, neu unrhyw wersyll cadw arall yn y wlad, yn wir lawer yn well na'r adnoddau a gynigid i filoedd o Wyddelod teyrngar oedd yn brwydro mewn gwledydd tramor.

Cychwynnai'r diwrnod am 5.30 y bore pan ganai'r hwter. Brysiai pawb i wisgo cyn ymgynnull ar y sgwâr mewnol mewn rhesi o bedwar neu bump i'w cyfrif. Yna, cyfle i ymweld â'r stafell ymolchi lle'r oedd tua deg cawod a thua dwsin o fyrddau yn dal basnau sinc â thua dwsin o dapiau dŵr ar gyfer pob bwrdd. Rhaid bod safon y sebon yn weddol dda gan i Michael Collins ysgrifennu mewn llythyr: 'Maen nhw'n dweud wrthyf fod y sebon *Pears* wedi gwella fy mhryd a'm gwedd.'

Am 7.30 eisteddai pawb i gael brecwast yn y ffreutur. Byddai'r sŵn yn fyddarol wrth i'r dynion – 935 ohonynt – greu cynnwrf drwy weiddi a tharo'u platiau a'u mygiau ar wynebau'r byrddau. Yr un fyddai'r ddarpariaeth â'r noson cynt – bara, margarîn a the.

Am 9.00 byddai carcharorion penodedig yn glanhau'r gwahanol adeiladau. Yna, am 9.30, câi'r rheiny ymuno â'r gweddill a oedd eisoes yn y cae ymarfer.

Am 11.00 cynhelid yr archwiliad. Ar ganiad yr hwter gelwid ar y dynion i ymgynnull o flaen Pennaeth y Gwersyll a'i ddirprwy. Rhaid fyddai dinoethi eu pennau a sefyll yn unionsyth. Câi arweinydd y carcharorion wedyn y cyfle i dynnu sylw at gwynion neu ofynion.

Am hanner dydd câi cinio ei weini. Disgrifiodd M. J. O'Connor y ddarpariaeth fel un 'israddol' o gig gwael ei ansawdd wedi'i ferwi, cawl o safon isel eto, hanner pwys o fara gwael, ychydig o ffa a thaten fechan. O ran y cig, câi'r dynion ddogn o wyth owns y dydd, yn cynnwys esgyrn a braster. Cig wedi'i rewi o Awstralia neu Seland Newydd oedd hwnnw fel arfer. Y dogn rheolaidd o lysiau oedd dwy owns y dydd i bob dyn.

Roedd Desmond Ryan wedi brwydro ochr yn ochr â Collins yn y Swyddfa Bost ac fe âi ymlaen i ysgrifennu cofiannau Pearse, Connolly a Collins. Yn ei nofel

ffeithiol *Michael Collins and the Secret Army* ceir ganddo
ddisgrifiad byw o ddiwrnod ym mywyd y gwersyll drwy
lygaid cymeriad dychmygol o'r enw Harding. Dyma
gyfieithiad:

> *Clywid sgrech yr hwter bob bore a rholiai cannoedd o
> ddynion o fewn tai cysgu ysguborol allan o'u blancedi
> milwrol gan frysio tua'r cyfrif, yn rhesi o bedwar mewn
> gwahanol raddau o wisg a diosg. Roedd Iwerddon gyfan
> yno, rhyw Iwerddon newydd, ryfedd a ail-esgorwyd o
> goelcerthi'r Pasg, yn ddilyw, yn aflonydd, ond eto'n
> rhyw led-ymwybodol na fyddai dim byd fyth eto fel y bu.*
>
> *Cannoedd o ddynion, eu llygaid wedi eu
> hamgylchynu â chrychau mân, yn ddisgwylgar a thawel
> eu hymarweddiad, yn gwylio'r giât haearn hyd nes y
> deuai'r Rhingyll o Gymro drwyddi i wneud y cyfrif.*
>
> *Sgrechia ac oernada'r hwter. Mae Iwerddon gyfan
> yn gwrando, pob math a gradd o Wyddel – trefol,
> gwladol, alltud, cartref, call, ynfyd, di-ddosbarth – wedi
> eu gwisgo mewn amrywiol ddiwyg Gwyddelig ac yn
> siarad â gwahanol acenion Iwerddon ...*

Ar ôl disgrifio mân ddefodau'r dydd, aiff ymlaen i
ddisgrifio'r awyrgylch gyda'r nos:

> *Yna mae'r cannoedd yn yfed te cryf o fygiau enamel ac
> yn sgwrsio nes diffodd y golau yn y stafelloedd cysgu am
> chwarter i ddeg. Mae plismon alltud a chylch gwyrdd
> am ei fraich yn gofalu, fwy neu lai, nad yw'r dynion dan
> ei ofal yn anhrefnus nac yn smygu. Ond mae'r tanau
> bach coch a'r sibrwd isel yn para am hydoedd. Islaw'r
> holl ddefodau cyffredin roedd rhyw gyffro ar gerdded.
> Teimlai Harding hyn wrth wrando yn ei wely cist am
> weithredoedd a chanlyniadau'r Pum Niwrnod yn cael*

eu hailadrodd yn iaith gyffredin y bobl – yn llachar, yn Rabelaisaidd, yn enbyd. Murmur ar ôl murmur, cwestiwn ar ôl cwestiwn, stori ar ôl stori ...

Disgrifiad llenor a geir gan Desmond Ryan. Gwelir darlun manylach mewn iaith fwy cyffredin gan M. J. O'Connor. Pan gyrhaeddodd ef a'i gofrestru, fe'i gosodwyd yn Stafell 6 yng Ngwersyll y De lle'r oedd dau wely wedi eu llunio o dair astell bren tua chwe throedfedd wrth dair yr un yn gorffwys ar goesau tua dwy droedfedd o uchder. Ar y byrddau gorweddai math ar fatras wedi'i stwffio â gwellt, ynghyd â gobennydd bychan llawn gwellt. Dros y gwely ceid tair blanced arw, dywyll.

Derbyniai pob carcharor blât a mwg enamel, cyllell, fforc a llwy, tywel a darn o sebon. Hen stordy oedd y ffreutur gyda llawr cerrig a waliau cerrig noeth wedi'u gwyngalchu, a tho sinc. Roedd y stolion a'r byrddau yn sylfaenol a phlaen. Meddai O'Connor, 'Yn wir, nid y lle mwyaf calonnog na chroesawgar i fwyta ynddo. Ond dyna fe, "rebeliaid" oedden ni, neu, (o leiaf yn ôl y Gorchymyn Caethiwo) yn cael ein hamau o fod yn bobl benboeth, ac, wrth gwrs, roedd unrhyw beth yn ddigon da i ni.'

Roedd y te, o leiaf, ychydig yn well na'r hyn a geid mewn carchar. Fe'i harllwysid o fwced mawr a châi pob carcharor chwarter torth o fara diflas a margarîn 'o'r ddegfed radd'.

Pymtheg oed oedd Robert J. Roberts, neu Johnnie Roberts o Heol y Castell, y Bala, pan gafodd waith yn y gwersyll y tu ôl i gownter siop y ffreutur. Mynnai ef, mewn cyfweliad teledu ar raglen ddogfen Ffilmiau'r Nant, mai'r rheiny yng Ngwersyll y De oedd â'r gŵyn fwyaf, yn enwedig y rheiny yn y prif adeilad:

Doedd o ddim yn lle i fod fel jêl i'r carcharorion o gwbl. Roedd yna ddwy lofft yno fo. Roedd y malt house yn y gwaelod a'r granary yn y top. Wedyn roedden nhw wedi rhoi gwelâu iddyn nhw i orwedd ac i gysgu yn y nos. Ond roedd y lle mor wlyb ac mor damp, roedd o'n bechod. Roedd o'n arw iawn gen i fod y Gwyddelod yn gorfod cysgu yn y gwlybaniaeth.

Fe recordiwyd atgofion Johnnie Roberts ar dâp ym 1987 pan oedd yn 88 mlwydd oed ac mae copi ym meddiant Archifau Meirionnydd yn Nolgellau. Arno mae'n ategu'r ffaith fod tamprwydd yn treiddio drwy'r muriau, a'r lle yn heigiog o lygod mawr. Beirniadai Johnnie ansawdd y bwyd a dderbyniai'r dynion hefyd: 'Ddim bwyd iawn oeddan nhw'n ei gael. Bara du a thatws fyddai'r rhan fwyaf o'u bwyd nhw.'

Cofiai'n dda y pysgod a gâi'r dynion – penwaig coch wedi'u rhewi. Roedd ansawdd yr arlwy mor wael, meddai, fel y byddai'r dynion ar adegau yn peltio'i gilydd â'r bwyd.

Roedd Johnnie Roberts wedi bod i ffwrdd yn Lerpwl, a phan ddaeth adre, roedd ei dad o fewn wythnos wedi cael gwaith iddo yn y Gwersyll. Cysgai mewn caban yn rhan uchaf Gwersyll y Gogledd, barics a neilltuwyd ar gyfer y gwarchodwyr a'r gweithwyr sifil. Roedd yno 'gantîn gwlyb', neu far, ond ni châi unrhyw un o'r tu allan fynd ar gyfyl y lle hwnnw. Adeilad mawr, hir oedd y rhan o'r cantîn lle'r oedd Roberts yn gweithio ac roedd ef yn un o ddau, meddai, a fyddai'n gwerthu cacennau a bara ac ati. Fe fyddai'r carcharorion yn cael ychydig o bres at eu hymborth ac fe fyddent yn medru prynu bwyd ychwanegol neu nwyddau yn y cantîn, nwyddau megis papur ysgrifennu, baco a matsis. Câi'r dynion gadw uchafswm o £1 i'w gwario yn y siop, neu fel y mynnent. Sefydlwyd Cronfa'r Cantîn ar gyfer darparu cysur ychwanegol i'r dynion. Derbynnid yn ogystal barseli bwyd oddi wrth deuluoedd a chefnogwyr ond câi'r rheiny eu hagor gan y Sensor felly byddai'n rhaid bwyta'r cynnwys ar unwaith, neu ei daflu. Ar lawr Tŷ'r Cyffredin ar yr 28ain o Fehefin, cwynodd yr Aelod Seneddol dros Harbwr Dulyn, Alfie Byrne am hyn, ond gydol mis Tachwedd daliai cwynion y dynion i'w gyrraedd.

Fe symudwyd M. J. O'Connor yn gynnar iawn ar draws y ffordd i Wersyll y Gogledd a chawn ddarlun manwl ganddo o'r gwersyll hwnnw hefyd, a safai ar y cae rhwng y Swyddfa Bost a'r orsaf. Fe'i gosodwyd yng Nghwt 1, yn un o ddeg ar hugain yn y cwt hwnnw. Penodwyd O'Connor yn Arweinydd y Cwt: 'Gorweddai'r gwersyll ar godiad tir ... Roedd y cytiau wedi eu gosod mewn ffurf hirgrwn tra oedd y toiledau, y stafelloedd ymolchi, y baddondai a'r stafell sychu dillad mewn un llinell ar draws y canol. Safai'r cwt bwyd, adeilad newydd, ar y pen isaf.'

Cynhwysai Gwersyll y Gogledd 35 o gytiau pren, pob un yn ddigon mawr i ddal hyd at 30 o ddynion. Mesurent chwe throedfedd o hyd a 16 troedfedd o led. Roedd ganddynt doeau onglog heb grogllofftydd, y to ar ei fan uchaf yn cyrraedd deg troedfedd. Erbyn diwedd mis Mehefin roedd yno 896 o ddynion. (Dengys *Hansard* bedwar yn llai.) Y cyntaf i gyrraedd oedd William Sylver o Ardvahan, Galway a'r olaf, William O'Reilly o Ddulyn. Yn fuan, gwaharddwyd symud carcharorion rhwng y ddau wersyll.

Rhywbeth tebyg oedd y bwyd yno hefyd, meddai O'Connor: te, siwgr, bara a margarîn ynghyd â llaeth cyddwys heb ei felysu mewn tuniau, digon ar gyfer 104 o'r dynion a fyddai ymhlith y garfan gyntaf i gyrraedd

Gwersyll y Gogledd. Gorchwyl cyntaf O'Connor a naw cyd-garcharor oedd paratoi'r bwyd; gwaith anodd, meddai, i ddynion a oedd yn ffermwr, gof, gyrrwr injan trên, gweithiwr dociau, athro a phobydd. Y nifer mwyaf i gael eu cadw oedd 936 yng Ngwersyll y De a 896 yng Ngwersyll y Gogledd.

Cwyn barhaol oedd hawliau ymweld. Dim ond chwarter awr unwaith y mis a ganiateid. Serch hynny, gwnaed yn fawr o'r ymweliadau hyn er mwyn smyglo gwybodaeth rhwng y carcharorion ac ymgyrchwyr yn Iwerddon. Yn ganolog i'r fath rwydwaith roedd carcharor a ryddhawyd yn gynnar, sef Diarmuid O'Hegarty. Chwaraeodd ran flaenllaw yng ngwasanaeth gwybodaeth gudd Collins gan ddyrchafu ei hun i fod yn Gadfridog ym myddin y Dalaith Rydd.

Ymhlith yr ymwelwyr gwelwyd ambell unigolyn tra nodedig. Un ohonynt oedd yr Anrhydeddus Miss Albina Broderick, chwaer Arglwydd Middleton, perchennog tir ac Undebwr pybyr. Gryfed oedd ei sêl hi dros achos Iwerddon nes iddi newid ei henw i'w ffurf Wyddelig, Gobnait Ni Bhrudair. Gwelid y ddwy Margaret Pearse – mam a chwaer Pádraig a Willie – yno'n aml, yn ogystal â Mary, chwaer Terence McSwiney. Un arall oedd Margaret Gavan Duffy, chwaer George Gavan Duffy, a gynrychiolai rai o'r carcharorion mewn achosion llys. Roedd hwnnw'n aelod o'r ddirprwyaeth a luniodd y Cytundeb yn ddiweddarach.

Hyd yn oed heb y rhwystrau gweinyddol, roedd safle anghysbell y Fron-goch yn ei gwneud hi'n anodd i ymwelwyr, yn arbennig y rheiny o orllewin Iwerddon. Fe ystyriodd Art O'Brien, a weinyddai gronfa gymorth yn Llundain, rentu tŷ yn y Bala i letya ymwelwyr.

Yn wir, roedd y trefniadau ymweld yn ffars, ac yn

fwriadol felly. Yn ôl yr Athro Seán McConville yn *Irish Political Prisoners 1848-1922*, cyfyngid nifer yr ymwelwyr i 34 yr wythnos. Felly, pe gweithredid hawliau pob un o'r deunaw cant o garcharorion i dderbyn ymwelydd, deuai tro pob un bob 47 wythnos. Roedd hyn hyd yn oed yn llai na hawliau carcharorion troseddol o'r radd waethaf o dan y gosbedigaeth lymaf.

Serch hyn oll, cwyn fwyaf M. J. O'Connor ar y cychwyn oedd y tywydd. Glawiai'n drwm yn ddyddiol. Gan nad oedd ffyrdd go iawn yno, ar wahân i ffordd arw a arweiniai o'r fynedfa i'r gegin, byddai'r ddaear yn troi'n goch: 'Roedd y pridd yn arbennig o feddal, ac wrth i'r borfa ddiflannu, dim ond llaid oedd o dan draed. Ble bynnag wnâi rhywun gamu, yr un oedd y stori – llaid dwfn a gwlyb a fyddai'n glynu wrth esgidiau ac yn baeddu lloriau'r cytiau.'

Byddai'r rheiny a wisgai sgidiau sâl yn cwyno am eu traed gwlyb a llwyddodd rhai i sicrhau sgidiau trymion addas o'r storfa filwrol. Doedd y dillad, chwaith, ddim yn addas ar gyfer y tywydd. Roeddent o ansawdd israddol a chaent eu galw'n *Martin Henrys*.

Un arall a gwynodd am y tywydd oedd Jack MacDonagh, sef brawd Thomas, a ddienyddiwyd toc wedi'r Gwrthryfel. Mewn llythyr i'w chwaer ar y 3ydd o Orffennaf dywedodd, 'Yn y lle yma ar dywydd gwlyb mae llaid i fyny at ein clustiau.'

Un diwrnod ar ddeg yn ddiweddarach meddai eto, 'Mae'r gwersyll, oherwydd ei safle, yn ofnadwy o leidiog mewn tywydd gwlyb ac mae hi wastad yn glawio ac amryw o'r bechgyn wedi dal annwyd.'

O ran sicrhau traed sych, roedd yr ateb yn un syml. Penododd y dynion eu crydd eu hunain, crydd go iawn sef Tom Traynor o Ddulyn. Ar yr un pryd penodwyd teiliwr, Timothy Finn o Blackrock, yntau yn grefftwr profiadol. Yn wir, penodwyd hyd yn oed optegydd, sef gemydd o Galway, John Patrick Faller.

Roedd Collins hefyd wedi cwyno am y tywydd, yn ogystal â chofnodi ei ymateb i gwynion ei gyd-garcharorion mewn llythyr at ei gariad, Susan Killeen, yn union wedi iddo gyrraedd. Ar ôl canmol y lleoliad ar godiad tir ynghanol bryniau prydferth Cymreig, nid oedd yn rhy frwdfrydig wrth ddisgrifio'i gartref newydd:

> *Hyd yma ni wnaeth gyfleu unrhyw nodweddion da i mi gan iddi fod yn glawio gydol yr amser ... fel bod yr holl dir o gwmpas a rhwng y cytiau yn fôr o laid llithrig, symudol. Cysgwn yn ddeg ar hugain mewn cwt ... 60 o hyd, 16 o led a 10 o uchder yn y canol. Dim llawer o le yn sbâr! Wrth gwrs, pan fyddwn wedi llunio ffyrdd ac ati, fe fydd y lle yn llawer gwell. Ond mae'r oerfel ar hyn o bryd – wel, ddim yn bleserus hyd yn oed nawr, ond fe fyddaf yn eu calonogi oll drwy ofyn iddynt – beth wnân nhw pan ddaw'r gaeaf?*

Mewn llythyr at ei chwaer toc wedi iddo gyrraedd, gwnaeth gais iddi anfon fest wlân a phâr o sgidiau maint naw iddo.

Os oedd O'Connor a Collins yn ddiflas, doedd eu hiselder yn ddim o'i gymharu â'r hyn a brofodd Brian O'Higgins. Ysgrifennydd Coleg Gwyddelig Carrigaholt yn Swydd Clare oedd O'Higgins a ysgrifennai, fel arfer, gerdd bob dydd o dan y ffugenw Brian na Banban. Ym 1918 fe'i hetholwyd yn *TD* dros Orllewin Clare a pharhaodd yn Weriniaethwr digyfaddawd gydol ei fywyd. Ond doedd ganddo fawr o feddwl o Wersyll y Fron-goch. Cwynodd na fedrai ganolbwyntio ar ddim byd yno:

Does dim cosbedigaeth yn fwy creulon na 'rhyddid' carchar-wersyll. Does yna ddim preifatrwydd. All dyn ddim dweud wrtho'i hun y gwnaiff fynd i ffwrdd a bod ar ei ben ei hun am bum munud. Aiff nerfau yn yfflon, tymherau allan o reolaeth, a daw holl waeleddau bychain dyn i'r wyneb. Mae'r meddwl yn pylu, y corff yn ddideimlad a'r galon yn ddiobaith neu'n galed, a hunanoldeb yn amlygu ei hun yn ddigywilydd ymhob cyfeiriad a phob awr o'r dydd.

Aiff dynion yn ddrwgdybus, yn bitw, yn sinigaidd neu'n hurt, eu teimladau gorau wedi eu boddi'n llwyr. Wedi'r Fron-goch, pryd bynnag y cymerwyd fi i'r ddalfa, byddwn yn deisyf ac yn gweddïo y cawn fy nal dan glo mewn cell yn hytrach na derbyn 'rhyddid' a chyfathrach fy nghymdeithion mewn cwt neu ddortur carchar-wersylloedd. Pryd bynnag y byddwn am gosbi neu ffrwyno gwrthwynebydd neu elyn, a minnau â'r grym i wneud hynny, ni chredaf y medrwn berswadio fy hun i'w gondemnio i garchar-wersyll heb ei ganiatâd ei hun. I mi, dyma'r mwyaf erchyll oll o gosbedigaethau 'dynol'.

Nid oes ryfedd felly i *'that tired Fron-goch feeling'* ddod yn rhan o ieithwedd Gwyddelod. Ond ar y cyfan, yn wahanol i O'Higgins, croesawai'r Gwyddelod eu cartref newydd gan fod mwy o ryddid yno nag a geid mewn carchar. Ond hwyrach mai athroniaeth Michael Collins oedd yr un fwyaf ymarferol. Meddai, mewn llythyr at Séan Deasy: 'Dim ond un peth fedra' i ei wneud tra bod y sefyllfa fel ag y mae ... gwneud y gorau fedra' i ohoni.'

Ond i Brennan-Whitmore, doedd dim byd wedi newid. Yn y gwahanol garchardai roedd y gofalwyr wedi addo y byddai mwy o ryddid yn y Gwersyll.

Meddai, 'Daethom i'r casgliad fod addewidion y gofalwyr – fel holl addewidion Saeson i Wyddelod – wedi eu gwneud ddim ond i'n twyllo a'n rhwydo ni.'

6

Profiadau Prifysgol

Mae'n debyg mai Tim Healy, yr Aelod Seneddol dros Wexford, oedd y cyntaf i ddisgrifio'r Fron-goch fel Prifysgol *Sinn Féin*. Mewn araith yn Nhŷ'r Cyffredin dywedodd bod Byddin Weriniaethol Iwerddon yn cael yn y Fron-goch yr hyn a gâi milwyr Prydain yn Sandhurst.

Cydiodd sawl hanesydd yn nisgrifiad Healy, gan gynnwys Frank O'Connor yn *The Big Fellow*. Dywedodd ef fod bywyd yn y Gwersyll yn un cweryl diderfyn rhwng y gwarchodwyr a'r carcharorion. Golygai hynny y byddai'n hollbwysig o'r dechrau cyntaf fod gan y Gwyddelod drefn. Fe wnaethant ymdynghedu nad y gwarchodwyr fyddai'n rheoli ond 'ni ein hunain' – ac onid dyna ystyr *Sinn Féin?*

O'r cychwyn hefyd lluniwyd trefn ymhlith y carcharorion. Ffurfiwyd Cyngor Cyffredinol o 54 o'r carcharorion. Yn eu plith roedd Tomás MacCurtain a W. J. Brennan-Whitmore. Y Llywydd cyntaf oedd William Ganley o'r Skerries ger Dulyn. Fe'i penodwyd mewn cyfarfod o'r Cyngor ar yr 11eg o Fehefin mewn stafell ymgynnull a enwyd gan y dynion yn Neuadd Tara. Penodwyd hefyd ddau Is-lywydd, sef Joseph Murray a Thomas F. Burke, y ddau o Ddulyn. Y Trysorydd a benodwyd oedd Seán O'Mahony, Dulyn, ac yn Ysgrifennydd, Edward Martin, Athlone. Etholwyd hefyd Bwyllgor Gwaith a nifer o is-bwyllgorau. Roedd Tomás MacCurtain, Terence MacSwiney a Brennan-Whitmore ymhlith deg Penswyddog (*Commandant*) a benodwyd. Yn ogystal, etholwyd 13 Capten a 15

Richard Mulcahy a ddyrchafwyd yn Benswyddog ym myddin Iwerddon

Lefftenant. Ymhlith y rheiny roedd Richard Mulcahy.

Ymhlith y gwarchodwyr roedd swyddogion a ddaeth yn rhan o chwedloniaeth y Gwersyll. Y Penswyddog oedd y Cyrnol F. A. Heygate-Lambert, dyn oedrannus a phiwis a siaradai'n floesg, yn ôl M. J. O'Connor. Yn dilyn ei fygythiad y câi unrhyw un a geisiai ffoi ddos o *Buckshot* dyna fu ei lysenw o'r diwrnod cyntaf. Ei ddirprwy oedd y Lefftenant Burns, Albanwr 'craff a slei' yn ôl Brennan-Whitmore. Hwn oedd y swyddog a gâi ei ofni fwyaf gan y Gwyddelod. Yr Uwch Sarsiant oedd Cymro o'r enw Newstead neu *Jack-knives*, a ddisgrifiwyd gan O'Connor fel dyn brwnt ei dymer a'i iaith – 'dyn tal, tenau gyda thraed mawr a mwstas milain'. Disgrifiwyd ef gan Johnnie Roberts fel 'dyn ofnadwy gydag iaith yr un mor ofnadwy â rhegwr difrifol'. Enillodd ei lysenw drwy rybuddio'r dynion y câi unrhyw lythyron, papurau, dogfennau neu gyllyll poced na fyddent wedi eu trosglwyddo iddo eu rhwygo. Achosodd y syniad o rwygo cyllell boced gryn hwyl i'r carcharorion. Llysenwyd swyddog arall yn *Brimstone* oherwydd ei dymer wyllt. Mae lle i gredu mai enw go iawn hwnnw oedd y Lefftenant Grimston ac mai llygriad o'i gyfenw oedd ei lysenw. I bob pwrpas, Burns a Newstead oedd yn rheoli'r Gwersyll ond yn raddol fe dyfodd dealltwriaeth rhyngddynt hwy a'r carcharorion.

Roedd hyd at bedwar cant o warchodwyr yn y Gwersyll. Fe'u henwyd gan fwy nag un hanesydd fel aelodau o'r *Royal Defence Corps* ond ni ffurfiwyd y corfflu hwnnw tan 1917 felly mae'n debygol mai aelodau o'r *Home Service Garrison Battalions* oedd yno. Yn ôl Johnnie Roberts, roedd aelodau o'r *West Lancashire Regiment* yno hefyd. Ceir llun o rai o aelodau'r *Scottish Regimental Guard* yno yn eu ciltiau yn gwarchod criw o'r Gwyddelod. Yn ddiweddarach deuai trigain aelod o'r *Cheshire Regiment* o Wrecsam i atgyfnerthu'r gwarchodwyr.

Disgrifiodd Tomás MacCurtain y gwarchodwyr fel 'hen filwyr nad oedd yn abl i wneud unrhyw beth, a gwneud hyd yn oed hynny'n wael'.

Yn ôl Séamus Ó Maoileóin roedd y gwarchodwyr cyffredin yn 'hen filwyr oedd yn rhy oedrannus i fynd i ymladd ... Pan ddaethon ni i adnabod ein gilydd, roedden nhw'n ddigon cyfeillgar'.

Carient reiffl yr un, *Martini* un fwled, rhywbeth a ystyrid yn synhwyrol gan MacCurtain eto. Y rheswm am hyn oedd y byddai'r pelenni, o'u tanio, yn gwasgaru i bobman gan achosi llawer o niwed. Gyda reiffl, a daniai un fwled ar y tro, rhaid fyddai anelu'n iawn a chymerai hynny amser. Yn Iwerddon, meddai, dirmygai llawer o bobl y gwn cetris ond roedd y fath ddryll yn fwy addas 'ar gyfer rhai pobl'. Doedd dim angen gofyn pwy oedd 'y rhai pobl'.

Byddai'r Gwyddelod yn chwarae triciau ar eu gwarchodwyr yn aml adeg y cyfrif. Weithiau, meddai Séamus Ó Maoileóin, byddai dynion yn symud yn slei o un llinell i'r llall. Aeth hynny ymlaen am bythefnos cyn i'r awdurdodau sylweddoli. O ganlyniad symudwyd y llinellau ddegllath oddi wrth ei gilydd gyda milwyr arfog yn sefyll rhyngddynt.

Byddai'r gwarchodwyr yn talu'r hen chwech yn ôl, yn arbennig mewn tywydd gwlyb, drwy ddrysu'r cyfrif

*Codwyd y tai hyn ar gyfer swyddogion y gwaith wisgi cyn iddynt gael
eu meddiannu gan Swyddogion Prydeinig y gwersyll*

*Rhai o brif swyddogion y gwersyll ac aelodau o'u teulu y tu allan i
gartref y Penswyddog: y Capten Sholto Douglas, y Lefftenant
Grimston, y Lefftenant Burns, un o'r sensoriaid o'r enw Armstrong,
Miss Lambert, merch y Penswyddog, y Lefftenant J. D. Watson, y
Lefftenant C. Lambert, y Penswyddog, Heygate Lambert a'i briod, y
Capten Powys Keeke, Pennaeth y Gwarchodwyr a'r Lefftenant Bevan,
Sensor arall*

yn fwriadol a chynnal ail a thrydydd cyfrif yn y glaw. Yr un a wnâi hynny'n aml oedd y swyddog a lysenwyd *Rubberjaws* oherwydd odrwydd ffurf ei wyneb.

Roedd un swyddog yn arbennig yn codi braw ar y Gwyddelod. Pan âi rhywbeth o'i le, meddai Ó Maoileóin, byddai hwnnw'n tanio ergydion i'r awyr. Teimlid ei fod o dan straen o sgil effaith y Rhyfel Mawr. Llysenw hwnnw oedd 'y Swyddog Crynedig' ac yn raddol fe dderbyniodd fod y sefyllfa megis croes y byddai'n rhaid iddo'i chario.

Yn raddol hefyd y dechreuodd y carcharorion gael y gorau ar eu gwarchodwyr. Un tro yn y cyfrif fe orchmynnodd *Brimstone* un o'r Gwyddelod i roi taw ar besychu. O ganlyniad fe ddechreuodd y cyfan o'r dynion besychu fel un côr. Ceisiwyd hefyd atal rhai o'r dynion rhag gwisgo bathodynnau *Sinn Féin*. Y diwrnod wedyn roedd llawer mwy yn eu gwisgo. Blinodd y gwarchodwyr ar hyn yn y diwedd a chaniatáu iddynt wisgo'r bathodynnau. Adroddir un stori gan Brennan-Whitmore am Heygate-Lambert yn rhoi gorchymyn i garcharor dynnu ei fathodyn. Cafodd ateb a'i synnodd:

Wna i ddim diosg fy lliwiau, ac os wnei di neu unrhyw un arall geisio fy ngorfodi i wneud hynny, fe fydd gofyn i ti fod yn well dyn na fi. Gwell i ti roi'r gorau iddi. Peth braf i ti yw dod yma i'n gorfodi ni i dynnu ein darnau bach o wyrdd a melyn tra bod ein gwragedd, druain, a'n plant yn marw gartre. Dos o 'ma nawr a chwilia am rywbeth gwell i'w wneud.

Gwelwodd wyneb *Buckshot* a throdd ar ei sawdl.

Anodd credu i nifer o'r dynion fynd â'u lifrai gweriniaethol gyda hwy i'r Fron-goch. Llwyddodd M. J. O'Reilly i gadw'i lifrai am ddeufis cyn i'r awdurdodau eu cymryd fel cosb. Cadwodd Jack McDonagh lifrai ei frawd Thomas, a ddienyddiwyd, gydol ei arhosiad.

Fe dderbyniodd y dynion eu sefyllfa mor stoicaidd fel na fedrai'r gwarchodwyr ddeall eu hagwedd, yn ôl Tom Sinnott o Enniscorthy mewn llythyr sydd ymhlith ei bapurau. Pan gyhoeddodd y Lefftenant Burns wrthynt y caent eu caethiwo am weddill eu hoes, cododd rhywun ynghanol y neuadd, meddai, a gweiddi 'Hip-hip ...' cyn i'r lle gael ei siglo gan floedd soniarus 'Hwrê!'. 'Syllodd y Lefftenant Burns arnynt yn dawel am ennyd cyn dweud, "Rwy'n rhoi'r gorau iddi" a gadael,' meddai Sinnott.

Problem fawr i'r carcharorion oedd sensoriaeth. Penodwyd Sensor gan y Swyddfa Gartref, cyn-filwr Piwritanaidd o'r enw Armstrong. Hwn fyddai'n sensro pob llythyr a ddeuai i mewn. Câi'r llythyron a anfonai'r carcharorion allan eu dargyfeirio i Lundain i'w sensro. Clowyd un carcharor ar ei ben ei hun am wythnos am ddefnyddio'r gair '*blast*'. Roedd y carcharor, Tierney, yn dioddef o nam meddyliol ac effeithiodd y gosb gymaint arno fel iddo gael ei ddanfon i ysbyty'r meddwl.

Yna penodwyd Sensor arall, y Lefftenant Bevan, a gawsai ei anafu yn y Rhyfel Mawr. Fe'i cynorthwywyd gan rai o'r carcharorion, yn arbennig Tom Pugh, un o ddynion Collins. Câi'r dynion ysgrifennu dau lythyr bob wythnos ond câi llythyron eu gwrthod am yr esgus lleiaf.

Cafwyd hanesyn diddorol iawn gan Séamus Ó Maoileóin am y Swyddog Crynedig yn dod ato un dydd yn dal llythyr na ddeallai mohono am iddo gael ei ysgrifennu mewn Gwyddeleg. 'Llythyr oddi wrth dy fam,' meddai'r swyddog. 'Dwi'n siŵr na fyddai unrhyw beth amheus mewn llythyr oddi wrth dy fam. Mae'n siŵr ei bod hi'n dy annog di i ofyn yn ufudd am faddeuant am dy droseddau a gaddo bod yn driw i dy Frenin o hyn allan a dod 'nôl adre i Iwerddon.'

Petai ond yn gwybod, roedd y fam yn ddynes ffyrnig. Roedd Ó Maoileóin yn un o dri brawd o Westmeath a oedd wedi brwydro yng Ngwrthryfel y Pasg, ond roedd y fam yn fwy milwriaethus na'r un o'r meibion. Meddai Ó Maoileóin, 'Doedd e ddim yn adnabod mam annwyl. Roedd e'n gyndyn i gadw llythyr fy mam oddi wrtha i. Roedd ganddo fe fam ei hun ... Ond roedd yna reolau a doedd ganddo fe'r un cyfieithydd.'

Ymateb cellweirus Ó Maoileóin fu cynnig cyfieithu'r llythyr ei hun. Er mawr syndod iddo, derbyniodd y swyddog y cynnig a chyfieithwyd y llythyr yn onest. Bob tro y ceid brawddeg nad oedd yn unol â'r rheolau, fe bwyntiai Ó Maoileóin ati ac yna byddai'r swyddog yn torri'r darn â siswrn. Yn y diwedd roedd ganddo lond poced o doriadau. Digwyddodd hyn i bob llythyr i mewn ac allan a phan ryddhawyd Ó Maoileóin, fe gafodd y darnau yn anrheg gan y swyddog. Ar yr amlen roedd wedi ysgrifennu, '*Clippings from the letters of a she-wolf*!

Yn fuan, collodd y dynion yr hawl i ddanfon eu llythyron mewn amlenni wedi eu hargraffu â'r geiriau *Prisoners of War*. Gwelwyd hyn fel methiant ar ran y Cyngor Cyffredinol ac arweiniodd yn uniongyrchol at rwyg, gyda galwad gan un ar ddeg o'r carcharorion mwyaf milwriaethus, Brennan-Whitmore, MacCurtain a MacSwiney yn eu plith, am sefydlu trefn filwrol. Dyna pryd y ganed Prifysgol y Gwrthryfel, neu, fel y dywedodd Dorothy Macardle, ysgol meddylfryd *Sinn Féin*.

Etholwyd swyddogion ar gyfer y ddau wersyll ar wahân:

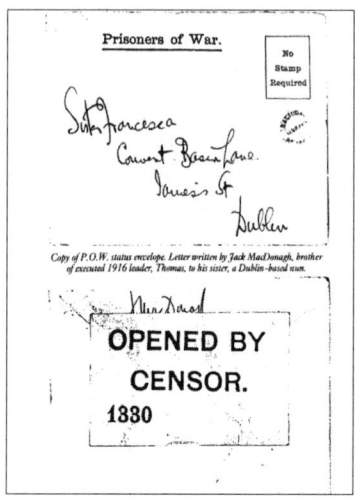

*Telyn a gerfiwyd yn y Fron-goch
o esgyrn eidion*

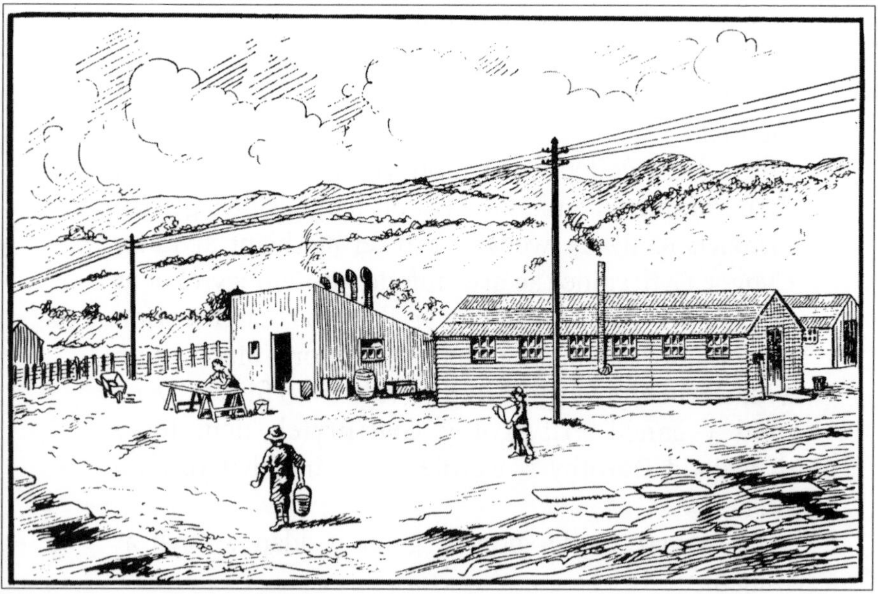

*Amlen swyddogol a geid gan y
Sensor ar gyfer anfon llythyrau*

Llun gan artist wedi ei dynnu o'r tu blaen i Wersyll y Gogledd

Gwersyll y De

Penswyddog: J. J. O'Connell
Dirprwy: W. J. Brennan-Whitmore
Aide de Camp: Capten J. Kavannagh
Profost Milwrol: George Geraghty
Swyddog Cyflenwi: Capten Hugh McCrory
Dirprwy: Capten William Hughes
Swyddog Meddygol: Capten Ddr. Thomas Walsh

Gwersyll y Gogledd

Penswyddog: M. W. O'Reilly
O/Cs 'A' Co: Capten J. Connolly
'B' Co: Penswyddog Alf Cotton
'C' Co: Capten Liam O'Brien
'D' Co: Capten Richard Mulcahy
'E' Co: Capten Robert Balfe
'F' Co: Capten John Guilfoyle
'G' Co: Capten Frank Drohan
'H' Co: Capten Simon Donnelly
'I' Co: Capten Quinn
'J' Co: Capten Eamon Price

Gofalwyr y Stafelloedd Cysgu

Capten: Leo Henderson (1)
Penswyddog: Tomás MacCurtain (2)
Penswyddog: Dennis McCullogh (3)
Penswyddog: Terence MacSwiney (4)
Capten: Joseph O'Connor (5)
Capten: Michael Staines (Gofal y Cytiau)

O hynny ymlaen roedd y Gwersyll yn nwylo'r

Gwirfoddolwyr. O dan drwynau'r gwarchodwyr, cynhelid ymarferion milwrol ynghyd â darlithoedd ar dactegau milwrol. Yn allweddol yn hyn o beth roedd Brennan-Whitmore a luniodd lawlyfr ar dactegau ymladd *guerrilla*. Teimlai'n anfodlon ynghylch tactegau milwrol hen ffasiwn y Gwrthryfel.

Ond erbyn hyn, y carcharorion oedd yn rheoli. Yn ôl Maryann Gialanella Valiulis yn ei bywgraffiad o Richard Mulcahy, *Portrait of a Revolutionary*:

> *Yn sylfaenol, y carcharorion Gwyddelig oedd yn gyfrifol am drefnu eu hamodau byw eu hunain – bwyd, glanhau, adloniant a disgyblaeth gyffredinol. Ac wrth iddynt eu hystyried eu hunain yn filwyr, gwnaethant hynny ar batrwm milwrol ... Roedd bywyd carchar yn adeiladu sgiliau milwrol ac yn cynyddu ymwybyddiaeth ideolegol.*

Profodd hanes mai camgymeriad mawr oedd corlannu'r holl Weriniaethwyr gyda'i gilydd. Ffrwyth adolwg oedd hynny. Ond teimlai Joe Good, hyd yn oed yn ystod y fordaith i gaethiwed, fod Prydain yn caniatáu i'r dynion mwyaf peryglus gael dianc. Y rhain, meddai, yn ei gyfrol *Enchanted by Dreams*, oedd hufen y goroeswyr o blith y Gwirfoddolwyr Gwyddelig:

> *Gellid eu cymharu'n ffafriol â swyddogion proffesiynol byddin Prydain, gyda'u cefndir a'u haddysg, os rhywbeth, yn well na'r swyddogion cyfatebol Prydeinig. Byddent yn dod yn arianwyr, yn fargyfreithwyr, yn beirianwyr ac yn ddiwydianwyr gan ennill enwogrwydd yn y Dalaith Wyddelig Rydd. Roedd y bobl ifainc abl hyn a fyddai, fel arfer, wedi dilyn gyrfa neu broffesiwn, yn bopeth ond rhamantwyr, a byddent yn dod yn aelodau*

staff pencadlys ein hymgyrch weithredol o 1917 hyd 1921.

Mewn Datganiad Tystiolaeth i'r Biwro Hanes Milwrol, methai Thomas Leahy chwaith gredu twpdra Prydain:

Petai Llywodraeth Prydain ond wedi sylweddoli beth oedd yn digwydd dan drwynau eu gwarchodwyr a'u swyddogion eu hunain, fe fyddem wedi cael ein hel allan o'r gwersyll. Rhaid sylweddoli fod y dynion wedi dod o bob rhan o Iwerddon; o drefi a phentrefi a mannau gwahanol y cymerai flynyddoedd i'w casglu at ei gilydd ar gyfer y gwaith oedd i'w gyflawni, yn enwedig mewn hyfforddi byddin y Weriniaeth.

Peth gwych, meddai Séamas Ó Maoileóin, oedd derbyn addysg filwrol ar gost Lloegr. A mynnai Eoin Neeson yn ei gyfrol ar Michael Collins mai sefydliadau fel y Fron-goch oedd yr eingionau y ffurfiwyd arnynt yr amalgam cenedlaethol. Cadarnhawyd hyn gan Joseph Sweeney: 'Fe wnaethom sefydlu ein prifysgol ein hunain yno, addysgol a chwyldroadol, ac o'r gwersyll hwnnw y daeth cnewyllyn caled y bobl a arweiniodd yr ymgyrch rhyfel *guerrilla* a ddigwyddodd wedyn yn Iwerddon.'

Mynnai Joe Good mai 'ysgol gwrthryfel' oedd y Fron-goch. Cyn Gwrthryfel y Pasg, meddai, doedd trwch y symudiad Gwirfoddol ddim wedi gweithio – heb sôn am ymladd – mewn cymrodoriaeth a chwmnïaeth glos. Y Fron-goch wnaeth eu hasio gyda'i gilydd.

Mynnai Good fod y rheiny nad oedd hyd yn oed wedi cymryd rhan yn y brwydro, ond a gaethiwyd yn y Fron-goch, 'wedi eu heintio â feirws y chwyldro'. Disgrifiodd y gwahanol gymeriadau a'u cefndiroedd:

Danfonwyd dynion o bob rhan o Iwerddon i'r Frongoch. Dynion llwydaidd, tal a phrudd o Galway a'r glannau gorllewinol; cyndyn i sgwrsio, fel pe'n amheus o bobl y rhanbarthau Seisnigedig, ond triw fel y dur, a'r un mor anghymodlon yn erbyn eu gelyn traddodiadol. Dynion o'r Dyffryn Aur, llawen a di-hid. Dynion o Gorc, yn ddinas a chefn gwlad; pengaled, ymfflamychol, croendenau a bygythiol; yn gosmopolitan radlon, afradlon a di-uchelgais.

Crynhowyd canlyniadau'r penderfyniad i gorlannu'r Gweriniaethwyr yn y Fron-goch yn berffaith gan Margery Forester yn ei chyfrol ar Michael Collins, lle disgrifiodd y gwersyll fel canolfan recriwtio cenedlaetholdeb Gwyddelig:

Cawsant eu cymryd o'u carchardai a'u tywallt gyda'i gilydd i un cynulliad anferth o'r Gogledd, De, Dwyrain a Gorllewin yn y fath fodd fel na allai hyd yn oed y mwyaf eithafol ymhlith cenedlaetholwyr ddim bod wedi ei ddychmygu yn eu breuddwydion mwyaf gobeithiol.

Yn ei dystiolaeth i'r Biwro Hanes Milwrol roedd Billy Mullins yn argyhoeddedig fod y Fron-goch wedi:

... llunio ein mudiad cyfan i'r hyn a gyflawnwyd yn y pen draw. Roedd y frawdoliaeth a ddatblygodd yn y Fron-goch a'r wybodaeth a gawsom oddi wrth ein gilydd o wahanol rannau o'r wlad, agwedd filwrol pethau o glosio'n agos at ddynion na wnaethom ond clywed amdanynt cyn hynny, yn rym a'n clymodd at y dyfodol.

O'r cychwyn bu'r cysylltiad Almaenig yn destun dyfalu a chwilfrydedd i'r gwarchodwyr. Gwyddent am ymdrechion Syr Roger Casement ac eraill i geisio cymorth arfau Almaenig ar gyfer y Gwrthryfel. Gwnaeth gwleidyddion Prydain yn fawr o'r cysylltiad er mwyn amddifadu'r Gwyddelod o unrhyw gydymdeimlad mewn cyfnod o ryfel rhwng Prydain a'r Almaen. Yn y Fron-goch roedd si ar led fod aur Almaenig yn nwylo'r Gwirfoddolwyr. Naturiol, felly, oedd i'r gwarchodwyr gredu y byddai cydweithredu cyfrinachol â'r carcharorion yn denu ambell gil-dwrn.

Sylweddolodd Collins o'r dechrau y gellid elwa o hyrwyddo'r fath syniad. Cofiai ei chwaer Hannie fel y gwnâi un gofalwr yn arbennig yng Ngharchar Stafford fynd allan o'i ffordd i'w gynorthwyo, rhywbeth a wnaeth iddi feddwl, ymhen blynyddoedd, ai hwn oedd y cyntaf o'r gelyn iddo lwyddo i'w droi yn aelod o'r fyddin gudd danddaearol? A cheir mewnwelediad diddorol i'w gyfrwystra a'i graffter gan Joe Good, a fynnodd fod twyllo'r gwarchodwyr y peth hawsaf yn y byd i Collins. Un diwrnod, wrth eistedd allan yn yr haul yn gwylio'r gwarchodwyr, dywedodd wrth Good, 'Y peth gorau am y milwr Prydeinig yw ei natur lygradwy.'

Cytunodd Good, gan ddweud, 'Ie, ef yw blodyn perffeithiaf y gwareiddiad Seisnig.'

'Dyna'r union beth,' meddai Collins. 'Mae pob Tommy yn cymryd at lwgrwobr fel gŵr bonheddig.'

'Yr hyn rwyt ti'n ei feddwl yw eu bod nhw'n fradwyr i'w gwlad?' gofynnodd Good.

'I'r gwrthwyneb,' meddai Collins, gan chwerthin. 'Mae gan Tommy gymaint o ffydd yn natur anorchfygol ei ail-baradwys fel nad oes ganddo unrhyw gydwybod wrth werthu ychydig o'i diogelwch er mwyn ei gynnal ei hun dros-dro.'

Daeth prif swyddogion y Gwersyll i sylweddoli fod rhai o'r gwarchodwyr yn derbyn llwgrwobrwyon. Yr ateb oedd eu newid yn rheolaidd. Ond, yn ôl Joe Good, byddai Collins yn llwyddo i lwgrwobrwyo gwarchodwyr pa mor aml bynnag y'u newidid. Byddai'r Penswyddog Prydeinig yn pwysleisio wrth bob criw newydd fod eu rhagflaenwyr wedi cael eu llygru. Ar unwaith, cwestiwn y gwarchodwyr newydd fyddai, 'Pwy yw'r boi sy'n rhannu llwgrwobrwyon yma?'

Bu Pádraig O'Caohimh yn dyst uniongyrchol i hyn pan gyfeiriwyd ef yn gyfrinachol at warchodwr a fyddai'n barod i gymryd cil-dwrn. Adroddodd O'Caoimh y stori'n gellweirus wrth ei ffrindiau. Yn fuan fe'i galwyd o flaen Collins a thri arall. Ailadroddodd yr hanes wrthynt. Ar yr union noson llwyddwyd i smyglo allan lythyron dirgel. Roedd doniau cudd-wybodaeth Collins ar waith.

Ond, meddai Joe Good, elfen fwyaf nodedig Collins oedd y ffaith na fyddai fyth yn casáu Saeson wrth drafod â hwy:

Os rhywbeth, fe wnâi eu gwerthfawrogi a'u mwynhau. Byddai'n eu gorchfygu mewn rhyfel, ac i raddau helaeth o gwmpas y bwrdd trafod yn ddiweddarach, am ei fod yn eu deall; gallai gystadlu â'u tactegau twyllodrus. Tyfodd tra oedd yn gweithio yn eu canol, o'i gyfnod fel gwas sifil ifanc neu arbenigwr mewn yswiriant yn Llundain. Gystal oedd ei addysg a'i feddwl llachar dadansoddol fel mai ef oedd y Gwyddel modern mawr cyntaf a allai gystadlu ag arweinwyr milwrol a gwleidyddol Prydain.

Nid y gwarchodwyr oedd yr unig rai y llwyddodd Collins i ennill eu hymddiriedaeth. Yr un mor bwysig oedd ennill cydymdeimlad y gweithwyr lleol yn y Gwersyll. Dywedodd Johnnie Roberts ei fod wedi gwneud nifer fawr o gymwynasau dros Collins. Pwysleisiodd mor fanwl oedd y mesurau diogelwch – byddai'n rhaid iddo ddangos tocyn enamel wrth fynd i mewn ac allan er mwyn cyflawni'r cymwynasau hynny, er gwaethaf y ffaith fod pawb yn ei adnabod.

'Mae'n rhaid ei fod wedi dweud wrth ei fam amdanaf gan iddi ddanfon i mi rodd fechan o bìn tei o batrwm shamrog wedi ei frithaddurno â charreg werdd Conemara oherwydd fy ngharedigrwydd tuag at ei mab,' meddai Johnnie Roberts.

Roedd mam Collins wedi marw naw mlynedd ynghynt. Ond, meddai Tim Pat Coogan, roedd Collins yn amlwg wedi defnyddio'i henw er mwyn gwneud argraff ar Roberts. Câi ddylanwad tebyg ar ddegau o bobl yn ystod y blynyddoedd i ddod.

Ar un adeg roedd swyddogion y Gwersyll yn amau fod pobl fel Brennan-Whitmore a Collins yn defnyddio ffermwr lleol a alwai'n ddyddiol i gasglu golchion ar gyfer y moch, i smyglo gwybodaeth allan i'r byd mawr. Mae'n debyg bod y ffermwr dan sylw ar delerau da â'r carcharorion ond doedd ganddo ddim oll i'w wneud â'r smyglo. Meddai Brennan-Whitmore, 'Fyddwn i ddim wedi breuddwydio defnyddio ffermwr o Gymro hollol ddiniwed.'

Un o'r ffermwyr a gasglai olchion i'w foch yn rheolaidd o'r Gwersyll oedd Bob Tai'r Felin, a ffermiai filltir i ffwrdd. Ceir digon o dystiolaeth fod gan Bob gydymdeimlad mawr â'r Gwyddelod.

Llwyddodd Collins hefyd, drwy'r *Irish Republican Brotherhood* i drefnu rhwydwaith o gysylltiadau o fewn y Gwersyll a rhwng y Gwersyll a'r byd mawr y tu allan. Meddai Tim Pat Coogan: 'Trefnwyd yr IRB ar gynllun cell, a oedd yn golygu mai dim ond arweinydd y gell neu'r cylch oedd yn gwybod pwy oedd yr aelodau neu sut i gysylltu â rhywun uwch. Y rheolwr oedd Llywydd yr Uwch Gyngor. Yn y Fron-goch, y prif ddyn oedd Michael Collins.'

Ceir cadarnhad gan Tim Pat Coogan mai'r Frongoch a esgorodd ar fath newydd o ryfela, y dull taro-achilio a anogwyd gan Collins yn hytrach na'r dulliau statig a fethodd yng Ngwrthryfel y Pasg. Collins, meddai, oedd pensaer y dull newydd hwn. Meddai Marjery Forester:

> *Byddai swyddogion uwch y Gwirfoddolwyr yn y Fron-goch yn cyfarfod yn gyfrinachol i dderbyn cyfarwyddyd ac i astudio sut i gymhwyso strategaeth filitaraidd addas a thactegau ar gyfer gofynion tirwedd Iwerddon. Mewn unrhyw frwydro yn y dyfodol ni fyddai adeiladau tal i'w dal gan ddynion balch, lleiafrifol mewn lifrai; dim ond yr ymosodiad melltennaidd, y cilio anweledig a'r ailffurfio cyn y trawiad nesaf mewn man arall, annisgwyl. Dim ond syniad a dyfai ym meddwl dynion oedd y rhyfela guerrilla. Dim ond anghenion gwirioneddol o amser a lleoliad a roddai iddo wir ffurf. Rhaid, yn y cyfamser, oedd perffeithio'r egwyddorion. Paratowyd ar gyfer sefydlu gwersylloedd ymarfer ledled Iwerddon wedi iddynt gael eu rhyddhau.*

Doedd pawb o'r carcharorion, o bell ffordd, ddim yn filwrol eu natur. Roedd rhai yno ar gam, heb gydio mewn dryll erioed; roedd eraill yn llugoer; doedd gan Collins fawr o amser i'r rheiny – '*cowards, bloody lousers, oul' cods*' oeddent, meddai. Hawdd deall, felly, farn ddirmygus y rheiny a'i disgrifiai fel 'Y Boi Mawr'.

Ail gartref Collins oedd Cwt 32 gerllaw'r ffreutur. Yn ôl Johnnie Roberts a weithiai yn siop y ffreutur, hwn oedd y cwt mwyaf swnllyd gyda gweithgaredd diddiwedd: 'Byddai Collins wedi ei wisgo mewn dillad o ansawdd da bob amser, ond yn anaml y gwelid ef mewn coler a thei, a'i sgidiau yn rhai milwrol di-sglein.'

Bu hefyd yng Nghwt 7, fel y tystia llythyr at ei chwaer, wedi ei anfon o'r 'Gwersyll Uchaf'. Cadarnhawyd disgrifiad Roberts o Collins gan Rex Taylor, er i hwnnw fynnu iddo dreulio cyfnod hefyd yng Nghwt 10:

Gwnâi ymdrech barhaol i edrych yn dda. Yn ei hanfod roedd yn ddyn crys glân, bob amser yn gysetlyd o daclus a thwt, ei wyneb fyth yn arddangos unrhyw arlliw o'r ên las na hyd yn oed unrhyw addewid o farf. O ganlyniad i'r ymdrechion bron yn oruwchddynol hyn o lanweithdra o dan amodau o gaethiwed, daeth yn gyff i lawer i jôc, hynny er mawr ddicter a chynddaredd ar ei ran.

Cofiai Johnnie Roberts hefyd gyflwr ofnadwy y cae lle safai Gwersyll y Gogledd. Ceisiwyd gwella cyflwr y ffyrdd, meddai, drwy gael y carcharorion i gludo lludw a chols mewn wagen o gwt y boiler a'u taenu dros wyneb y ffyrdd gan dalu'r carcharorion dair ceiniog yr awr am eu gwaith. Roedd y wagen chwe-olwyn wedi goroesi o gyfnod y gwaith wisgi a chymerai hyd at chwech o ddynion i'w thynnu â rhaffau:

Dyna pan gwrddais i gyntaf â Michael Collins wrth iddo ddod i mewn i'r ffreutur wedi ei orchuddio â llaid ynghanol y carcharorion eraill. Fe wnaethon ni gwyno a dweud wrthynt am olchi eu sgidiau o dan y tapiau'r tu allan. Ni wnaeth ddim byd ond chwerthin. Roedd ganddo synnwyr digrifwch ond roedd o'n ddisgyblydd llym iawn.

Credai Johnnie Roberts fod y Gwyddelod 'yn hynod o ffeind' – heblaw am y ffaith eu bod nhw'n 'lladrata'. Roedd y carcharorion yn hoff iawn o smygu cetyn pren ceirios. Cedwid y rheiny mewn bocs o dan gownter y siop. Byddent yn gofyn am gael gweld rhai ohonynt a thra byddent yn chwilio drwy'r bocs byddai rhywun arall yn tynnu sylw Roberts. Yna byddai'r catiau'n dueddol o ddiflannu.

Cwynodd Johnnie wrth y 'manijar', meddai. Doedd ganddo ddim dewis. Fel arall byddai'n rhaid iddo ef wneud iawn am y golled. Gwrthododd y Cyrnol ag ymyrryd am fod gan y Gwyddelod eu trefn eu hunain i ddelio â materion tebyg. Felly fe aeth Roberts at Collins a dweud ei gŵyn. Ymateb Collins fu cloi'r drysau a chwilio drwy bocedi'r dynion am y cetynnau coll. Câi'r rheiny gyda dim ond un cetyn yn eu meddiant faddeuant ond byddai'r rheiny oedd â mwy nag un cetyn yn gorfod eu dychwelyd. Hwn oedd y tro cyntaf i Roberts ddod i adnabod Collins ar delerau personol.

Yng nghhofiant Tim Pat Coogan, dyfynnir Johnnie Roberts ymhellach:

Roedd Michael Collins yn uchel ei barch, yn arbennig ymhlith gweithwyr sifil y ffreutur. Byddai'r rheolwr yn arfer dweud y gwnâi ef [Collins] wrando'n rhesymegol bob tro y byddem yn mynd â phroblem ato. Ef fyddai'r cyntaf i'r Offeren foreol ac un o'r rhai cyntaf wrth y bwrdd brecwast, pryd gorau'r dydd.

Nododd Roberts hefyd fod Collins yn smociwr trwm ond yn barod i hepgor sigaréts er mwyn eu rhoi i eraill, hynny'n profi ei fod yn fwy hunanddisgybledig na'r rhelyw. Roedd yn rhyfeddol o heini, meddai Roberts, a gallai gerdded yn well na neb ar yr ymdeithiau ymarfer gan gyrraedd yn ôl heb fod fawr gwaeth, tra bod rhai o'r gwarchodwyr yn gorfod gorffwys yn achlysurol.

Roedd yr ymdeithiau hyn yn rhoi cyfle i Collins fyfyrio ar fethiant y gorffennol ac ar yr angen i baratoi ar gyfer y dyfodol. Mewn llythyr at Kevin O'Brien o'r Fron-goch ar y 6ed o Hydref, mynegodd ei deimladau am Wrthryfel y Pasg. Ni allai, meddai, amau gwrhydri'r rhai a fu farw ond fe amheuai'r amseriad. Nid honno oedd yr adeg iawn i gyhoeddi datganiadau wedi eu geirio mewn iaith farddonllyd, nac ar gyfer gweithredu mewn dulliau cyffelyb. O'r tu mewn i'r Swyddfa Bost roedd y cyfan wedi ymdebygu i drychineb Roegaidd. Cyfaddefodd iddo edmygu Connolly yn fwy na Pearse gan fod hwnnw, yn gwbl wahanol i Pearse, yn realydd. Byddai wedi bod yn barod i ddilyn Connolly drwy uffern. Ond nid felly yn achos Pearse heb, o leiaf, dipyn o ystyriaeth. Edmygai hefyd Tom Clarke, ac yn arbennig MacDiarmada:

> *Mae'r rhain yn adlewyrchiadau clir. Ar y cyfan credaf i'r Gwrthryfel gael ei fwnglera'n arw, gan gostio aml i fywyd gwerthfawr. Ymddangosai ar y cychwyn fel iddo gael ei drefnu'n dda, ond yn ddiweddarach dioddefodd o benderfyniadau gwyllt a diffyg dybryd o drefnyddiaeth a chydweithrediad hanfodol.*

Ddechrau mis Awst daeth cwmwl o dristwch i dduo'r Gwersyll wrth i'r newydd gyrraedd fod Syr Roger Casement wedi'i ddienyddio. Ar y dechrau daliwyd Casement yn Nhŵr Llundain o dan amodau llym. Cadwyd ef rhag gwybod unrhyw beth am ddigwyddiadau Gwrthryfel y Pasg. Yn ôl Brian Inglis yn ei gyfrol ar Casement, oni bai am un aelod Cymreig o'r

Corfflu, a sibrydodd wrtho'r newyddion, ni fyddai'r teyrnfradwr honedig wedi bod yn ymwybodol i'r Gwrthryfel ddigwydd o gwbl, heb sôn am glywed am ddienyddio'r arweinwyr.

Croesawyd dienyddiad Casement gan Owen M. Edwards yng ngholofn 'Cronicl y Misoedd' rhifyn mis Medi *Cymru*: 'Awst 3. Crogwyd Syr Roger Casement, y bradwr, yn Pentonville bore heddyw. Cred llawer mai gwell fuasai ei arbed, ond y mae bradwriaeth yn bechod anfaddeuol pan fydd bywyd cenedl mewn perygl.'

Fis ynghynt buasai llawenydd ymhlith y carcharorion. Cofiai Séamus O Maoileoin y dathlu ymhlith y Gwyddelod pan glywyd am farwolaeth Kitchener, y Gweinidog Rhyfel ar y 5ed o Fehefin wedi i'w long suddo. Rheswm ychwanegol dros eu llawenydd oedd mai Kitchener oedd pensaer y gwersylloedd cadw cyntaf, a hynny yn Ne Affrica adeg Rhyfel y Boer. Pan glywyd y newydd roedd y dynion yn ymarfer. Lledodd y stori a dechreuodd y dynion sibrwd ymysg ei gilydd. Gwaeddodd un o'r gwarchodwyr ar Billy Mullins, Tralee, 'Two deep there!'

Atebodd Billy, 'Yes, it was too deep for Kitchener last night also!' Dedfrydwyd ef i bum niwrnod mewn *solitary*.

Olynwyd Kitchener gan Lloyd George. Yn y cyfamser, olynwyd O'Connell, a symudwyd i Garchar Reading, gan Michael Staines fel Penswyddog Gwersyll y De. Ef a'i gyd-garcharorion Liam Tannam a Séamus Devoy fu'n rhannol gyfrifol am gario'r James Connolly clwyfedig allan o'r Swyddfa Bost.

Mynd a dod fu'r hanes wedi hynny. Pan symudwyd M. W. O'Reilly hefyd i Garchar Reading yn dilyn adolygiad o'i sefyllfa yn Llundain, fe'i holynwyd ef fel Penswyddog Gwersyll y Gogledd gan Eamon Morkan o

Kildare. Credir mai Morkan oedd yr unig weithiwr banc i ymladd yng Ngwrthryfel y Pasg. Yn ei dro, symudwyd Morkan yntau ac arweinwyr eraill. Ond am bob un a symudid, deuai rhywun arall i lenwi sgidiau'r un a adawodd. Roedd y Pair Dadeni yn ddihysbydd.

7

Dyddiau difyr

Er mwyn ysgafnhau'r diflastod yn y Fron-goch, roedd creu adloniant a threfnu gweithgareddau amrywiol yn hollbwysig er lles y corff a'r meddwl. Ymysg y gweithgareddau trefnwyd gwersi ar fyrdd o wahanol bynciau ynghyd â chwaraeon a chyngherddau.

Cafodd Gwrthryfel y Pasg ei ddisgrifio gan rai fel Gwrthryfel yr Athrawon gan fod cynifer o'r rhai a gymerodd ran yn athrawon prifysgol, coleg ac ysgol. Wedi iddynt gyrraedd y Fron-goch, cychwynnwyd dosbarthiadau ar unwaith.

Cynhelid y dosbarthiadau yn ystod y prynhawniau a chyda'r nos rhwng 2.00 ac 8.00. Nid oedd prinder hyfforddwyr. Trefnwyd amrywiaeth o bynciau yn cynnwys Gwyddeleg, Ffrangeg, Sbaeneg, Lladin, hanes Iwerddon, mathemateg, cadw cyfrifon, llaw-fer a thelegraffio. Trefnwyd hefyd wersi actio, canu, dawnsio step a siarad cyhoeddus. Ac yn ôl M. J. O'Connor roedd y Gymraeg yn rhan o'r cwricwlwm.

Tystia Gwilym Griffith o Lwyndyrys yn ei hunangofiant *Straeon Gwil Plas* fod carcharor a aeth ymlaen i fod yn Arglwydd Faer Corc wedi bod yn sgwrsio â'i dad, John Moses Griffith o Lithfaen, un o warchodwyr y Gwersyll, am yr iaith

John Moses Griffith o Lithfaen, bu'n warchodwr y Fron-goch

Recreation inside the huts, Frongoch.

Rhai o'r dynion y eu diddanu eu hunain yn un o'r cytiau

Gymraeg. Hwyrach mai MacCurtain ydoedd gan fod hwnnw'n siaradwr Gwyddeleg pybyr.

Tystiodd Johnnie Roberts iddo sicrhau deunydd dysgu Cymraeg i'r carcharorion ar gais y Cyrnol yn dilyn pwysau gan Collins:

Fe ddaru mi fynd i'r Bala, ac yn siop Llewelyn Edwards mi ddaru fi gael cardiau oedd o wedi'u hordro i'r babanod yn y Capel Methodist yn y Bala. Hefyd fe wnaeth yr hen Mr Llewelyn Edwards ddeud mai'r peth doethaf iddyn nhw, os oedden nhw am ddechrau dosbarth, oedd ceisio cael Spurrells Dictionary, lle byddai'r cyfan yn Saesneg ac yn Gymraeg. A mi ddaru addo, tasa Capel Tegid ddim isio'r cardiau, y caem ni nhw. A hefyd y basa'n rhoi y Spurrells Dictionary yma ar yr amod ei fod o'n cael ordor o ragor – hanner-dwsin – o'r Spurrells Dictionary o Gaerdydd. Ac mi ddaru. Mi

gafodd ordor o wyth, a mi wnaeth yr hen ddyn yn dda
allan ohono fo.

Yn ôl Johnnie Roberts, Collins ei hun wnaeth dalu am
yr holl ddeunydd dysgu Cymraeg, yn cynnwys y
geiriaduron, cardiau'r wyddor, gwahanol daflenni a
sialc. Ni fanylodd ai arian personol Collins oedd hwn
neu arian o gronfa ganolog y carcharorion. Ond cofiai
fel y câi'r gegin ei defnyddio fel stafell ddosbarth am ei
bod hi'n gynnes yno, ac fel y byddai'r athrawon yn
defnyddio wyneb y popty fel bwrdd du gan ysgrifennu
arno â sialc. Yn ôl tystiolaeth Johnnie Roberts eto,
roedd y Caplan, y Tad Larry Stafford, yn un o'r
tiwtoriaid Cymraeg gan fod ganddo grap ar yr iaith
'Geltaidd'.

Ymhlith yr athrawon Gwyddeleg roedd Tomás
MacCurtain, Richard Mulcahy, Cathal O'Shannon a
Séamus Ó Maoileoin. A Micheál Ó Cuill wedyn, a
gerddodd dros ddeg milltir ar hugain i Ddulyn i
frwydro yn y Gwrthryfel.

Dywed Rex Taylor mai yng Ngharchar Stafford y
cychwynnodd Collins ailddysgu ei iaith frodorol o
ddifrif. Dywed ymhellach na lwyddodd i'w meistroli i
safon siaradwyr naturiol. Adeg trafodaethau'r
Cytundeb âi Lloyd George allan o'i ffordd i siarad
Cymraeg â'i Ysgrifennydd Personol, Thomas Jones,
yng ngŵydd Collins er mwyn gwneud i hwnnw
deimlo'n anniddig ac yn euog oherwydd ei ddiffyg
rhuglder yn yr Wyddeleg. Ceir tystiolaeth o hyn gan
Thomas Jones ei hun. Un o gastiau Lloyd George wrth
ddefnyddio'r Gymraeg fel arf oedd hyn, meddai. Ar y
9fed o Orffennaf, 1921 wedyn, adeg y trafodaethau ar
gadoediad, cyflwynodd de Valera ddogfen i'r Prif
Weinidog gyda'r teitl *Saorstat Eireann*, sef cyfieithiad

*Aelodau o'r Black Hand Gang. Wyddai neb yn iawn a oeddynt o
ddifrif neu'n tynnu coes*

de Valera o 'Talaith Rydd'. Trodd Lloyd George i
sgwrsio'n Gymraeg â Thomas Jones cyn troi'n ôl at y
Gwyddel a dweud nad oedd hwn yn gyfieithiad da ac y
dylid cytuno nad oedd y Celtiaid erioed wedi bod yn
Weriniaethwyr ac nad oedd ganddynt eiriau brodorol i
gyfleu'r fath syniad.

Er mwyn atgyfnerthu'r gwersi Gwyddeleg yn y Fron-
goch, ffurfiwyd cangen o'r Gynghrair Geltaidd o dan yr
enw *Craobh na Sroíne Deirge*, neu Gymdeithas y Trwyn
Coch. Credai'r dynion, yn anghywir wrth gwrs, mai
cyfieithiad o 'Fron-goch' oedd '*Red Nose*'. Ffurfiwyd
hefyd gymdeithas a elwid yn *Black Hand Gang*. Ceir
dwy farn wahanol am y mudiad hwn. I rai, tipyn o hwyl
oedd y cyfan ond aeth eraill cyn belled ag awgrymu
mai'r rhain oedd cynsail Collins ar gyfer sefydlu ei griw
bach cyfrin ei hun i ddienyddio ysbiwyr. Un o'r aelodau

mwyaf blaenllaw oedd Domhnall Ó Buachalla. Yn ddiweddarach fe'i hetholwyd yn *TD* dros Kildare. Gwrthwynebodd y Cytundeb ond aeth ymlaen i gael ei benodi'n Llywodraethwr Cyffredinol olaf Iwerddon Rydd.

O ran masnachwyr lleol, rhaid nodi nad Llywelyn Edwards oedd yr unig siopwr i elwa. Cwmni lleol oedd perchenogion siop Melias yn y dref a nhw oedd â'r cytundeb i redeg y cantîn. A'r Badell Aur, o dan berchenogaeth W. D. Williams, oedd yn darparu pysgod a gwahanol fwydydd eraill.

Roedd y carcharorion bron i gyd yn Gatholigion. Dim ond pum Protestant a restrir gan Seán O Mahony, sef Arthur Shields, Harry Nichols ac Ellet Elmes o Ddulyn, Sam Ruttle o Tralee ac Adair, ac Alf Cotton o Dralee a Belfast. Gallai fod wedi ychwanegu enw Séumas McGowan o Drumcondra, Dulyn. Cymerodd hwnnw ran yn y frwydr yn y Swyddfa Bost a dywedir mai arno ef y seiliodd Seán O'Casey brif gymeriad ei ddrama *Shadow of a Gunman*. Roedd McGowan ac O'Casey yn perthyn i'r *ICA*.

Ar gyfer anghenion ysbrydol y Catholigion, penodwyd Offeiriad, a'r cyntaf ohonynt o Awstria. Mae lle i gredu iddo gael ei benodi'n wreiddiol ar gyfer y carcharorion Almaenig. Am gyfnod cafwyd Offeiriad ymweliadol o Wrecsam. Nid oedd hyn yn plesio ac fe lwyddodd Seán T. O'Kelly i smyglo llythyr at Ysgrifennydd Archesgob Dulyn. O fewn dyddiau i'r llythyr gyrraedd, anfonwyd y Tad Laurence Stafford atynt. Hyd yn oed wedyn cafwyd anfodlonrwydd. Ar lawr y Tŷ ar y 25ain o Orffennaf cwynodd yr AS Larry Ginnell am y ffaith fod disgwyl i ddim ond un Caplan ofalu am anghenion ysbrydol ar gyfer dros 1,800 o ddynion.

Cyrhaeddodd y Tad Stafford mewn lifrai milwrol ac

o'r herwydd fe'i gwnaed yn gyff gwawd i'r Gwyddelod. Fe'i perswadiwyd gan O'Kelly i wisgo lifrai offeiriadol ond credai Brennan-Whitmore ei fod yn cuddio'i lifrai milwrol o dan ei wisg offeiriadol.

O'r dechrau, roedd y Tad Stafford yn ochri gyda'r awdurdodau gan edliw i'r dynion eu pechod am gymryd rhan yn y Gwrthryfel. Fe'i cyhuddwyd o ddweud anwiredd hyd yn oed am agwedd y carcharorion tuag at streic newyn. Oherwydd hyn byddai'r dynion naill ai'n ei 'heclan' neu ei anwybyddu'n llwyr. Ond yn ôl M. J. O'Connor roedd i'r 'dyn bach twt' hwn ei fendithion. Yn ddiarwybod iddo, defnyddid ei fag Offeren i smyglo tybaco a negeseuon cudd!

Eto i gyd teimlai O'Kelly fod y Tad yn ddyn da yn y bôn. Neilltuwyd cwt yng Ngwersyll y Gogledd ar gyfer cynnal yr Offeren bob dydd Sul a phob yn eilddydd yn ystod yr wythnos.

Diddorol yw honiad Joe Good am y modd y defnyddid y drefn ddeintyddol yn y Gwersyll er mwyn lledaenu cyhoeddusrwydd. Câi'r rhai oedd angen triniaeth eu hebrwng gan warchodwyr arfog i'r Bala at ddeintydd lleol. Llwyddai'r cleifion deintyddol hyn i smyglo allan bob math o ddeunydd propaganda.

Roedd gan y carcharorion eu Pwyllgor Adloniant eu hunain. Ymhlith yr aelodau roedd Joe O'Doherty, a swynwyd gymaint ar ei ffordd drosodd i Gaergybi gan berfformiad byrfyfyr un o'i gyd-garcharorion ar y llong *Slieve Bloom*. Aelod arall oedd Henry Dixon, un o'r carcharorion hynaf a gŵr blaenllaw iawn ymhlith aelodau'r *IRB*.

Hwyrach mai aelod mwyaf diddorol y Pwyllgor Adloniant oedd Arthur Shields, actor o'r *Abbey Theatre* a oedd i fod i berfformio ar nos Lun y Pasg 1916. Yn hytrach, fe'i cafodd ei hun yn brwydro o gwmpas y

Swyddfa Bost. Carcharwyd ef ynghyd â'i ddarpar frawd-yng-nghyfraith, Charles Saurin. Y ddrama i'w pherffformio oedd *The Spancell of Death* gan T. H. Nally. Yn anffodus i'r dramodydd druan, ni welodd ei ddrama fyth olau dydd.

Yn dilyn ei ryddhau o'r Fron-goch, bu Shields yn actio mewn tua dau ddwsin o ffilmiau Hollywood, gan gynnwys y ffilm Gymreig *How Green Was My Valley* ym 1941. Ef oedd 'Mr Parry', y blaenor cul. Ymddangosodd hefyd ym 1945 yn y ffilm a seiliwyd ar ddrama Emlyn Williams *The Corn is Green*, fel 'William Davies'. Yn ystod ei yrfa cafodd ei enwebu ddwywaith am wobr Oscar. Roedd Shields yn frawd i'r actor Barry Fitzgerald a ddaeth yn enwocach na'i frawd iau. Ymddangosodd hwnnw hefyd yn *How Green Was My Valley* fel 'Cyfartha'. Bu farw Shields o emffysema yn Santa Barbara, California, ar y 27ain o Ebrill, 1970 yn 74 mlwydd oed.

A dyma un arall o'r cyd-ddigwyddiadau eironig hynny sy'n britho'r holl hanes. Yn cyd-actio gyda Shields yn *How Green Was My Valley* roedd John Loder yn chwarae rhan 'Ianto'. Ei enw iawn oedd William John Muir Lowe. Roedd Lowe yn Uwch Gapten yn Nulyn adeg wythnos y Pasg ac wedi brwydro'n erbyn Shields. Roedd yn fab i'r Cadfridog Lowe, y swyddog yr ildiodd Pearse iddo ar ddiwrnod olaf y brwydro. Yn wir, roedd y mab gyda'i dad ar y pryd ac ef wnaeth hebrwng Pearse yn gaeth at Reolwr Milwrol Iwerddon, y Cadfridog Maxwell.

Yn ddiweddarach fe frwydrodd John Lowe yn Galipolli ac ar y Somme cyn cael ei gaethiwo, fel Shields, mewn gwersyll garchar, ond ei fod ef yn yr Almaen. Yno, wedi'r rhyfel, bu'n ddyn busnes cyn mentro i'r byd actio yn Hollywood a newid ei enw.

Ymddangosodd mewn nifer o ffilmiau yn cynnwys *Love, Life, Laughter and Sabotage* ynghyd â'r fersiwn wreiddiol o *King Solomon's Mines* ym 1937. Bu'n briod bum gwaith. Un o'i wragedd oedd y seren Hedy Lamarr.

Ar brynhawn dydd Mawrth Wythnos y Pasg, ac am weddill yr wythnos, drama arall i'w pherfformio yn yr *Abbey* ochr yn ochr â *The Spancell of Death* oedd clasur Yeats, *Cathleen ni Houlihan*. Creodd gynnwrf o'i pherfformiad cyntaf ym 1902 gyda'i phropaganda cignoeth yn galw ar Wyddelod ifainc i'r gad. Maude Gonne a chwaraeai ran yr hen wraig yn wreiddiol. Roedd y cymeriad yn ymgnawdoliad o Iwerddon. Ar ei wely angau gofynnodd Yeats yn ei gerdd 'The Man and the Echo' y cwestiwn rhethregol,

> *Did that play of mine send out*
> *Certain men the English shot?*

Yr ateb i'r cwestiwn, yn ôl Connor Cruise O'Brien, oedd 'do' diamwys. Yr actor oedd i fod i chwarae rhan 'Peter Gillane' yn y perfformiadau yn ystod Wythnos y Pasg 1916 oedd Seán Connolly. Roedd yn aelod o fyddin James Connolly ac fe'i saethwyd yn farw ar yr union adeg pan ddylai fod wedi perfformio ar y llwyfan ar y prynhawn dydd Mawrth.

Un arall o fyd y theatr yn y Fron-goch oedd John MacDonagh, brawd Thomas a ddienyddiwyd yn dilyn Gwrthryfel y Pasg. Ym 1916 roedd yn Rheolwr Theatr. Yn dilyn ei ryddhau aeth ymlaen i wneud gwaith radio a phenodwyd ef yn Bennaeth Cynyrchiadau *Radio Athlone*, rhagflaenydd *Radio Éireann*. Cyhoeddodd hefyd nifer o lyfrau plant ynghyd â'r ddrama lwyfan lwyddiannus, *The Irish Jew*. Roedd yno drydydd brawd,

Joseph, a etholwyd yn *TD* dros Dde a Chanol Tipperary ac a wrthwynebodd y Cytundeb.

Yn y Fron-goch y poblogeiddiwyd anthem genedlaethol Iwerddon, '*A Soldier's Song*' a gyfansoddwyd ym 1907 gan Peadar Kearney, brawd i fam Brendan Behan. Gosodwyd yr anthem i gerddoriaeth gan Paddy Heeney a'i chanu gan y gwerthryfelwyr wrth iddynt adael y *GPO* a'r lle'n wenfflam. Cofiai Batt O'Connor iddo ef a'i griw gyrraedd y Fron-goch yn canu'r gân. Haerodd Séamus de Búrca yn *The Soldier's Song: The Story of Peadar Kearney* mai'r Fron-goch 'wnaeth' y gân. Erbyn diwedd 1916 roedd hi wedi disodli '*God Save Ireland*'. Daeth y cyfieithiad Gwyddeleg, '*Ambrán na bhFiann*' yn anthem swyddogol Iwerddon ym 1926. Roedd Kearney, gyda llaw, wedi brwydro yn Jacob's yng Ngwrthryfel y Pasg a chafodd ei gaethiwo ym 1920 yng Ngwersyll Ballykinlar.

Cynhelid cyngherddau ar nos Sul neu ar achlysuron arbennig. Ymdebygent i'r nosweithiau a gynhelid ledled Cymru ar ddechrau'r 1940au i groesawu milwyr adref o'r fyddin. Fe'u cynhelid yn y ffreutur a cheid doniau arbennig ymhlith y perfformwyr. Un o'r rhai amlycaf yn y gweithgareddau hyn oedd Douglas Ffrench-Mullen, a oedd, medd Seán O Mahony, yn ffefryn mawr gyda'r Cymry oedd yn gweithio yn y gwersyll.

Ceir manylion am gyngerdd i ddathlu dyddiad pen-blwydd Wolf Tone ar y 25ain o Fehefin, gydag ugain o artistiaid yn perfformio, yn cynnwys unawd ar y ffidil gan Tomás MacCurtain ac *obligato* ar y ffidil gan Laurence Lynch. Adroddodd Seán Buckley yr araith a draddododd Pádraig Pearse uwch bedd y Ffeniaid, Jeremiah O'Donovan Rossa. Yr araith honno a amlinellai freuddwyd Pearse am Iwerddon rydd gyda'r Aeleg hefyd yn rhydd. Roedd Ned Keogh o Inchicore yn aelod o Fyddin Connolly ac roedd yn un o'r dorf a safodd ar lan bedd Rossa ar y pryd; roedd hefyd yn un o'r criw a daniodd fwledi uwchben ei arch.

Yn y cyngerdd cafwyd datganiad o '*Easter Week*' gan Joe O'Doherty a chanwyd '*The Hills of Ireland*' gan Jack O'Reilly o Tralee. Dioddefai hwnnw o ddiffyg gwaed a bu farw'n fuan wedi'i ryddhau. Canwyd '*My Dark Rosaleen*' gan Paul Dawson Cusack o Granard, cân a gyfansoddwyd gan ddau o'r carcharorion, Seán Butterly o Dunleer a Cathal O'Byrne o Ddulyn.

Ar yr 11eg o Orffennaf trosglwyddwyd deg ar hugain o'r dynion, rhai o arweinwyr y Gwersyll yn eu plith, i Garchar Reading. Y noson cynt trefnwyd cyngerdd ffarwel, neu '*Farwell Banquet to the Irish Huns on their Departure from Frongoch in North Wales*'. Darparwyd y gerddoriaeth gan Gerddorfa Kilmartin, gyda Dick Fitzgerald, Killarney, pêl-droediwr o fri, yn eu harwain. Paratowyd pryd o fwyd oedd yn cynnwys cig.

Symudwyd y dynion am fod yr awdurdodau'n credu mai'r rhain oedd y rhai mwyaf peryglus. Yn eu plith roedd J. J O'Connell, Terence MacSwiney a Tomás MacCurtain.

Yn rhifyn y 26ain o Awst o'r *Kerryman* ceir adroddiad ar un o'r cyngherddau achlysurol. Y Cadeirydd oedd Jimmy Mulkerns o Ddulyn, a gâi ei adnabod fel *The Rajah of Fron-goch* wedi iddo wneud ymddangosiad mewn gwisg Arabaidd. Cyn y Gwrthryfel bu'n aelod o griw o ddiddanwyr teithiol *Palmer and Rimlock*. Parhaodd i berfformio wedi iddo gael ei ryddhau gan godi arian at achosion gwladgarol. Roedd ei fab, o'r un enw, yn un o arloeswyr ffilm Iwerddon a greodd dros bedwar cant o ffilmiau dogfen yn cynnwys *An t-Oileánach a d'Fill*, neu 'Dychweliad yr Ynyswr' a enwebwyd am wobr Oscar.

Y perfformiwr cyntaf ar y llwyfan oedd carcharor o Ddulyn a gyflwynwyd fel *'Signor Toomey'* wedi'i wisgo fel heliwr o ganol Affrica. Canodd *'My Old Howth Gun'*, tra adroddodd Michael Collins *'Kelly, Burke and Shea'*. Fe'i henwir fel Michael Collins o Ddulyn. Ie, y Boi Mawr ei hun oedd hwn. Canodd Brian O'Higgins *'Fried Frogs' Legs'* ac adroddodd *'The Man from God Knows Where'*. Ymhlith y caneuon eraill a berfformiwyd mae *'The West's Awake'*, *'Clare's Dragoons'* a *'Join the British Army'*. Canwyd yr unawd *'The South Down Militia'* gan Barney Mellows, brawd Liam Mellows, gweriniaethwr digymrodedd a oedd yn un o bedwar a ddienyddiwyd gan y Dalaith Rydd yng Ngharchar Mountjoy fis Rhagfyr 1922 am ddienyddio Seán Hales, un o gyn-garcharorion y Fron-goch. Gorffennwyd y noson drwy gydganu *'A Nation Once Again'*.

Ar Noswyl Calan Gaeaf trefnwyd noson o ddawnsio Gwyddelig yng nghwt yr *YMCA*. Yr uchafbwynt oedd cystadleuaeth gwisg ffansi. Cafwyd anerchiad gan J. K. O'Reilly o Ddulyn, cyfansoddwr y gân rebel enwog *'Wrap the Green Flag Round Me Boys'*.

Wrth gwrs, byddai biwglwr yn y cyngherddau hyn, sef William Oman. Ef a seiniodd y corn y tu allan i Liberty Hall i alw milwyr James Connolly i'r gad am 11.15 ar fore dydd Llun y Pasg.

Ceid nifer o feirdd hefyd yn y Fron-goch. Yn ogystal â Jimmy Mulkerns a Brian O'Higgins roedd Joseph Stanley, a gyfansoddodd, ymhlith nifer o gerddi eraill, *'The Fron-goch Roll Call'* (gweler Atodiad). Cyfansoddodd Stanley hefyd *'The Flag of Freedom'*, *'The Prison Grave of Kevin Barry'* a *'The Shoals of Galway Grey'*.

Nid oedd y lle yn brin o arlunwyr chwaith a chaed

nifer helaeth o luniau o'r Gwersyll gan Micheal O. Ceallaigh, Patrick Ronan, Nicholas Murray, F. O'Kelly, Cathal MacDowell, Eoghan Ó Briain, Liam O'Ryan a G. Purcell. Artistiaid eraill yno oedd Thomas Kain, Patrick Lawlor, J. Healy, A. de Courcy, P. Ua Ceallaigh, Samuel Hall a James O'Neill.

Câi crefftau le amlwg hefyd ac mae croesau o esgyrn anifeiliaid, tlysau metel, catiau clai, bagiau a gwahanol ddillad wedi goroesi. Roedd teulu John Patrick Faller o Ddinas Galway yn berchen ar fusnes tlysau a gemwaith a bu ef yn allweddol wrth ddysgu'r dynion. Mae'r cwmni hwnnw'n dal i ffynnu ers 1879 gyda'i gynnyrch yn cynnwys modrwyau *Claddah*. Cyflwynwyd nifer o greiriau i Amgueddfa Genedlaethol Iwerddon gan Domhnall Ó Buachalla. Yn yr Amgueddfa Genedlaethol hefyd ceir tlws wedi ei lunio o asgwrn ynghyd â stand inc wedi ei lunio o bren derw hen gasgen wisgi gan Joseph Duffy. Tybed ai gweddillion yr hen waith wisgi oedd y deunydd crai? Yno hefyd mae bag llaw gan James Sexton, cetyn clai gan John Madden, bag *macramé* gan Peter Coates a phâr o goesrwymau gwyrdd gan Patrick Keegan. Gellir gweld hefyd groes Geltaidd sy'n droedfedd o uchder wedi'i cherfio o asgwrn, modrwyau wedi'u llunio o esgyrn a darnau o arian, gwregys plentyn gyda bwcl o asgwrn a gwahanol fagiau.

Gellir gweld mwy o greiriau yn Amgueddfa Ysgol O'Connell yn Nulyn, gan gynnwys telyn wedi'i cherfio o asgwrn gan John P. Kerr, cetyn clai addurnedig gan James O'Leary a bag gan Peter Coates.

Yng Ngharchar Kilmainham ceir bedyddfan gyda chroes Geltaidd wedi'i cherfio o asgwrn yn y Fron-goch yn addurn arni. Yno hefyd gwelir dau becyn o fwyd o'r gwersyll.

Roedd llyfrgell yn y Gwersyll; mewn llythyr at Hannie roedd Collins yn canmol yr arlwy – Robert Service, Swinburne, Shaw, Kipling, Conrad a Chesterton. Ffefryn Collins oedd Thomas Hardy, yn arbennig ei nofel *Jude the Obscure*. Rhaid oedd i bob cyfrol, yn naturiol, dderbyn bendith y Sensor. Y llyfrgellydd oedd Henry Dixon a fynnai, er gwaetha'i henaint, gael cawod oer bob bore.

Byddai llyfrau'n cael eu hanfon i'r carcharorion gan deulu a ffrindiau a châi'r rheiny eu dargyfeirio i Lundain ar gyfer eu sensro. Mewn geiriau eraill, câi'r llyfrau eu dwyn. Ailymddangosodd nifer ohonynt mewn stondin llyfrau ail-law yn Farrington Street yn yr East End yn Llundain. Yn wir, mynnai cyfaill i un o'r carcharorion iddo brynu llyfr yn Llundain a oedd wedi cael ei lofnodi gan Cathal O'Shannon, carcharor arall. Ymhlith y llyfrau na chyrhaeddodd i'r Fron-goch roedd copi o'r Testament Newydd mewn Gwyddeleg, *An Tiomna Nua* ar gyfer Brian O'Higgins, *Seríbhisí Mhicíl Breatnaigh* ar gyfer Michael Collins a *Notes of an Irish Exile* ar gyfer Brennan-Whitmore.

Cwynodd Michael Staines mewn llythyr i'r A.S. Alfie Byrne ar y 10fed o Hydref. Enwodd nifer o lyfrau a anfonwyd fisoedd ynghynt ond na chyrhaeddodd. Mewn atebiad gwrthododd yr Ysgrifennydd Gwladol, Mr Herbert Samuel â mynd i fanylion. Gwadodd unrhyw wybodaeth am lyfrau'n diflannu ac yna cael eu gwerthu.

Ond does dim dadl na chafodd rhai llyfrau eu cymryd oddi ar y dynion, yn cynnwys llyfr nodiadau Tomás MacCurtain y bu'n ei gadw ers iddo gael ei arestio. Fe'i dygwyd oddi arno yng Ngharchar Wakefield a bu'n rhaid iddo ail-gofnodi'r cyfan o'i gof. Credai fod rhywun wedi gwerthu'r gwreiddiol.

Derbyniai'r carcharorion ambell bapur newydd.

Fe'u rhestrir gan Seán O Mahony yn ei gyfrol ar y Fron-
goch. Derbynnid tri chopi o *The Times*, chwech o'r
Daily Sketch, deunaw o'r *Daily Mail*, tri o'r *Daily
Chronicle*, dwsin o gopïau o'r *Daily News*, tri o'r
Yorkshire Post, tri o'r *Manchester Guardian* ac un copi o'r
Morning Post. Cyflenwid y rhain gan W. H. Smith a'i
Fab, Llundain, am 2s 5½d y dydd. Mynnai Johnnie
Roberts mai *Foyle's* oedd yn cyflenwi'r papurau. Yn
ddiweddarach caniatawyd i'r *Irish Independent* ddod i'r
Gwersyll.

Smyglwyd newyddiaduron gwaharddedig o
Iwerddon i mewn hefyd. Yn wir, cynhyrchai'r
carcharorion eu papurau eu hunain o dan deitlau fel
The Daily Rumour, *The Daily Wire* a'r *Fron-goch
Favourite*. Cedwid y rhain yn siop y barbwr a'u
harddangos yn y ffenest.

Doedd dim problem o ran cyhoeddi gan fod nifer o
argraffwyr, yn cynnwys Dick McKee, yn y gwersyll a
nifer o newyddiadurwyr hefyd, yn eu plith Joseph
Stanley, y cyfeiriwyd ato eisoes ac a ddaeth yn
Gyfarwyddwr Rheoli'r *Drogheda Argus*. Roedd Cathal
O'Shannon yn olygydd *The Voice of Labour*. Un arall
oedd Liam Ó Briain, gohebydd gyda'r *New Ireland* a
aeth ymlaen i fod yn Athro Ieithoedd Romáwns ym
Mhrifysgol Galway. Roedd William Sears yn olygydd yr
Enniscorthy Echo ar un adeg. Etholwyd ef yn *TD* dros
Mayo a Roscommon. Cefnogodd y Cytundeb a
gwasanaethodd hefyd fel Seneddwr. Roedd Paddy
Cahill, cyn-beldroediwr dros Kerry, yn ohebydd
rheolaidd i'r *Kerry Campion*, a J. J. Scollan o Ddulyn yn
olygydd yr *Hibernian*; aeth ef ymlaen yn ddiweddarach
i gyfrannu erthyglau i'r *Irish Independent*.

Un newyddiadurwr yn y Fron-goch a allasai fod
wedi mynd â'i draed yn rhydd oedd Michael Knightly.

Adwaenwyd ef ymhlith amddiffynwyr y *GPO* gan swyddog Prydeinig. Meddai hwnnw, 'Wrth gwrs, rwyt ti yma fel newyddiadurwr.'

Ateb Knightly oedd, 'Na, rwyf yma fel milwr dros Weriniaeth Iwerddon.' Fe'i cymerwyd i'r ddalfa yn ddiymdroi.

Fel unrhyw gymuned arall, roedd siop y barbwr yn ganolfan naturiol i'r dynion yn y Gwersyll. Yno hefyd yr oedd swyddfa'r wasg lle câi storïau eu hadrodd a'u lledaenu. Ac yno y câi storïau eu creu. Roedd dau farbwr yn y gwersyll, sef James Mallon o Ddulyn a Sweeney Newell, o Galway. Ystyrid Mallon fel un o bobl bwysicaf y Gwersyll, meddai Séamus Ó Maoleoin. Nid yn unig roedd e'n farbwr da ond medrai hefyd wella clefydau'n ymwneud â'r gwallt neu'r croen a châi ei adnabod fel un a allai adnewyddu gwallt ar ben dyn moel petai'n cael potel o ddŵr y Liffey! Ar ôl gadael y Fron-goch bu'n cadw siop dorri gwallt ar Eden Quay y drws nesaf i Liberty Hall. Hysbysebai ei hun fel *The Fron-goch Barber*.

Gof oedd y barbwr arall, Newell, mewn gwirionedd ond roedd yn farbwr da. Meddai Ó Maoleoin amdano:

Roedd yn ddyn mawr, craff a doedd dim byd brafiach ganddo na rhoi sioc i'r Saeson gyda straeon am bethau ofnadwy oedd yn digwydd yn Iwerddon. Un diwrnod bu'r Uwch Ringyll yn sgwrsio ag ef. Roedd yn uchel ei ganmoliaeth o'r siop oedd gan Sweeney. Roedd hi'n llawer glanach, llawer taclusach a llawer neisiach na'r un oedd gan y milwyr – ac roedd e'n dweud y gwir.

'Fyse ots gen ti, ddyn ifanc, fy shafio i ryw unwaith neu ddwywaith y flwyddyn?' gofynnodd.

'Dim ots o gwbwl,' atebodd Sweeney. 'Fyse'n braf gen i dy gael di yn y gadair yma. Eistedda ynddi.'

Eisteddodd yntau ac, wrth gwrs, roedd ganddo fonion blew. Drwy'r holl amser y bu Sweeney'n hogi'r rasel o flaen y Rhingyll, bu'n siarad am y dynion yr oedd wedi'u llofruddio yn Iwerddon. Dywedodd iddo ef ei hun ladd pum dyn mewn gemau hyrli, dau yn ddamweiniol ond roedd y tri arall yn gofyn amdani. Pan oedd e'n barod efo'r rasel, shafiodd un ochr i wyneb y Rhingyll mor llyfn â chledr llaw.

'Beth am yr ochr arall?' gofynnodd y Rhingyll.

'Fel hyn fyddwn ni'n ei wneud yn Iwerddon,' atebodd Sweeney. 'Mae'n beryglus mynd o un ochr i'r llall. Fe fedre rhywun dorri dyn.'

Yna, cyn gynted ag y sychodd ei wyneb, gwaeddodd y barbwr, 'Dwi'n casáu Saeson! Dwi'n meddwl y gwna i dorri dy wddw di!'

Sgrechiodd y Rhingyll ac i ffwrdd ag ef. Galwodd ar warchodwr a dweud fod un o'r dynion wedi mynd o'i gof. Ond dyn craff oedd swyddog y gwarchodwyr. Pan welodd yr olwg ar wyneb ei gyfaill, druan, aeth i ffitiau o chwerthin. Wnaeth y Rhingyll ddim hidio cymaint am farbwyr Iwerddon ar ôl hynny.

Codwyd taliadau penodol gan y Cyngor Cyffredinol am wasanaeth y barbwr – ceiniog am shafiad, dwy geiniog am dorri gwallt, tair ceiniog am ychwanegu hylif gwallt a thair ceiniog am faddon.

Roedd pob math o ymarfer corff yn dderbyniol gan y Gwyddelod ac i ddynion ifainc, gan mwyaf, wedi eu caethiwo, daeth yr ymdeithiau allan i'r wlad fel manna o'r nefoedd. Disgrifiwyd yr ymdeithiau hyn gan M. J. O'Connor fel rhai rhwng pedair a phum milltir o hyd. Trefnwyd dros ddwsin ohonynt, meddai, tua diwedd mis Awst. Roedd y tywydd o'r diwedd yn braf a chymedrol a phleser oedd cael mwynhau golygfeydd cefn gwlad, er gwaetha'r ffaith fod y dynion dan ofal gosgordd arfog. Roedd rhai o'r dynion wedi llwyddo i gael hyd i bibau rhyfel fel y câi'r carcharorion orymdeithio i nodau alawon Gwyddelig ac i gyfeiliant caneuon gwladgarol. Meddai O'Connor:

Roeddem mor wan yn gorfforol fel i ni deimlo'n flinedig ar y ddwy neu dair noson gyntaf a'n gorfodi i orwedd am ychydig i adennill ein nerth. Yr angen am ymarfer drwy gerdded oedd yr angen mwyaf ymhlith ein haml anghenion a châi absenoldeb hyn effaith andwyol ar y dynion, gyda nifer yn foliog ac yn dioddef o broblemau diffyg traul.

Ond os oedd cerdded yn broblem i'r carcharorion, roedd yn waeth i'r gwarchodwyr. Roeddent yn hŷn na mwyafrif y Gwyddelod ac yn ei chael hi'n anodd dygymod â'r cerdded egnïol. Cofiai Ambrose Byrne y carcharorion yn cario drylliau'r gwarchodwyr blinedig er mwyn ysgafnhau eu baich. Unwaith, pan nad oedd digon o warchodwyr i fynd ar un o'r ymdeithiau, cynigiodd y Lefftenant Lambert fynd allan gyda'r carcharorion ar ei ben ei hun petai'r carcharorion yn gaddo na wnaent ddianc, ond gwrthodwyd ei gynnig.

Yn ôl Rex Taylor roedd yr ymdeithiau hyn yn plesio Collins yn fawr. Erbyn hyn roedd hi'n ddiwedd yr haf a'r wlad ar ei gorau. Atgoffai'r ardal ef o'i fro ei hun yn Swydd Gorc, medd Taylor, eto i gyd ni ddioddefai'n ormodol o hiraeth. Gallai droi unrhyw breswylfa, pa mor fyrhoedlog bynnag y digwyddai fod, yn gartref.

Câi'r campau le blaenllaw yn y Gwersyll. Ym 1884 sefydlwyd mudiad y *GAA* – y Gymdeithas Athletau Gaeleg – ar gyfer hyrwyddo'r campau Gwyddelig. Pan sefydlwyd y Gwirfoddolwyr, heidiodd aelodau o'r *GAA* i'r rhengoedd. Roedd pêl-droed Gwyddelig yn boblogaidd iawn ond gwaharddwyd hyrli gan awdurdodau'r Gwersyll rhag ofn i'r ffyn – y *camáni* – gael eu defnyddio fel arfau. Digwyddodd yr un peth dros hanner canrif yn ddiweddarach yn Long Kesh a Magilligan.

Gelwid y llain yn y Fron-goch yn *Croke Park*, ar ôl y maes enwog yn Nulyn. Trefnwyd y gemau gan Dick Fitzgerald, a oedd yn gapten ar dîm Killarney pan enillwyd pencampwriaeth Iwerddon ym 1913 a 1914. Roedd dau gapten sirol arall yno hefyd ymhlith sêr fel Frank Burke, Bill Flaherty, Frank Shouldice, Brian Joyce, Paddy Cahill, Séamus Dobbyn, Stephen Jordan, Billy Mullins, M. J. Moriarty, Seán O'Duffy, Benny McAllister a Michael Collins.

Roedd Burke (Proinsias de Búrca), cyn-ddisgybl i Pádraig Pearse, wedi ennill medalau pencampwriaeth Iwerddon mewn pêl-droed a hyrli. Roedd Shouldice yn aelod o dîm pêl-droed Dulyn. Fel Burke, roedd Joyce hefyd yn gyn-ddisgybl i Pearse ac wedi chwarae dros Ddulyn. Roedd Cahill wedi chwarae dros Swydd Kerry ac aeth ymlaen i fod yn *TD* dros *Fianna Fáil*. Hyrli oedd gêm Dobbyn, a chwaraeodd dros Antrim. Diddorol nodi i dîm cyfan Swydd Kerry, adeg y Rhyfel Cartref, gael eu caethiwo gan Lywodraeth y Dalaith Rydd yng Ngwersyll y Curragh.

Cadarnhaodd Séamus Ó Maoileoin mai rheolau pêl-droed Gwyddelig a ddilynid yn y Gwersyll. Câi gemau eu chwarae ddwywaith y dydd, meddai, gyda rhai o'r gwarchodwyr yn gwylio:

A *ninnau wedi bod dan glo gyhyd mewn carchar heb gyfle gennym i ymestyn ein coesau, roedden ni'n deips reit wyllt, mae'n siŵr.*

'*Os mai fel hyn maen nhw wrth chwarae,*' meddai un gwarchodwr, '*mae'n rhaid eu bod nhw'n uffernol mewn ffrwgwd.*'

Cadarnhaodd hefyd drefniadau'r cystadlu gyda thri thîm o Wersyll y De ac un o Wersyll y Gogledd yn ymgiprys. Enwyd y timau ar ôl arweinwyr y Gwrthryfel. Ond rhyw weddillion o Wersyll y De oedd y pedwerydd tîm wedi ei ffurfio gan Dick Fitzgerald:

Roedd pawb yn chwerthin am ei ben, gan mai gwaelod y gasgen go iawn oedd y rheiny oedd ar ôl, tra oedd hufen peldroedwyr Iwerddon yn y timau eraill, ond fe gafodd lonydd i wneud er mwyn hwyl. Rown i ymhlith y gweddillion hyn. Ar wahân i ddau neu dri o hogiau hyrli oedd heb chwarae pêl-droed o'r blaen, dynion bychain oedd gennym ni ar y cyfan. Ond roedd Dick yn feistr corn ar y gêm, a dysgodd bob tric oedd ganddo fe i ni.

Enw'r tîm o weddillion oedd y *Leprechauns*, oherwydd eu bod yn ddynion mor fyr, a'r trefniant oedd chwarae cynghrair ddwbl gyda'r tri thîm yng Ngwersyll y De yn chwarae chwech o gemau. Testun syndod i bawb oedd i'r *Leprechauns* ennill pencampwriaeth Gwersyll y De cyn mynd ymlaen i guro'r tîm o Wersyll y Gogledd yn ogystal ag ennill cystadleuaeth a drefnwyd yng Ngwersyll y Gogledd ar ôl i Wersyll y De gau.

Ni welwyd erioed hanner cymaint o ysbryd, hwyl ac egni yn rowndiau terfynol All Ireland â'r hyn a gafwyd yng ngemau'r Fron-goch. Er nad oedd Dick Fitz mor egnïol ag y buasai rhyw bump neu chwe blynedd cyn hynny, dwi'n siŵr ei fod e'n chwarae'n well yn y Fron-goch nag a wnaeth erioed ar Croke Park. Roedd e fel llwynog o gyfrwys medd Ó Maoileoin.

Ym mis Gorffennaf cynhaliwyd Pencampwriaeth Wolfe Tone. Cynhelid honno yn Nulyn yn flynyddol. Yn y Fron-goch, y ddau dîm i gyfarfod, yn ôl Billy Mullins, oedd Kerry a Louth, yr unig dro i bencampwriaeth pêl-droed Gwyddelig gael ei chynnal yng Nghymru erioed, mae'n rhaid. Dair blynedd ynghynt roedd y ddwy sir wedi cyfarfod yn y bencampwriaeth go iawn yn y *Railway Shield Final*.

Bu peth dadlau fod rygbi cael wedi ei chwarae yno. Ceir pêl o'r Gwersyll yn yr Amgueddfa Genedlaethol yn Nulyn ond yn ôl M. J. O'Connor a Frank Burke dim ond rheolau'r *GAA* oedd yn bodoli. Dywedodd O'Connor fod gemau eraill yn cael eu chwarae, yn eu plith pêl-fas, sgitls a thaflu a chodi pwysau.

Ar yr 8fed o Awst, trefnwyd mabolgampau'r Gwersyll. Enillydd y ras ganllath oedd Michael Collins. Mae hanes y ras bellach yn chwedl wrth i M. W. O'Reilly, Penswyddog Gwersyll y Gogledd, gredu ei fod wedi ennill nes i Collins ei oddiweddyd yn hawdd. Wrth iddo groesi'r llinell, trodd at O'Reilly gan edliw, '*Ah, you whore, you can't run!*' Enillodd Collins y ras mewn 10.4½ eiliad a phan gwynwyd am ansawdd sâl bwyd y carcharorion, defnyddiwyd camp Collins fel dadl i wrthbrofi'r honiad ar lawr Tŷ'r Cyffredin. Seán Hales a enillodd y gystadleuaeth taflu pwysau, gyda Collins yn ail. Roedd Hales, y cyfeiriwyd ato eisoes, yn bencampwr Munster ar daflu'r 56 pwys.

Ceir golwg ddiddorol ar gymeriad penderfynol Collins gan Joe Good:

Unwaith yn y Fron-goch fe wnes i wylio Mick am gyfnod hir heb iddo fod yn ymwybodol o hynny. Yn ystod y cyfnos hwyr oedd hyn. Yno roedd Mick yn ceisio'i orau i daflu'r 56 pwys dros far uchel, uchder y llwyddodd dyn ifanc o Galway i'w gyflawni gyda'r un pwysau yn hawdd yn gynharach yn y dydd. Roedd Mick wrthi yn ymdrechu ac yn ymdrechu – gan feddwl ei fod ar ei ben ei hun – ac o'r diwedd, llwyddodd i'w gael drosodd. Yna, o fy ngweld i yn edrych, holodd, 'A beth wyt ti'n feddwl o hynna?'

'Mae'n ddrwg gen i,' meddwn innau, 'ond rown i am dy weld ti yn torri dy gefn.' Fe wnaeth y ddau ohonom chwerthin, ac fe wnaeth fy nghofleidio i fel arth.

Reslo oedd hoff weithgaredd corfforol Collins ac yn hynny o beth doedd ennill ynddo'i hun ddim yn ddigon. Ni fyddai'n fodlon nes suddo'i ddannedd yng nghlust ei wrthwynebydd. Meddai Batt O'Connor:

Yn y Fron-goch roedd e'n llawn hwyl a drygioni. Ble bynnag y digwyddai fod, byddai rycsiwns a ffrygydau ffug yn digwydd. Cynhelid brwydrau ffug rhwng dynion ei gwt ef a dynion y cwt drws nesaf. Roedd gennym ni gae pêl-droed, a phryd bynnag y byddai yna chwarae fe fyddai ef yn ei chanol. Roedd e'n llawn egni a miri.

Byddai'r carcharorion yn creu eu hadloniant eu hunain ac yn hynny o beth doedd neb yn fwy dyfeisgar na Tom Daly, neu '*Blackguard Daly*' – nid am ei fod yn flagard ond am ei fod mor addfwyn! Roedd Gwersyll y De, fel y nodwyd, yn heigio o lygod mawr a thestun chwerthin i'r dynion oedd y gair Gwyddelig am lygoden fawr, sef *francach*, gair nid annhebyg i Fron-goch. Un o hoff orchwylion Daly oedd dal llygod mawr a chofiai Johnnie Roberts yn dda sut y gwnâi Daly, a oedd dros chwe throedfedd o daldra a chanddo ddannedd 'fel rhai Dracula' fynd ati i'w dal:

> *Roedd trapiau ym mhob man, ac fe fyddai Tom, bob hyn a hyn, a hithau'n dywydd braf yn cael syrcas. Ac fe fyddan nhw'n ei alw yn 'Daly's Circus'. A be fyddai Tom yn ei wneud pan ffeindiai o lygoden fawr yn y trap, fe fydda fo'n dod â'r cratsh llygod mawr ac fe fyddai ganddo fo hosan milwr ... Clymai linyn am gynffon y llygoden fawr a'i gosod yn yr hosan. Yna gollwng y llygoden i grwydro o dan ei ddillad o gwmpas ei gorff. Wedyn fe fydda fo'n dangos ei gorff yn frathiadau llygod mawr ym mhobman. Yna fe fydda fo'n tynnu'r llygoden fawr allan o'r hosan gerfydd ei gwar, ei gosod yn ei geg a brathu ei phen i ffwrdd a'r gwaed yn diferu lawr ei ên. Yna hel pres, dwy geiniog gan bawb.*

Teimlai Roberts yn freintiedig am iddo gael bod yn rhan o'r gynulleidfa. Roedd hynny, meddai, yn profi pa mor gyfeillgar oedd ef â'r carcharorion.

Yn ôl Johnnie Roberts roedd *Pitch and Toss* yn gêm boblogaidd iawn ymhlith y dynion. Gêm arall a gâi ei hymarfer oedd *Dead Man* a ddyfeisiwyd gan Joe Good. Golygai'r gêm osod un dyn o fewn cylch o ddynion. Tra oedd y dyn yn y canol yn sefyll yn unionsyth, câi ei wthio yn ôl ac ymlaen gan y rhai yn y cylch. Byddai unrhyw un a fethai ddal y dyn a'i wthio'n ôl yn cael ei ystyried yn Ddyn Marw.

Cadwai bron bob carcharor lyfr llofnodion yn cynnwys cofnodion atgofus a sylwadau perthnasol. Byddai'r carcharorion yn gwahodd eu cymheiriaid i nodi sylw ar ffurf cerdd neu ddihareb neu ddywediad.

Aeth Seán O Mahony ati yn ei gyfrol ar y Fron-goch i ddyfynnu rhai o'r cyfraniadau mwyaf diddorol.

'*When you go to war, hit hard and hit everywhere,*' meddai Michael Brennan o Swydd Clare wrth ddyfynnu Arglwydd Fisher o'r Llynges. Mae cyfraniad Richard Mulcahy yn dweud llawer am gymeriad y dyn ei hun: '*The Seed has been sown, the harvest must be reaped.*' Ac meddai Matty Neilan o Galway, a aeth ymlaen i gynrychioli ei sir fel TD: '*The language of the conqueror on the lips of the conquered is the language of the slave.*'

Ceir dau gyfraniad gan Terence MacSwiney, darpar Arglwydd Faer Corc: '*No country can be conquered whose sons love her better than their lives,*' meddai un. Mae'r llall yn ddyfyniad o Fyfyrdod Crist gan Thomas á Kempis: '*Cease to complain, consider my passion and the suffering of my saints; you have not yet resisted unto blood.*'

Autograph entry written in Frongoch by Michael Collins.

Llawysgrifen Michael Collins a gofnodwyd mewn llyfr llofnodion yn y Fron-goch

A beth am gyfraniad gan Michael Collins, un sy'n adlewyrchu'r hyn a ddigwyddodd adeg Gwrthryfel y Pasg? *'Let us be judged by what we attempted rather than by what we achieved.'*

8

Strach a Streiciau

Yn y *Manchester Guardian* ar y 1af o Ragfyr, 1916 fe geisiodd 'Gohebydd Arbennig' esbonio achos sylfaenol y problemau di-baid a fodolai yn y Fron-goch: 'Gellir olrhain y mwyafrif o broblemau'r gwersyll i un gŵyn sylfaenol gan y carcharorion – y teimlad iddynt gael eu caethiwo ar gam a'u gorfodi i ymgymryd â'r caledi hyn heb unrhyw gyfle i amddiffyn eu hunain mewn achos llys.'

Ymron flwyddyn yn ddiweddarach, yn ei gyfrol *With the Irish in Frongoch*, gwrthododd W. J. Brennan-Whitmore yr honiad hwn yn llwyr. Nododd yn hytrach ddau reswm amgen dros y trafferthion: 'Yn gyntaf, gwrthodiad yr awdurdodau i gadw at eu haddewid i'n cydnabod ni a'n trin ni fel Carcharorion Rhyfel, ac yn ail, penderfyniad y Carcharorion Gwyddelig eu hunain i atal consgriptio eu cyd-garcharorion a oedd yn agored i hynny o dan y Ddeddf Gwasanaeth Milwrol.'

Cyfeiriwyd at y rhai oedd yn agored i gonsgripsiwn fel *refugees*. Cyflwynwyd consgripsiwn gan y Llywodraeth ym mis Ionawr 1916 ond doedd y mesur ddim yn cynnwys Iwerddon. Erbyn canol y flwyddyn roedd y colledion rhyfel yn cynyddu ac roedd angen dynion. Yn ystod haf 1916 collwyd 60,000 ar y Somme yn unig. Mae'n werth nodi canrannau milwyr yr Ymerodraeth o ran cenedl. Deuai 26.9% o'r Alban, 24.2% o Loegr a Chymru a 10.7% o Iwerddon. Roedd consgripsiwn o Iwerddon yn uchel ar yr agenda. Felly, wrth i'r colledion gynyddu, ceisiwyd cynnwys Iwerddon yn y Mesur. Dyna pam y lluniwyd y Cynllwyn Almaenig, a drafodir mewn pennod arall.

Gwrthododd 16,000 ymladd ar sail gwrthwynebiad cydwybodol ond bodlonodd hanner y rheiny wneud gwaith dyngarol, amryw – megis Lewis Valentine – fel cludyddion dynion oedd wedi eu clwyfo. Carcharwyd amryw a bu carcharorion o'r Fron-goch, ar eu hymweliadau â'r Comisiwn a ystyriai eu cymhwyster i gael eu consgriptio, yn dystion i'r ffordd giaidd y triniwyd rhai ohonynt. Adeg ei arhosiad byr yng Ngharchar Wormwood Scrubs bu Joe Good yn dyst i ddau a giciwyd i farwolaeth.

Yn naturiol felly, gorfodaeth filwrol oedd prif asgwrn y gynnen. Danfonwyd carcharorion fel Joe Good fesul rhyw drigain ar y tro i Lundain i wynebu'r Pwyllgor Ymgynghorol gerbron Barnwr o Uchel Lys Lloegr, sef yr Ustus Maurice Sankey. Cymerai hyn tua deuddydd a chedwid y carcharorion dros nos yn Wormwood Scrubs neu Wandsworth.

Pwrpas y Pwyllgor oedd ceisio sefydlu enw, cyfeiriad, oedran, ynghyd â'r rhan a chwaraeodd bob carcharor yng Ngwrthryfel y Pasg. Canlyniad hynny fyddai anfon y rhai a fu'n byw yn Lloegr, Cymru neu'r Alban – roedd o leiaf drigain ohonynt yn y Fron-goch – i'r Fyddin Brydeinig. Ni ellid galw'r gwrandawiadau hyn yn 'llysoedd apêl' am nad oedd neb wedi'i gyhuddo yn y lle cyntaf.

Roedd Gwrandawiadau Sankey yn gyfle hefyd i ymyrryd â threfn y carcharorion, gan geisio chwalu'r undod a fodolai yn y Gwersyll. Ond ystyriai'r Gwyddelod yr ymweliadau â phrifddinas Lloegr fel gwyliau – antur i dorri ar y diflastod dyddiol.

Erbyn yr 22ain o Orffennaf, roedd hyd at 1,300 o achosion wedi cael eu hystyried ac fe argymhellwyd rhyddhau 860 o ddynion, nifer ohonynt o'r Fron-goch.

Yn hytrach nag adlewyrchu agwedd oleuedig yr

awdurdodau, profai hyn gynifer o Wyddelod oedd wedi cael eu cymryd i'r ddalfa ar gam.

Disgrifiodd M. J. O'Connor y daith i Lundain ar y trên. Cychwyn am 11.00 y bore gan deithio drwy Crewe, Amwythig, Wolverhampton a Birmingham a chyrraedd Llundain am 5.15 y prynhawn. Haws o lawer fuasai anfon aelodau o'r Pwyllgor Ymgynghorol i'r Fron-goch ond na, roedd yn rhaid i'r mynydd fynd at Mohamed. Ar ôl cyrraedd gorsaf Paddington câi'r dynion eu cludo ar fysus i garchar dros-dro.

Ni châi'r Gwyddelod fwy na thair neu bedair munud i ateb y cwestiynau gerbron y Pwyllgor. Câi rhai ohonynt eu cynrychioli gan George Gavan Duffy, un o amddiffynwyr Syr Roger Casement. Un arall, gyda llaw, a oedd yn aelod o'r tîm a amddiffynai Casement oedd y Cymro Artemus Jones o Ddinbych.

Gosodwyd pob math o rwystrau o flaen y Pwyllgor, gyda Séamus Ó Maoileoin yn mynnu ateb mewn Gwyddeleg. Galwyd am gyfieithydd. Yn anffodus, siaradwr Gaeleg yr Alban oedd hwnnw. Yna cafwyd cymorth plismon Gwyddeleg i gyfieithu. Felly aeth Ó Maoileoin ati i siarad tafodiaith a ddefnyddid ar Ynysoedd Aran – ffrwyth y gwersi a gafodd gan Micheál Ó Maoláin yn y Fron-goch. Danfonwyd Ó Maoileoin yn ôl i Gymru heb i'r awdurdodau fod fawr callach. Gymaint fu rhwystredigaeth aelodau'r Pwyllgor Ymgynghorol nes i'r Cadeirydd ei hun gydnabod fod arno angen amynedd Job a thymer archangel.

Erbyn canol mis Awst dim ond rhyw chwe chant o Wyddelod oedd ar ôl yn y Fron-goch a rhai o'r unigolion peryclaf yn eu mysg. Caewyd Gwersyll y Gogledd a chrynhowyd pawb yng Ngwersyll y De.

Byddai awdurdodau'r Gwersyll byth a hefyd yn ceisio cael y rhai a fu'n byw ym Mhrydain cyn y

Gwrthryfel i gydnabod eu henwau. Ond teimlai'r rheiny – y 'ffoaduriaid' – mai ffwlbri llwyr oedd ceisio argyhoeddi Gwirfoddolwyr a oedd wedi ymladd yn erbyn Prydain i ymladd yn awr dros y Goron. Teimlent hefyd y byddai hynny'n gam tuag at gyflwyno gorfodaeth yn Iwerddon.

Er mwyn atal yr awdurdodau rhag adnabod y 'ffoaduriaid', crëwyd anhrefn wrth i'r enwau'r carcharorion gael eu galw. Byddai'r carcharor anghywir yn ateb enw cyd-garcharor ac eraill yn gwrthod ateb o gwbl. Yn wir, rhyddhawyd rhai carcharorion dan enwau dynion eraill.

Ymhlith y rhai a aeth ati'n fwriadol i ddrysu'r awdurdodau roedd W. J. Brennan-Whitmore. Pe chwiliech drwy'r *Sinn Féin Rebellion Handbook*, ni fyddech yn gweld y ffurf yna ar ei enw. Ni welir ei enw ychwaith yn rhestr anghyflawn Seán O Mahony yn *Frongoch: University of Freedom*. Y rheswm am hyn yw iddo ateb i'r enw William Whitmore, ac felly y'i ceir ar dudalen 67 yr *Handbook* a'i ddisgrifio fel ffermwr o Clonee, Swydd Wexford.

Daeth y ddadl yn y gwersyll i'w huchafbwynt ar y 1af o Fedi, pan wrthododd Hugh Thornton o Ddulyn ymateb i'w enw. Pan wrthododd am yr eildro, amgylchynwyd y Gwyddelod gan filwyr arfog gyda bidogau ar flaenau eu drylliau. Y tro nesaf penderfynodd Thornton ymateb i'w enw. Rhuthrodd y Lefftenant Burns tuag ato a'i fygwth â phastwn. Cadwodd Thornton ei ben ond wynebodd lys milwrol a'i ddedfrydu i ddwy flynedd o garchar gyda llafur caled.

Yn dilyn y digwyddiad hwnnw penderfynwyd cosbi'r holl Wyddelod am anufudd-dod difrifol. Ataliwyd llythyron ac ymweliadau am wythnos. Ymateb y dynion fu bloeddio cymeradwyaeth i'w gweithred.

Ceisiodd yr awdurdodau yn awr drwy deg gael y dynion i gydweithredu. Cynigiwyd rhyddhad amodol iddynt petaent yn cyflwyno sicrhad ysgrifenedig yn addo cadw'r heddwch. Dim ond tri wnaeth dderbyn y cynnig.

Ar ôl methu trwy deg, dychwelodd yr awdurdodau at ddulliau mwy twyllodrus. Llwyddwyd i adnabod y tri brawd o Lerpwl, George, Jon a Pat King, drwy eu cael i lofnodi am ddillad o'r storfa. Fe'u cyhuddwyd o dan Ddeddf Gwasanaeth y Fyddin. Rhyddhawyd un am nad oedd cyflwr ei iechyd yn ddigon da. Carcharwyd y ddau arall.

Dull arall oedd ceisio cael rhai o'r dynion i lofnodi am lythyron neu barseli. Ystyriodd y 'ffoaduriaid' ildio rhag achosi mwy o drafferthion i'w cyd-garcharorion ond ar anogaeth Michael Collins, penderfynwyd peidio.

Yr enghraifft waethaf o dwyll yr awdurdodau oedd pan alwyd ar garcharor o'r enw Fintan Murphy gan addo, yn gelwyddog, ei fod i gael ei ryddhau. Hysbyswyd un arall, Michael Murphy, y gallai fynd i angladd ei wraig. Gwyddai Michael nad oedd ei wraig wedi marw am y rheswm syml nad oedd yn briod. Cyn hir, llwyddwyd i adnabod Fintan, ei osod gerbron llys milwrol a'i garcharu. Ond gymaint oedd yr anhrefn nes i garcharor o'r enw Barrat gael ei ddanfon i Lundain yn enw Michael Murphy a'i gyhuddo o dan Ddeddf Gwasanaeth y Fyddin. Yn y gwrandawiad tystiodd tad Murphy nad Barret oedd ei fab. Danfonwyd Barrat yn ôl i'r Fron-goch.

Roedd Heygate-Lambert yn wallgof. Bygythiodd adael y Gwersyll yn llawn cyrff pe na châi ddisgyblaeth, ond er gwaethaf yr holl ddulliau slei megis defnyddio ysbiwyr ac aelodau cudd o Heddlu Brenhinol

Iwerddon, ni lwyddwyd i ganfod ond ychydig iawn o'r 'ffoaduriaid'. I ychwanegu at yr anhrefn, wrth chwilio am Michael Murphy llwyddodd y dynion i chwythu pob ffiws drydan gan foddi'r gwersyll mewn tywyllwch. Drwy'r gwyll gorymdeithiodd dau bibydd dan ganu alawon Gwyddelig ar hyd Strydoedd Connolly a Pearse. O ganlyniad cosbwyd 342 o'r dynion a'u hebrwng i Wersyll y De. Yno, yn ôl yr A.S. Alfie Byrne, corlannwyd hwy mewn tair o'r hen storfeydd grawn, llefydd afiach, di-awyr a thywyll, ac yno y buont yn gaeth o 6.15 gyda'r nos tan 6.15 y bore gan fforffedu pob braint.

Roedd yr awdurdodau mor daer eisiau dal y 'ffoaduriaid' nes i Tom Daly o Ddulyn, pan glywodd am farwolaeth ei wraig, wrthod gofyn am gael mynd i'w hangladd rhag iddo gael ei adnabod. Er gwaethaf ymdrechion Collins i'w berswadio i ildio i'r drefn, gwrthod wnaeth Daly. Bu'n rhaid i'w frawd drefnu'r angladd ar ei ran ef a'i blant.

Aeth pethau o ddrwg i waeth. Bygythiwyd saethu Liam Pedlar, a oedd dan gosb, am gyfarch y criw bwyd. Yna arestiwyd James Grace a'i ddedfrydu i bedwar diwrnod ar ddeg o ddim ond bara a dŵr am wrthod ufuddhau i orchymyn. Aeth ar streic newyn. Drwy ymyrraeth meddyg y Gwersyll, Doctor Peters, fe'i rhyddhawyd.

Yna gwelwyd datblygiad arall a ailadroddwyd, fel y streic newyn, flynyddoedd yn ddiweddarach yn Long Kesh a Magilligan ym 1976. Protestiodd rhai o garcharorion Gwersyll y De drwy wisgo dim byd ond blancedi ac ymddangos, meddai Brennan-Whitmore, fel Indiaid Cochion. Er mai cellwair oedd wrth wraidd hyn, dyma'r enghraifft gyntaf o Weriniaethwyr Gwyddelig yn 'mynd ar y blanced'. Johnnie Roberts yw'r unig un a dystiodd fod rhai o'r dynion, fel protest, wedi 'gwneud eu budreddi yn eu gwelâu'. Os oedd Roberts yn iawn, dyna brotest arall a ailadroddwyd yn Long Kesh a Magilligan pan aeth rhai o'r protestwyr yno mor bell â baeddu eu celloedd â'u budreddi eu hunain.

O ganlyniad i achos Michael Murphy, cyhuddwyd pymtheg o arweinwyr y cytiau a'u dwyn gerbron llys milwrol. Yn eu plith roedd Richard Mulcahy. Fe'u dedfrydwyd i wyth diwrnod ar hugain o lafur caled. Mynnodd cynrychiolwyr o bapurau newydd y *Manchester Guardian* a'r *Irish Independent* fod yn bresennol yn y gwrandawiadau hyn. Cynhaliwyd y llys y tu allan i'r gwersyll yng nghartref Heygate-Lambert. Oherwydd yr holl gyhoeddusrwydd, yr unig gosb a gafodd y dynion oedd chwe diwrnod yn y celloedd cosbi. Y digwyddiad hwn wnaeth symbylu Joe Stanley i gyfansoddi'r gân *'The Frongoch Roll Call'*. Symbylodd hefyd yr AS Alfie Byrne, ar lawr y Tŷ ar y 29ain o Dachwedd i alw am archwiliad meddyliol i Heygate-Lambert er mwyn gweld a oedd y Comandant yn ei iawn bwyll ac mewn cyflwr meddyliol priodol i oruchwylio 570 o garcharorion di-arf.

Ond roedd y chwilio am y 'ffoaduriaid' yn parhau. Tystiodd Séamus Ó Maoileoin fod y Sensor a'r Rhingyll Cymreig yn ei adnabod yn dda ond na wnaethant ddatgelu ei enw. Llwyddodd i aros, felly, yn rhan o'r garfan ddienw.

Ar ôl llwyddo i adnabod tri dyn a'u cael yn euog – dedfrydwyd Seán Nunan i 112 diwrnod, ei frawd Ernest i chwe mis a Thomas O'Donoghue i bedwar mis – ildiodd yr awdurdodau.

Erbyn hyn roedd gwleidyddion Gwyddelig megis John Redmond (ar ôl condemnio'r Gwrthryfel yn wreiddiol) yn gweld y gallai pledio achos hawliau'r carcharorion ddwyn elw gwleidyddol i'w rhan. Aeth yr A.S. Alfie Byrne ar ymweliad â'r Fron-goch. Ym mis Gorffennaf roedd dau Aelod Seneddol o Swydd Kerry, Tom O'Donnell a Michael Flavin, yn cystadlu am gefnogaeth i'r carcharorion. Aeth O'Donnell mor bell â chyhoeddi yn y wasg y gallai ei ymyrraeth ef arwain at brysuro rhyddhad deuddeg carcharor o'r sir. Ymateb carcharorion Swydd Kerry fu danfon llythyr i *The Kerryman* yn cyhoeddi nad oedd yr un o'r carcharorion wedi gofyn am unrhyw gymorth oddi wrth O'Donnell. Dim ond dau o garcharorion Kerry, meddai M. J. O'Connor, wnaeth wrthod condemnio'r A.S. ac o blith y rheiny roedd un yn perthyn iddo drwy briodas.

Ymwelodd Michael Flavin yntau â'r Gwersyll. Unwaith eto cyhoeddodd y carcharorion nad oeddent yn dymuno cael unrhyw ymyrraeth ar eu rhan gan y Blaid Seneddol Wyddelig. Dyma'r union blaid a gymeradwyodd y Prif Weinidog, Asquith pan gyhoeddodd yn San Steffan ar y 3ydd o Fai fod tri o lofnodwyr Datganiad Gwrthryfel y Pasg wedi cael eu dienyddio.

Ceisiodd Flavin ennill ffafr drwy rannu parseli bwyd ymhlith y dynion. Derbyniodd un carcharor, Dan Healy, frechdanau gan Flavin wrth iddo gyrraedd Gorsaf Paddington ar ei ffordd i Wrandawiad Sankey. Awgrymodd Flavin na wnâi Healy fwyta'r brechdanau am eu bod wedi cael eu paratoi yn Nhŷ'r Cyffredin. Ymateb Healy fu dweud ei fod mor newynog, fe allai fwyta'r Llefarydd hefyd. Daeth Flavin at ei goed yn y diwedd gan gefnogi *Sinn Féin*.

Yn Swydd Gorc galwodd Comisiynwyr Tref Bandon am ryddhau carcharorion lleol. Yr ymateb fu danfon llythyr i'r *Southern Star* oddi wrth y dynion yn gwrthod y gefnogaeth.

Un eithriad nodedig oedd A.S. Gogledd

Roscommon, Larry Ginnell, a gyhuddodd Lywodraeth Prydain ar lawr y Tŷ o lofruddiaeth. Yn wir, aeth Ginnell mor bell â datgelu fod y Lefftenant Burns yn y Fron-goch wedi camddefnyddio arian carcharorion o dan ei ofal yn y gorffennol.

Ceir gwybodaeth ddiddorol am Ginnell gan R. M. Fox yn *The History of the Irish Citizen Army*. Pan fyddai'n ymweld â'r Gwersyll byddai'n smyglo llythyron i mewn ac allan. Gwisgai ffrog-côt gyda phocedi dyfnion y tu ôl i'r gynffon. Pan ymddangosai yng nghwrt y Gwersyll câi ei amgylchynu gan garcharorion. Byddai Ginnell yn sibrwd wrthynt, 'Mae'r Swyddfa Bost yn agored y tu ôl, fechgyn; Swyddfa Bost yn y cefn.' Yna byddai'r dynion yn chwilota drwy ei bocedi am lythyron ac yn gadael llythyron eraill yn eu lle.

Aelod arall a gafodd gefnogaeth y carcharorion oedd William O'Brien o Mallow, perchennog y *Cork Free Press*. Ddwywaith yn ystod mis Hydref danfonwyd ato lythyron yn cwyno am yr amodau yn y Gwersyll. Gwnaeth O'Brien yn siŵr fod y llythyron yn cael y sylw mwyaf posibl. Ar yr 11eg o Dachwedd, cyrhaeddodd yr ymgyrch ei uchafbwynt wrth i'r papur gyhoeddi stori gan Frank Gallagher o dan y pennawd '*The Shocking Story of Frongoch*'. Aeth yr erthygl i fanylion am safon warthus y bwyd, yr amodau byw a'r gyfundrefn gaethiwo galed. O ganlyniad, gwaharddwyd y papur gan y Sensor Cyffredinol.

Yn eilbeth i gonsgripsiwn, pwnc arall a boenai'r dynion oedd gorfodaeth i ymgymryd â gwaith. Roedd y carcharorion yn barod i weithio o fewn y Gwersyll a chwblhau dyletswyddau a fyddai'n esmwytho eu bywyd beunyddiol hwy eu hunain. Glanhau'r adeiladau, er enghraifft. Roedd gwella'r ffyrdd yn orchwyl arall a gâi ei wneud am dâl o geiniog a dimai'r awr. Yr hyn a wnâi'r gwaith yn werth chweil i'r dynion oedd y cyfle i gadw'u cyrff yn iach.

Ar y 1af o Fedi, ceisiwyd perswadio'r carcharorion i weithio yn chwareli cyfagos Arenig am gyflog o 5½d yr awr. Ond byddai'r gost o deithio ar drên yn ôl a blaen i'r chwareli, ynghyd â chostau cynnal a chadw yn y Gwersyll – cyfanswm o 17s 6d yr wythnos – yn cael ei dynnu allan o'r cyflog. Hefyd, teimlai'r Gwyddelod y byddai eu llafur hwy yn amddifadu dynion lleol o waith. Gwrthodwyd y cynnig.

Ceisiwyd perswadio'r dynion i ymgymryd â gwaith amaethyddol ar ffermydd lleol hefyd. Ymateb un o'r dynion, Barney O'Driscoll, oedd dweud y byddent yn barod iawn i achub cnydau Iwerddon gan na fyddent yn meindio cael eu carcharu ar dir eu gwlad eu hunain.

Eto i gyd ymddengys i rai o'r dynion gyflawni rhai gorchwylion y tu allan i'r Gwersyll. Ar raglen Ffilmiau'r Nant ar hanes y Gwersyll, cofiai Morris Roberts, mab Bob Tai'r Felin, ei dad yn dweud y byddai'r carcharorion, ar ôl bod yn torri coed yn y Warin, yn dychwelyd heibio i'r felin. Yno byddent yn llenwi eu capiau â blawd. 'Roedden nhw bron llwgu, dyna'r argraff,' meddai Morris.

Tybed a oedd Bob neu Morris wedi drysu rhwng gwaith torri coed a gorymdeithiau'r carcharorion? Roedd gweithio y tu allan i'r gwersyll yn anathema iddynt. Beth bynnag, roedd gan Bob Roberts gydymdeimlad mawr â'r Gwyddelod. Dywedodd wrth ei fab: 'Yn wahanol iawn i'r Almaenwyr, fe gafodd y Gwyddelod eu trin fel moch. Dim parch atyn nhw a doedd dim disgyblaeth arnyn nhw. Roeddan nhw'n fudron ac yn ddiymgeledd iawn. A bron llwgu.'

Cofiai Johnnie Roberts hanes y dynion yn gwrthod

gweithio. A hwythau dan fygythiad gorfodaeth, cofiai i
nifer ohonynt fynd ar streic newyn. Cadarnhawyd hyn
gan Morris Roberts a soniodd fod yr awdurdodau wedi
gwrthod pob meddyginiaeth nes iddynt addo rhoi'r
gorau i'w protest.

Ymateb y dynion fu cysylltu ag Aelod Seneddol arall
y medrent ymddiried ynddo, Tim Healy, a oedd wedi
ymweld â'r gwersyll cyn hynny ac y cyfeiriwyd ato
eisoes. Roedd y brif ddadl yn ymwneud â gweithio y tu
allan i ffiniau'r carchar. Mynnai'r carcharorion nad
oedd unrhyw awdurdod yn eu gorfodi i ymgymryd â'r
fath waith ac mai'r unig ffordd i'w gorfodi i ufuddhau
fyddai cyhoeddi Gorchymyn Caethiwo newydd.

Cofiai M. J. O'Connor ddigwyddiad ar y 13eg o Fedi,
pan orchmynnwyd y dynion i symud a gwacáu biniau
sbwriel y gwarchodwyr, a hynny y tu allan i'r Gwersyll.
Daeth y digwyddiad i gael ei adnabod fel 'The Ashpit
Incident'. Ysgrifennodd Collins at ei chwaer Hannie ar
y 25ain o Awst, yn manylu:

> *Mae'n arferiad i benodi carfan o 8 dyn bob dydd ar
> gyfer gwaith carthu a chlirio lludw o fewn y gwersyll.
> Tua 8 i 10 diwrnod yn ôl, gorchmynnwyd y garfan
> arbennig a ddewiswyd ar gyfer y dydd i wneud gwaith y
> tu allan i'r ffens i'r milwyr. Gwrthodasant, wrth gwrs.
> Fe'u danfonwyd ar fyrder i'r celloedd ac ers hynny fe'u
> cadwyd yn y rhan ogleddol o'r gwersyll hwn gan gael eu
> hamddifadu o'u llythyron, papurau newydd, deunydd
> smygu. Bob dydd ers hynny derbyniodd 8 arall yr un
> driniaeth, ac mae hyn yn parhau.*

O dipyn i beth cododd nifer y dynion a gosbid i gant.
Fe'u cedwid yn eu cytiau am bum awr bob dydd, eu
hamddifadu o unrhyw barseli a ddanfonid iddynt a'u

cyfyngu i ysgrifennu un llythyr yr wythnos. Yn dilyn cyhoeddusrwydd yn yr *Irish Independent*, ar y 9fed o Hydref penderfynodd yr awdurdodau fod y gwrthwynebwyr wedi cael eu cosbi'n ddigonol.

Câi safon isel y bwyd effaith dybryd ar iechyd y carcharorion. Er bod ganddynt eu cogyddion eu hunain, fel Ned Keogh, roedd ansawdd y bwyd yn warthus. Nododd Michael Collins yn ei lythyr at Hannie ei chwaer ar y 25ain o Awst: 'Ac eithrio dydd Gwener, pan gawn ni sgadan anfwytadwy, fydd y bwyd fyth yn amrywio, cig wedi'i rewi yn aml, a ffa wedi'u sychu yw'r ddarpariaeth sefydlog. Mae'r dogn tatws mor fach fel na wna rhywun sylwi arno, bron.'

Priodolwyd llawer o'r salwch yn y Gwersyll i brinder bwyd ffres. Arweiniodd hyn at achosion o'r clefri. Afiechydon eraill i daro'r dynion oedd y llwg, seiatica a'r ddarfodedigaeth. A phan gymerwyd Maurice Fitzimons i'r ysbyty yn dioddef o lid y pendics, dygwyd ei ddillad oddi arno gan ei orfodi i ateb galwadau natur yn noeth.

Yn ei dro, gosodai effaith andwyol y diffyg maeth bwysau mawr ar ysgwyddau'r ddau feddyg, Doctor David Peters a'i nai, Doctor R. J. Roberts. Roedd ganddynt eu practis eu hunain ond byddent yn ymweld â'r Gwersyll rhwng 10.00 a 12.00 bob dydd. Ar y dechrau fe gydymffurfiodd y ddau â'r gorchymyn i wrthod trin dynion nad oedd yn fodlon ymateb i'w henwau. Ar yr 20fed o Dachwedd, torrodd un carcharor i lawr yn llwyr. Ofnai gŵr y cyfeiriwyd ato eisoes, sef Tierney orfodaeth filwrol gymaint fel iddo wallgofi. Cadwyd ef mewn caban ar ei ben ei hun yng ngofal wyth o'i gyd-garcharorion.

Yna torrodd pedwar carcharor arall i lawr. Dioddefai Christopher Brady o Ddulyn o'r diciâu a bu farw yn saith ar hugain oed ddeufis wedi'i ryddhau. Dioddefai Jack O'Reilly o ddiffyg gwaed difrifol a bu yntau farw'r flwyddyn wedyn gan dderbyn angladd milwrol. Bu farw Thomas Stokes o Enniscorthy hefyd o effeithiau salwch a ddioddefodd yn y Fron-goch.

Y pedwerydd oedd William Halpin o Ddulyn a ddioddefai o iselder ysbryd. Bu mor wael nes iddo geisio torri ei wddf ei hun. Fe'i symudwyd ef i Ysbyty'r Meddwl yn Ninbych. Ar ôl i'r Gwersyll gau, symudwyd Halpin i Ysbyty'r Meddwl yn Grangegorman yn Nulyn lle bu farw.

Gwyddys am ddau arall a ddioddefai o salwch meddwl yn y Gwersyll, sef gŵr o'r enw Kelly a Daniel Devitt. Un o'r achosion mwyaf diddorol oedd diflaniad Devitt (Davitt, yn ôl adroddiadau papurau newydd y cyfnod). Ar y 4ydd o Awst, sylweddolwyd nad oedd Devitt ar gyfyl y Gwersyll a chredwyd ei fod wedi ymuno â chriw o 79 o garcharorion a ryddhawyd a'u cludo ar y trên am Gaer ac yna i Gaergybi ac adref. Ond yn *Y Seren* ar y 26ain o Awst, ceir adroddiad fod Devitt wedi cael ei ddal ymhen tridiau rhwng Bryneglwys a Llandegla, tua 25 milltir i ffwrdd. Roedd postmon, Samuel Edwards, wedi ei weld ar y ffordd. Galwodd ar yr heddlu a chymerwyd Devitt i'r ddalfa gan yr Arolygydd Morgan o'r Bala a'r Rhingyll Lloyd o Gorwen. Ond y gwir amdani oedd bod Devitt yn dioddef o salwch meddwl ac wedi cerdded allan yn ffwndrus heb unrhyw anhawster.

Ni cheir unrhyw gofnod am gymaint ag un o'r Gwyddelod yn ceisio dianc yn fwriadol. Roedd mwy o fudd iddynt aros yn y gwersyll i baratoi at y dyfodol. Ond diddorol nodi fod chwedl yn fyw o hyd yn ardal Conemara am ferch ifanc o ardal y Bala a syrthiodd mewn cariad â charcharor o'r enw Pádraic Ó Máille o

Swydd Galway ac iddi ei gynorthwyo i ddianc wedi ei gwisgo fel offeiriad. Yn ôl y chwedl, daliwyd y ffoadur yn fuan wedyn a'i garcharu mewn man gwahanol.

Cofiai Johnnie Roberts i achos drwg o'r ffliw Almaenig daro'r Gwersyll tuag adeg Calan Gaeaf. Gwaethygodd iechyd y dynion wrth i rai ohonynt fynd ar streic newyn yn erbyn gorfodaeth filwrol ac amodau byw.

Erbyn mis Hydref roedd hanner cant o'r dynion yn ymweld yn ddyddiol â'r meddyg ac ugain wedi eu cofnodi fel unigolion hen neu fethedig. Yn amlach na pheidio câi achos llawer salwch ei briodoli i fwyd afiach y Gwersyll, a oedd yn cynnwys gormod o startsh a diffyg bwyd ffres.

Ar lawr Tŷ'r Cyffredin ar y 14eg o Ragfyr, gofynnodd Larry Ginnell a oedd unrhyw drefniadau ar y gweill ar gyfer rhyddhau neu wella amodau'r carcharorion. Cyfeiriodd at ddynion yn clemio, yn arbennig y rhai a ddanfonwyd i Wersyll y De i'w cosbi.

Roedd y pwysau ar y meddygon erbyn hyn yn annioddefol. Mynnai'r awdurdodau fod y dynion oedd wedi ymgymryd â streic newyn yn colli eu breintiau meddygol, ond mynnai safonau moesol fod y streicwyr newyn yn derbyn yr un driniaeth â phawb arall. Bu'r cyfan yn ormod i Peters. Ar y 14eg o Ragfyr, cyhoeddodd Heygate-Lambert wrth y dynion fod y doctor wedi rhoi diwedd ar ei fywyd ei hun drwy foddi ac y gadawai i'r carcharorion ateb i Dduw gan mai hwy oedd yn gyfrifol am yr hyn a ddigwyddodd. Denodd hyn gryn atgasedd o blith y dynion oherwydd gwyddent mai'r Penswyddog ei hun oedd yn gyfrifol am iddo roi pwysau annheg ar y meddyg. Disgrifiodd M. J. O'Connor honiadau Heygate-Lambert fel rhai ofnadwy:

Clywyd gweiddi 'Celwyddgi' arno o bob ochr a haeriadau
'ti dy hun fu ar fai' ... Doedd y Penswyddog ddim yn
disgwyl hyn ac roedd mewn penbleth am beth i'w wneud.
Gan gredu fod doethineb yn well na dewrder, cerddodd i
ffwrdd. Ni ddaeth yn agos atom wedyn y diwrnod hwnnw.

Byddai hyn oll wedi ei atal gan y Penswyddog, petai
wedi dymuno hynny, ond profodd pob trafodaeth â'r
gŵr bonheddig hwnnw yr hyn ydoedd mewn gwirionedd
– math ar Sais dideimlad, ystyfnig gyda'r bwriad llwyr
o drafod y dynion fel caethweision.

Byddai'n pwyso arnynt, meddai, dim ond er mwyn
gweithredu ei bwerau pitw, pa orchmynion bynnag a
apeliai at ei ffansi ac a'i hysgogai ar y pryd. Yna
byddai'n mynnu bod y gorchmynion yn cael eu
hufuddhau heb ystyried eu defnydd na'r dioddefaint a
achosid i'r rheiny a wrthodai eu gweithredu am na
welent unrhyw ddiben gwneud hynny. Am y rhesymau
hynny, meddai, câi'r Penswyddog ei gasáu a'i ffieiddio
gan bawb yn y gwersyll, hyd yn oed gan y milwyr, a
oedd ag achos i deimlo effaith ei ddulliau 'sawdl
haearn': 'Ond deuai wyneb yn wyneb â phroblem
wahanol yn ei gysylltiad â charcharorion Gwyddelig.
Dywedai rhai o'r milwyr yn aml wrthym y caent hwy,
petaent wedi anwybyddu gorchmynion fel y
gwnaethom ni, ddwy flynedd, o leiaf, o garchar.'

Aeth O'Connor yn ei flaen i ddweud fod marwolaeth
Doctor Peters wedi gofidio'r carcharorion yn fawr:
'Roedd yn ŵr dynol a charedig, a siaradwyd yn dda
amdano gan y rhai y bu'n eu trin. Cyflawnodd ei
ddyletswyddau proffesiynol mewn modd tawel a
dirodres ac enillodd enw da gan bawb yn y gwersyll.'

Roedd marwolaeth Dr Peters yn pwyso gymaint ar
Michael Collins nes iddo anfon llythyr i'r Swyddfa

Gartref ac i Heygate-Lambert yn mynnu na fwriadwyd unrhyw ddrwg i'r doctor a'i fod yn gofidio'n fawr am ei farwolaeth.

Yn ôl Joe Good, 'aberth i amgylchiadau' oedd Dr Peters. Câi ei dynnu, meddai, rhwng gorchmynion milwrol, propaganda'r Gweriniaethwyr a'i ddyletswyddau proffesiynol. Yn *Y Seren* ar y 23ain o Ragfyr, cyhoeddwyd teyrnged i Doctor Peters ynghyd ag adroddiad am ei angladd:

Hoffai lyfr da yn angerddol. Meithrinodd ysbryd darllengar, a chasglodd ynghyd lyfrgell ragorol iawn. Yr oedd yn llenor da ac yn fardd lled wych. Cyfansoddodd lawer o ddarnau barddonol, a hoffai englyn da: enillodd lawer tro yn y maes cystadleuol. Mynych y gelwid arno i feirniadu, a gwnâi hynny bob amser yn syml a thra chymeradwy. Yr oedd yn gydwybodol iawn gyda phopeth. Fel meddyg, rhoddai bob sylw i'r claf, a meddai galon lawn o gydymdeimlad nes y teimlid ei fod yn fynych yn cario eu beichiau. Byddai yn barod a'i gyngor i gleifion a thlodion, a bu o gynhorthwy mawr i'w gydfeddygon yn y cyfeiriad hwn. Pa orchwyl bynnag yr ymgymerai ag ef, paratoai yn gydwybodol iawn ar ei gyfer. Mae dirwest wedi colli arweinydd rhagorol ...

... Rhoes ymdrech glodwiw ar ran y cyfryw yn y Cwm: a bydd adgof melus amdano yn yr ardal honno. Gwr llednais ydoedd, yn llawn crefyddolder, o gymeriad dilychwin, ac amcan ei fywyd bob amser yn uchel a dyrchafol. Yr oedd yn fonheddwr Cristionogol ym mhob ystyr. Heddyw yr ydym yn galaru o'i golli. Dyrys yw troion rhagluniaeth, ac nis gallwn eu hesbonio.

Cymerodd y claddedigaeth le ddydd Sadwrn ym Mynwent Llanycil (preifat). Gweinyddwyd gan y Parchn. R. R. Williams M. A. a R. Davies, Cwmtirmynach.

Yn yr un rhifyn o'r *Seren* ceir adroddiad ar y cwest i farwolaeth Dr Peters. Cynhaliwyd yr ymchwiliad yng nghartref y diweddar ddoctor, sef Arosfa, gerbron Crwner y Sir a rheithgor o ddeuddeg, gyda Mr R. Evans o swyddfa'r *Seren* yn gweithredu fel blaenor.

Tystiodd gweddw Dr Peters iddi weld ei gŵr, a oedd yn hanner can mlwydd oed, am y tro olaf ar fore dydd Mercher 'pan yn hwylio i Fron-goch'. Dychwelodd o'r orsaf gan gymryd ffon, a dweud ei fod am gerdded yno. Dywedodd nad oedd ei gŵr wedi bod yn gryf ei iechyd ers tro a'i fod wedi cael noson ddi-gwsg ar y nos Fawrth wrth iddo ddioddef yn fawr o gur pen.

Tystiodd yr Heddwas Jones iddo ef, yng nghwmni pedwar arall, ddod o hyd i'r corff ar y dydd Iau, tua 9.15 o'r gloch y bore, yn afon Tryweryn ychydig uwchlaw pont y rheilffordd. Yno roedd dyfnder yr afon tua deunaw modfedd ac oriawr yr ymadawedig wedi sefyll ar 10.00 o'r gloch.

Cafwyd tystiolaeth gan nai Dr Peters, sef Dr R. J. Roberts, ei ddirprwy yn y Gwersyll. Dywedodd hwnnw i feddwl ei ewythr gael ei aflonyddu gan yr adroddiadau anhapus a di-sail a wneid gan y carcharorion Gwyddelig. Fe boenai ynghylch hynny. Ceisiodd Dr Roberts ganddo beidio â phoeni '... gan yr atebai ef yr oll yn hwylus, ac am iddo adael y cyfan iddo ef, a mynd i Gorwen i gymeryd ei le ef dros rai dyddiau. Bu yno ddydd Llun a dydd Mawrth'.

Cyfarfu Dr Roberts ag ef fore dydd Mercher yn yr orsaf ac wedi ymgynghoriad, cymhellodd ef i fynd i Gorwen ar y trên 11.00 a dweud yr arhosai ef yn y Fron-goch tan drên 4.00. Ymadawodd yr adeg honno ac ni welodd neb ef wedyn nes canfod y corff.

Roedd Dr Roberts wedi sylwi fod ei ewythr yn gwyro i un ochr, a barnai fod y gewynnau ar yr ochr dde wedi eu hamharu gan achosi gwyriad tuag at yr afon:

Crynhodd y Crwner y tystiolaethau, ac wedi ychydig ymgynghoriad dyfarnodd y rheithwyr iddo gyfarfod a'i ddiwedd tra oedd amhariad dros dymor ar ei feddwl. Ar gynigiad Mr Robert Evans, eiliad Mr D.T. Lewis, pasiwyd pleidlais o gydymdeimlad a Mrs. Peters a'r teulu yn eu profedigaeth chwerw ac annisgwyliadwy.

Ychwanegodd y Crwner fod datganiadau Dr Peters parthed triniaeth y carcharorion wedi ei boeni.

Yn *Baner ac Amserau Cymru* ar y 30ain o Ragfyr, nodir mai lleoliad canfod y corff oedd 'yn afon Tryweryn ger llyn y ffactri'. Nodir hefyd ei bod yn fwriad gan Dr Peters i roi'r gorau i'w waith.

Cafwyd un digwyddiad arbennig ar ddechrau mis Rhagfyr a ychwanegodd at y pwysau ar ysgwyddau Dr Peters. Ymatebodd yr awdurdodau i alwadau am swyddog meddygol annibynnol i ymweld â'r Gwersyll i weld yr amodau byw â'i lygaid ei hun. Roedd Syr Charles Cameron, cyn-swyddog meddygol Cyngor Dinesig Dulyn, yn 86 mlwydd oed. Gydag ef danfonwyd Dr Braithwaite o'r Swyddfa Gartref. Cyn yr ymweliad ar y 7fed o Ragfyr, glanhawyd y gwersyll, darparwyd dillad newydd i'r dynion a phrynwyd offer coginio newydd. Roedd y bwyd hefyd yn uwch ei safon na'r hyn yr arferid ei ddarparu. Yna, yn sydyn, wrth i'r ddau feddyg ymddangos, aeth y carcharorion ati i faeddu'r lle gan ail-wisgo'u hunain yn eu hen ddillad. Gwylltiwyd y prif swyddogion ond gwellodd yr amodau ar ôl hynny. Ac ni wrthododd Cameron honiadau Brennan-Whitmore iddo fod yn hallt ei feirniadaeth ar y drefn a fodolai. Yn wir, mae'n bosibl fod ymateb

Cameron wedi bod yn rhannol gyfrifol am y penderfyniad i ryddhau'r dynion bythefnos yn ddiweddarach.

Un o bedwar a holwyd gan Cameron oedd Collins. Pan ofynnodd a oedd unrhyw beth yn y gwersyll y caent ddigonedd ohono, ateb Collins oedd 'halen'.

Yn raddol, ond yn ddiamheuol, diolch i gyhoeddusrwydd cynyddol, dechreuodd y llanw droi. Arweiniodd marwolaeth Dr Peters at godi cwestiwn ar lawr Tŷ'r Cyffredin gan yr Aelod Seneddol John Dillon am gwynion y Gwyddelod ynglŷn ag amodau byw yn y Fron-goch ac am y modd y câi llythyron eu cadw oddi wrth y carcharorion. Addawodd yr Ysgrifennydd Cartref, Syr George Cave, y cynhaliai – ar gais Penswyddog y Gwersyll – ymchwiliad gofalus i gwynion y Gwyddelod. Addawodd A.S. Wigan, Reginald James Neville, y byddai ef yn ymgymryd â'r ymchwiliad. Roedd Dr Peters, meddai, wedi bod yn poeni llawer am gwynion di-sail a wnaed yn ei erbyn ef a'i staff. Gwrthodid rhoi llythyron i'r carcharorion, meddai, am eu bod hwy yn gwrthod ymateb wrth i'w henwau gael eu galw.

Daliai'r dynion i fod yn amheus o fwriadau rhai gwleidyddion. Un o'r rhain oedd John Redmond, ond roedd yna barch i Alfie Byrne, A.S. Corfforaeth Dulyn. Ar yr 2il o Hydref, mewn llythyr yn yr *Irish Independent*, galwodd am amnesti i garcharorion a gaent eu dal mewn carchardai yn Lloegr heb wynebu achos llys. Yn y cyfamser galwodd arnynt i gael yr hawl i ystyried eu hunain yn Garcharorion Gwleidyddol.

Tynnodd sylw arbennig at driniaeth annynol hanner cant a dau o garcharorion yn y Fron-goch. Darllenodd lythyr o'r gwersyll a lwyddodd i fynd heibio i'r Sensor. Amlinellai'r llythyr y cosbedigaethau a wynebai'r dynion am wrthod datgelu enwau eu cyd-garcharorion. Nodwyd hefyd y troeon pan geisiwyd gorfodi'r dynion i ymgymryd â gwahanol waith a dyletswyddau.

Arweiniodd hyn at benderfyniad yr awdurdodau, ar y 9fed o Hydref, i roi'r gorau i'r cosbedigaethau. Diddorol yw nodi mai'r cyfeiriad ar yr amlen a oedd yn cynnwys y gorchymyn oedd '*The Commandant, Prisoner of War Camp, Frongoch*'. Roedd hyn dri mis ar ôl cyflwyno'r ddeddfwriaeth a fynnai nad Carcharorion Rhyfel oedd carcharorion y Fron-goch.

Soniwyd hefyd am y posibilrwydd o ryddhau'r carcharorion. Yn wir, ar ddiwrnod cyntaf David Lloyd George yn ei swydd fel Prif Weinidog, fe bwysodd John Redmond, fel rhan o'i dröedigaeth, ar i'r Cymro ryddhau'r Gwyddelod fel anrheg Nadolig i bobl Iwerddon. Ac ar yr 21ain o Ragfyr, dyna'n union a wnaeth Lloyd George. Fodd bynnag, nid ewyllys da oedd wrth wraidd ei benderfyniad. Teimlai fod mwy o berygl mewn cadw'r carcharorion gyda'i gilydd na'u rhyddhau. Ac roedd y pwysau Americanaidd yn dwysáu.

Er nad marwolaeth Dr Peters a newidiodd feddwl y Prif Weinidog, gellir honni fod hynny wedi bod yn gatalydd i ryddhau'r carcharorion. Mae'n rhaid bod Lloyd George ei hunan wedi sylweddoli fod y difrod eisoes wedi ei wneud. Roedd y milwyr syml, cyffredin a gymerodd ran yng Ngwrthryfel y Pasg bellach yn chwyldroadwyr digyfaddawd a oedd wedi graddio o Brifysgol Rhyddid y Fron-goch. Roedd y Pair Dadeni wedi gwneud ei waith.

9

Rhyddid

Pan ddaeth y newydd sydyn am ryddhau'r dynion, bu cryn ddathlu. Yn ôl Domhnal ua Buachalla, mewn cofiant iddo gan Adhamhnán Ó Súilleabháin, bu'r torwyr gwallt yn brysur gydol y nos. Oedd, roedd y Nadolig wrth y drws ond ofnai'r 625 carcharor oedd ar ôl fod yr ŵyl yn rhy agos ac na fedrid gweithredu'r trefniadau rhyddhau mewn pryd.

Yn wir, roedd paratoadau ar y gweill i wneud y gorau o'r gwaethaf. Roedd y Pwyllgor Cymorth Cenedlaethol, yn Iwerddon ac ym Mhrydain – mudiad a sefydlwyd i gefnogi'r carcharorion – wedi anfon basgedeidiau o fwydydd iddynt. Cyfeiriodd Brennan-Whitmore at y ceir llawn bwyd a gyrhaeddodd gydol y dydd Iau a'r dydd Gwener cyn wythnos y Nadolig. Cyhoeddodd y *Daily Mail*, 'Darperir cyflenwadau helaeth o wyddau, bacwn, tatws a siwgr i'r Carcharorion Gwyddelig yng Ngwersyll y Frongoch a Charchardai Reading ac Aylesbury dros dymor y Nadolig gan y pwyllgor ym Manceinion, mewn cydweithrediad a'r pwyllgorau yn Nulyn a Llundain.'

Er gwaetha'r tebygolrwydd o orfod treulio'r Nadolig ymhell o'u gwlad, teimlai'r dynion yn ddigon stoicaidd, meddai Brennan-Whitmore. Dywedodd un dyn wrtho y byddai'n well ganddo dreulio'r ŵyl yn y Fron-goch nag mewn unrhyw fan arall, ar wahân i gartref. Yn wir, credai y gallai'r dynion wneud mwy dros achos Iwerddon yn y Gwersyll nag y gallant gartref.

Ond roedd rhyddid yn curo ar y drws. Wrth gofnodi hanes ei wythnos olaf yn y Gwersyll, nododd M. J.

O'Connor mor oer oedd y tywydd gyda'r 'Brenin Rhew yn teyrnasu'. Erbyn hyn roedd amser codi yn hwyrach – sef 6.45 – a'r dynion wedi derbyn blanced arall bob un. Ond roedd dynion yn dal i gael eu cosbi, hyd yn oed yn nhymor ewyllys da. Nododd O'Connor i garcharor o'r enw Lynch o Swydd Gorc wrthod mynd i Wersyll y Gogledd fel cosb, felly fe'i cariwyd yno.

Eisoes, fesul dau neu dri, roedd y Gwersyll yn araf wacáu, ac wrth iddo wacáu, teimlai'r dynion yr oerfel yn waeth. Meddai Thomas Leahy:

> *Gwnaed llawer o wahaniaeth i'r stafelloedd, a oedd yn uchel ac yn oer. Bu'n rhaid i mi, Dick Mulcahy ac Arthur Shields wthio'n gwelâu at ei gilydd er mwyn ceisio bod yn gynhesach, ac ar ôl diffodd y golau, mynych fyddai'r sgyrsiau am ymdrechion y dyfodol. Ychydig wnes i freuddwydio y byddwn i'n brwydro yn ei erbyn (Mulcahy) yn y Rhyfel Cartref pan ddeuai hwnnw.*

Yn ddiarwybod i'r dynion, roedd grym barn gyhoeddus yn Iwerddon wedi ei amlygu ei hun drwy gyfrwng Corfforaeth Dulyn, a alwodd ynghyd Gymdeithas Amnest Iwerddon Gyfan yn ogystal â mudiadau cefnogol eraill. Roedd mwy a mwy o Aelodau Seneddol hefyd yn galw am ryddhau'r dynion. Meddai M. J. O'Connor:

> *Roedd Llywodraeth Prydain mewn picil. Roedd ganddynt 500 o Wyddelod ar eu dwylo. Câi'r rheiny eu dal ar amheuaeth yn unig. Ni ddygwyd, ac nid oedd yn debygol y dygid, unrhyw gyhuddiad yn eu herbyn. Roedd y Llywodraeth yn awr am gael gwared â'u problem drwy eu rhyddhau. Ac, ar ôl eu cadw am saith*

*mis a hanner heb gyhuddiad na gwrandawiad, rhaid
oedd canfod ffordd o'u rhyddhau.*

Nid syndod o gwbl felly fu i O'Connor ddarllen mewn
papur newydd ar ddydd Gwener yr 22ain o Ragfyr fod y
Llywodraeth, y diwrnod cynt, wedi penderfynu eu
rhyddhau. Yn y '*Stop Press*' y cariwyd y newyddion am
gyhoeddiad ar lawr y Tŷ gan yr Uwch Ysgrifennydd
dros Iwerddon, Henry Duke, y câi'r dynion adael –
gyda'r oedi lleiaf posibl. Ond cofiai Brennan-Whitmore
y newyddion yn cyrraedd drwy delegram amser te ar y
prynhawn dydd Gwener.

Ofnai, o ystyried prysurdeb y rheilffyrdd, na chaent
eu rhyddhau tan ar ôl y Nadolig. Syndod pleserus iddo
fu cael gadael y noson honno. Rhyddhawyd pawb o
Wersyll y Gogledd er mwyn dal y trên wyth. Dilynwyd
hwy drannoeth gan garcharorion Gwersyll y De.

Un o brif resymau Lloyd George dros ryddhau
Gwyddelod y Fron-goch oedd er mwyn ennill ffafriaeth
gan Lywodraeth y Taleithiau Unedig yn y gobaith y
gwnâi hynny, yn ei dro, eu denu i ymuno â'r
cynghreiriaid yn y Rhyfel Mawr. Ar ôl i'r Gweinidog
Cartref gyhoeddi'r newyddion ar lawr y Tŷ, galwyd y
carcharorion ynghyd gan y Lefftenant Burns.
Mynnodd, am y tro olaf, fod y dynion yn cydnabod eu
henwau fel y gallent adael a threulio'r Nadolig gyda'u
teuluoedd, ond credai'r dynion mai cynllwyn arall oedd
hwn er mwyn cael hyd i'r 'ffoaduriaid'. Ateb herfeiddiol
Michael Collins oedd, 'Does dim pwynt, chewch chi
ddim enwau na chyfeiriadau oddi wrthym ni.'

Mynnai Burns nad oedd ganddo unrhyw ddiddordeb
bellach mewn cael hyd i Michael Murphy, a oedd yn dal
heb gael ei ganfod ymhlith y 'ffoaduriaid', na neb arall
chwaith; byddai'r rhyddhad yn un diamod. Ond roedd

y dynion yn dal yn ddrwgdybus.

Pwysleisiodd Burns wrthynt y byddai'n rhaid iddo anfon enwau pob carcharor i'r Swyddfa Gartref ac i Gastell Dulyn cyn iddynt fedru gadael. Yn dilyn trafodaeth â Collins a Brennan-Whitmore, daethpwyd i gyfaddawd. Byddai'r dynion oedd ar ôl yn paratoi rhestr o'u henwau. Gweithiwyd ar hyn gydol y nos Iau a'r bore dydd Gwener fel y gellid rhyddhau'r gweddill.

Yn y cyfamser agorwyd y gatiau a chaniatawyd i'r

Trwydded yn caniatáu carcharor o'r Fron-goch i deithio ar drên

carcharorion grwydro ble y mynnent, ar wahân i'r ffordd fawr tuag at y Bala, yn ôl Domhnall ua Buachalla. Teimlai'r dynion rhyw benysgafnder, meddai, o fedru crwydro o gwmpas heb warchodwyr, a hynny'n ddilyffethair. Yn ôl Brennan-Whitmore bu gloddest o fwyta, canu, pacio ac ysgrifennu yn llyfr llofnodion ei gilydd.

Yn gyntaf rhyddhawyd dynion o ogledd, de a gorllewin Iwerddon. Fe'u cludwyd, ymron bum cant ohonynt, mewn trên arbennig i Gaergybi gan adael Gwersyll y Fron-goch, yn ôl un carcharor, 'i bydru yn ei unigedd ei hun'. Ond wrth i'r carcharorion ffurfio'n rhesi ar blatfform gorsaf y Fron-goch, roedd un broblem arall yn eu hwynebu. Galwodd Burns, gyda dogfen caniatâd teithio yn ei law, ar Michael Flanagan a phedwar ar bymtheg o garcharorion eraill oedd i fod i deithio i Ddinas Galway. Ni symudodd neb am eu bod yn meddwl bod y twyll yn ailgychwyn. Ar ymyrraeth

Brennan-Whitmore, aralleiriodd Burns ei orchymyn gan ofyn i rywun dderbyn y ddogfen ar ran Michael Flanagan. Cytunwyd ar hynny.

Un o'r rhai cyntaf i adael ar y nos Wener oedd Séamus Ua Caomhanaigh. Yn ei dystiolaeth i'r Biwro Hanes Milwrol disgrifiodd y noson olaf fel un ofnadwy, gyda'r dynion yn disgwyl ar y platfform am oriau yng nghanol lluwchfeydd eira. Erbyn iddynt gyrraedd y llong bost roedd pawb yn wlyb at eu crwyn. Synnwyd Ua Caomhanaigh gan y croeso a dderbyniodd y carcharorion:

Ni fuom yn hir ar fwrdd y llong cyn i ddyn ddod atom a gofyn i mi a fynnwn i baned o de. Cyn pen dim dychwelodd â phaned i mi. Wedyn fe gynigiodd dynes i mi ddarn anferth o gacen llawn ffrwythau. Rhoddodd un arall i mi ddarn mawr o gaws. Ro'n i'n llwgu, gan na chawswn unrhyw beth i'w fwyta ers gadael y Frongoch

Criw o garcharorion yn gadael y gwersyll am yr orsaf ar eu ffordd adref o gaethiwedigaeth

*... Yfais y te, a chyda'r caws mewn un llaw a'r gacen yn
y llall, cymerwn ddarn o'r naill a'r llall am yn ail. Wedi
i mi lyncu'r cyfan, teimlwn yn dda.*

Ceir manylion y rhyddhau yn *History of the Irish Citizen
Army* gan R. M. Fox. Ar y dydd Gwener rhyddhawyd y
130 oedd yn weddill a chyrhaeddodd y rheiny borthladd
Kingstown (Dun Laoghaire) y bore canlynol. Gadawodd
y rhai a oedd yn teithio ymlaen i'r de a'r gorllewin y trên
yno ond teithiodd 67 o'r dynion ymlaen i Orsaf Westland
Row (Gorsaf Pearse heddiw) gan orymdeithio i lawr
Great Brunswick Street a Sackville Street (O'Connell
Street). Cyrhaeddodd 40 o ddynion ar y llong wartheg
Slieve Bloom, yr union long a'u cludodd i gaethiwed
fisoedd ynghynt. Cerddodd y dynion i fyny'r cei mewn
osgo milwrol gan wisgo'u bathodynnau *Sinn Féin*.

Ar y nos Sul cyrhaeddodd 130 o ddynion Orsaf
Westland Row a chyrhaeddodd 300 o ddynion o
Ddulyn borthladd North Wall ar long stemar. Yna, ar
fore dydd Nadolig glaniodd 28 yn Kingstown. Roedd
cyfanswm o 628, yn cynnwys rhai carcharorion o
Garchar Reading, yn ôl ar dir Iwerddon.

Adref yn Clonakilty teimlai Collins fod pobl yn rhy
ofalus o lawer. Treuliodd dair wythnos yno, meddai, yn
yfed cwrw *Clonakilty wrasler* ar stumog wag. Yn
Nonegal croesawyd Joe Sweeney, ar y llaw arall, gan
aelodau o Urdd Hynafol yr Hiberniaid a'u band.

Teithiodd dynion Kerry, 14 ohonynt gan gynnwys eu
harweinydd, Henry Spring, drwy Loegr. Galwodd
Spring am rownd o gwrw mewn bar mewn gorsaf
reilffordd ond gwrthododd y weinyddes dderbyn ei
arian gan fod deddf mewn grym a wrthwynebai i rywun
brynu diod feddwol i rywun arall. Galwyd ar blismon
ond methodd hwnnw â datrys y sefyllfa. Y canlyniad fu

Michael Collins
yn union wedi iddo gyrraedd adref o'r Fron-goch

i'r dynion gael eu hanfon i ffwrdd ar y trên heb dalu am eu cwrw.

Ceir cofnod fod un criw, wrth newid trên yng ngorsaf Caer, wedi dechrau canu '*Deutschland, Deutchsland uber Alles*'. Wnaeth neb gymryd sylw ohonynt.

Disgrifiodd M. J. O'Connor y daith adref fel un ...

... hir a thrafferthus. Ond gwnâi'r disgwyliadau a'r llawenydd o ddychwelyd unwaith eto wedi misoedd o fod yn alltud blinedig, ac ar adeg y Nadolig, wneud iawn am y cyfan. Ar ben y daith cawsom berthnasau a ffrindiau gofidus yn cyfarch y dychweledigion blinedig a llesg. Roedd yna lawer o gartrefi hapus a byrddau tymhorol

yn gwneud yn llawen yn ystod Nadolig 1916 gan bresenoldeb trigolion llefydd a fuasent yn wag o fewn y cylch teuluol.

Mae'n cloi ei sylwadau am y dychweliad o'r Fron-goch yn obeithiol:

Yng nghanol yr holl ddathliadau Nadoligaidd fe wnaf ddirwyn y casgliadau hyn a baratoais ar fyrder i ben drwy ffarwelio am sbel â mannau mor ddigroeso a disgysur â Charchardai, Cyrtiau Carchardai, celloedd Carchar, gwelyau estyll, gwersylloedd cadwedigaeth, Penswyddogion, ac nid y lleiaf y cwmwd pellennig hwnnw yng Ngogledd Cymru lle mae Gwersyll y Frongoch, a enwyd mor addas yn 'Burdan Lloegr'.

Ond ni chafodd O'Connor anghofio'n hir iawn. Ddeufis yn ddiweddarach yr oedd ymhlith 28 a arestiwyd am eu rhan yn y Cynllwyn Almaenig honedig. Unwaith eto yr oedd ar ei ffordd i Gaergybi a Charchar Wetherby, lle cafodd ei gadw tan fis Gorffennaf 1917.

Cyrhaeddodd obsesiwn Prydain â'r Cynllwyn Almaenig ei benllanw flwyddyn yn ddiweddarach. Creadigaeth ffug Llywodraeth Prydain drwy ei gwasanaeth cudd yng Nghastell Dulyn oedd y Cynllwyn. Yn ystod gwanwyn 1918 arestiwyd dyn a achubwyd oddi ar ynys ar arfordir Galway. Eglurodd ei fod wedi goroesi llongddrylliad llong Americanaidd ond nid oedd yr un cofnod am y fath ddigwyddiad a chanfuwyd mai enw'r dyn oedd Joe Dowling ac iddo fod yn rhan o Frigâd Roger Casement ddwy flynedd yn gynharach. Mewn gwrandawiad llys milwrol cafwyd ef yn euog o fod wedi glanio oddi ar long danfor Almaenig a'i ddedfrydu i gaethiwed gosb am oes.

Bu'r digwyddiad yn ddigon o reswm i'r Llywodraeth, ar yr 17eg o Fai, 1918, ailgyflwyno Cymal 'B' y Gorchymyn Adfer Trefn yn Iwerddon ac arestio 73 o Weriniaethwyr, gan gynnwys Arthur Griffith, de Valera, Iarll Plunkett a'r Iarlles Markievicz. Yn eu plith roedd nifer a fu yn y Fron-goch, gan gynnwys Brennan-Whitmore, Denis Mac Con Uladh, Frank Drohan ac M. J. O'Connor.

Cludwyd y 73 ar long a'u caethiwo mewn hen wersyll milwrol yng Nghaergybi cyn eu dosbarthu ymhen wythnos i garchardai Brynbuga a Chaerloyw. Anfonwyd eraill, gan gynnwys de Valera, i Garchar Lincoln. Mynnai'r awdurdodau fod y Cynllwyn Almaenig yn dyddio'n ôl i 1914 ac iddo fod ar waith ymhlith rhai o garcharorion y Fron-goch.

Unwaith y carcharwyd y 73, ailadroddwyd brwydrau'r Fron-goch dros hawliau carcharorion. Ym Mrunbuga y bu'r cwyno mwyaf ond buan yr ildiodd y Rheolwr, George Young, gan ganiatáu i'r carcharorion hawl gysylltiadol, yr hawl i dderbyn llythyron a pharseli ac i wisgo'u dillad eu hunain fel Carcharorion Rhyfel.

Ar yr 21ain o Ionawr, 1919 llwyddodd pedwar carcharor i ddianc o Frynbuga. Roedd dau ohonynt, Frank Shouldice a George Geraghty wedi bod yn y Fron-goch. Cynlluniwyd y ddihangfa ar gyfer ugain o ddynion ond amharwyd ar y cynlluniau hynny gan haint y ffliw. Un diwrnod ar ddeg yn ddiweddarach llwyddodd de Valera i ddianc o Garchar Lincoln gyda chymorth Collins a gŵr arall a fu yn y Fron-goch, Tom Ruane.

Yn ogystal â'r digwyddiadau hyn bu farw tri charcharor o effeithiau'r ffliw. Ildiodd y Llywodraeth gan ryddhau'r gweddill. Cyrhaeddodd y criw cyntaf adref ar y 19eg o Fawrth, 1919, gydag Arthur Griffith yn eu harwain. Dylid nodi fod amryw o bobl ddylanwadol wedi teimlo'n anesmwyth parthed dilysrwydd y Cynllwyn Almaenig, nid y lleiaf yr Iarll Wimborne, cyn Arglwydd Lefftenant Iwerddon.

Ymhen wyth mis fe etholwyd nifer o'r rhai a arestiwyd yn Aelodau Seneddol dros *Sinn Féin*. Cipiodd y blaid 73 o'r 105 etholaeth.

Ond yn ystod Nadolig 1916, nid oedd yr ofn y byddent yn cael eu hailarestio wedi croesi meddwl cyngarcharorion y Fron-goch. Wrth ddisgwyl am ei drên cafodd Séamus Ó Maioleoin a'i griw ryddid i grwydro ac i siarad â phobl leol y Bala: 'Fe fyddai rhywun yn meddwl y byddai arnynt ofn siarad â ni. Ofn pobl y fyddin, efallai. Sylwais mor deyrngar oeddent i'w hiaith. Yn y siopau i gyd, Cymraeg a siaredid rhyngddynt er na ddeallem ni'r cwsmeriaid yr un gair. Stori hollol wahanol yw hi yn Iwerddon.'

Dychwelodd llawer o'r dynion yn cario bwydydd a ddanfonwyd atynt mewn basgedi i'r Fron-goch ar gyfer y Nadolig. Yn Liberty Hall, Dulyn trefnwyd dathliad ar gyfer aelodau'r *Irish Citizen Army* a fu'n rhan o Wrthryfel y Pasg. Sgwriwyd yn lân yr hambyrddau a ddefnyddiwyd i ddal y llythrennau ar gyfer gosod y Datganiad Annibyniaeth a'u defnyddio i ddal bwyd. Disgrifiodd R. M. Fox yr olygfa:

A nawr dadlwythir yr hamperau, yr hamiau pinc a'r pwdinau plwm mawr yn cyrraedd y byrddau. Adroddir storïau am y brwydro adeg Wythnos y Pasg yn y gwahanol ganolfannau. Mae hen ffrindiau, wedi eu haduno, yn galw ar draws y byrddau; dwylo cynefin â gwaith caled yn gafael yn ei gilydd unwaith eto. Mae menywod yn trafod y caledi diweddar yn Nulyn, am yr ymosodiadau gan rymoedd tywyll wedi Wythnos y Pasg, yn diystyru eu hymdrechion eu hunain i gynnal cartrefi gyda'i gilydd yn absenoldeb y dynion.

Roedd y gwyddau gwylltion adref o'r diwedd, meddai Fox. Hwyrach fod eu plu wedi eu rhuddo ond nid oedd eu hadenydd wedi eu tocio. Un mis ar ddeg yn ddiweddarach, trefnwyd cinio i gyn-garcharorion yn Loughrea gyda de Valera, Eóin MacNéill a'r Aelod Seneddol Francis Fahy yn eu plith. Ar gyfer y trydydd cwrs, cynigiai'r fwydlen '*Tipsy Cake a la Dartmoor*', '*Tricolor Jelly and Blancmange and Rice*' a '*Marmalade Pudding a la Frongoch*'!

Pan gyhoeddodd Seán O Mahony ei gyfrol *Frongoch, University of Revolution* ym 1987, dywedodd mai un rheswm dros ei hysgrifennu oedd ei ymateb i benderfyniad Llywodraeth Iwerddon i anwybyddu 70ain pen-blwydd Gwrthryfel y Pasg ym 1986. Aeth ymlaen i nodi tri phwynt wrth groniclo pwysigrwydd y Fron-goch fel rhan o hanes caethiwo carcharorion nad oedd wedi'u cyhuddo. I ddechrau, yn y Fron-goch y cafwyd y cynulliad cyntaf erioed ar gyfer Gwyddelod o Iwerddon gyfan: 'Y Fron-goch oedd y pair dadeni a adfywiodd yr IRA. Fe fyddwn i'n mynd mor bell â mynnu mai'r Fron-goch wnaeth epilio'r IRA.'

Beth bynnag, yn ôl O Mahony, fe wynebodd y fyddin honno holl adnoddau dynol, diwydiannol a milwrol Prydain yn y frwydr dros ryddid. Arweiniodd hynny at enciliad Prydain o chwe sir ar hugain Iwerddon gan achosi'r crac cyntaf yn yr Ymerodraeth Brydeinig.

Yn ail meddai O Mahony, llwyddwyd i ad-drefnu Brawdoliaeth Weriniaethol Iwerddon (yr IRB) yn y Fron-goch. Yno y recriwtiwyd nifer a chwaraeodd ran bwysig yn y digwyddiadau a arweiniodd at sefydlu'r Weriniaeth Rydd gan y mudiad cyfrinachol a chwyldroadol hwnnw.

Ac yn drydydd, yn y Fron-goch y crëwyd polisi pendant ar gyfer carcharorion Gwyddelig tuag at eu gwarchodwyr.

Ymatebodd Prydain drwy ganiatáu statws gwleidyddol 'de facto' i'r carcharorion, yn union fel y gwnaeth William Whitelaw 56 mlynedd yn ddiweddarach wrth ganiatáu statws Categori Arbennig i garcharorion yr IRA. Ac fel y cawn weld, fe ddysgodd carcharorion Long Kesh wersi pwysig oddi wrth ymddygiad eu rhagflaenwyr yn y Fron-goch.

Damcaniaeth yw hon, ond nid oes modd osgoi barn Joe Good wrth edrych yn ôl ar Nadolig 1916. Credai nad oedd gan Brydain unrhyw ddewis ond rhyddhau'r Gweriniaethwyr. Cyhoeddodd Prydain, meddai, ei bod yn ystyried rhyddhau'r dynion fel gweithred gymodol ond doedd gan y dynion ddim unrhyw amheuaeth am y gwir reswm: 'Gwyddem ein bod wedi brathu'r llaw a'n bwydai cynddrwg fel ei bod yn falch o gael ein rhyddhau. Credai'r dynion oll, a phrofwyd hwy'n iawn yn hyn o beth, iddynt frawychu San Steffan a Stryd Downing unwaith ac am byth.'

10

Y Boi Mawr

Cofir Michael Collins yn ystod ei gyfnod yn y Fron-goch yn fwy fel broliwr swnllyd na chynlluniwr tactegau a gwleidydd y dyfodol. Yn y Fron-goch fe'i bedyddiwyd gyda'r llysenw *The Big Fellow*, a hynny, medd Frank O'Connor yn ei gofiant iddo, gyda mwy o ddirmyg nag o barch. Clywid byth a hefyd ei gyd-garcharorion yn edliw: 'Mae Collins yn meddwl ei fod yn foi mawr.'

Cadarnhawyd hyn gan Frank Henderson mewn sgwrs ag Ernie O'Malley ar ddiwedd y 1940au. Mynnai Henderson, a barhaodd i fod yn Weriniaethwr pybyr hyd y diwedd, fod Collins yn ymddwyn fel dyn amhoblogaidd oedd yn ceisio awdurdod. Ond, medd Taylor, craidd hanes ei fywyd byr fu'r modd y llwyddodd i droi llysenw sarhaus yn un llawn parchedig ofn a hoffter.

Yn rhyfedd iawn, dim ond ddwywaith y cyfeiria W. J. Brennan-Whitmore at Michael Collins yn ei gyfrol ar hanes y gwersyll a gyhoeddwyd ym 1917, a hynny heb ddefnyddio ei gyfenw. Mae hyn yn anodd ei ddeall gan i'r ddau ddod yn ffrindiau agos cyn y Gwrthryfel. Gellir cynnig dau esboniad posibl: fod presenoldeb Collins yno yn llai pwysig nag a dybir gan lawer, neu (a dyma'r rheswm mwyaf tebygol) fod yr awdur yn fwriadol, er mwyn sicrhau diogelwch Collins, yn tan-chwarae ei bwysigrwydd.

Pan wnes i gyfarfod â Brennan-Whitmore, siaradodd yn gynnes am Collins. Yn y gwersyll paratôdd Brennan-Whitmore lyfryn ar dactegau milwrol a chynhaliodd wersi rheolaidd. Fodd bynnag, yr oedd wedi gwahardd Collins o'r cyfarfodydd am gyfnod; hynny, hwyrach, oherwydd cysylltiad Collins â'r *IRB*. Yna ildiodd i berswâd Collins: 'Fe hoffwn i feddwl iddo ddysgu rhywbeth o'r darlithoedd hynny. Pa ganlyniadau trist bynnag a ddaeth yn sgil y Cytundeb, all neb warafun iddo ei fawredd a'i ddynoliaeth.'

Cred rhai y dylid cymryd atgofion Brennan-Whitmore gyda phinsied sylweddol o halen. Pan ofynnais farn Joe Clarke amdano, gwenodd gan ddweud: 'Paid byth â chredu Gwyddel sydd â heiffen yn ei enw!'

Hwyrach i Brennan-Whitmore or-ramantu ar brydiau, ond ni all neb wadu ei bwysigrwydd na'i ran yn y gwaith o ddiwygio tactegau'r Gwirfoddolwyr.

Ganed Michael Collins ar yr 16eg o Hydref, 1890 yn Woodfield, Sam's Cross, ger Clonakilty yng Ngorllewin Corc, perfeddwlad y brwydro rhwng tenantiaid a pherchenogion tir ar ddiwedd y bedwaredd ganrif ar bymtheg. Trigai Michael, yr ieuengaf o wyth o blant, ar fferm 90 erw. Yn gynnar iawn yn ei fywyd daeth o dan ddylanwad dau genedlaetholwr lleol, y naill yn athro a'r llall yn of. Derbyniodd ei addysg gynnar gan athro teithiol, un o'r athrawon bôn clawdd a heriai'r awdurdodau drwy gynnal ysgolion anghyfreithlon yn y priffyrdd a'r caeau.

Dylanwadwyd yn fawr arno gan ŵr o dras Gymreig, Thomas Davis (1814-1845), sefydlydd y mudiad *Young Ireland* a chyfansoddwr y caneuon 'A *Nation Once Again*' a '*The West's Awake*'. Mab i lawfeddyg yn y *Royal Artillery* oedd Davis, a Phrotestant. Dywedodd Davis ei hun mai Cymro oedd ei dad ond roedd ei deulu, meddai, wedi byw mor hir yn Lloegr fel iddynt eu hystyried eu hunain yn Saeson.

Ond hwyrach mai'r dylanwad mwyaf ar Collins yn ifanc oedd darpar sefydlydd *Sinn Féin*, Arthur Griffith, drwy ei erthyglau yn yr *United Irishman*. Soniwyd eisoes fod gan Griffith hefyd waed Cymreig.

Pan oedd yn ifanc iawn amlygodd Collins ei hun fel athletwr a chwaraewr pêl-droed Gwyddelig a hyrling, a hefyd bowlio ffordd, sef hyrddio pêl haearn ar hyd ffyrdd gwledig, gêm sy'n gyfyngedig bellach i Orllewin Corc ac Armagh.

Wedi tyfu'n llanc, aeth yn brentis i Swyddfa Bost Clonakilty a dysgodd hefyd waith papur newydd gyda'r *West Cork People*. Bu'n llwyddiannus yn ei arholiadau a derbyniodd swydd ym Manc Cynilo'r Swyddfa Bost yn West Kensington, Llundain. Symudodd yno i fyw gyda'i chwaer, Hannie.

Ym mhrifddinas Lloegr trodd at faterion a diddordebau Gwyddelig ac yn bedair ar bymtheg oed, ymunodd â'r *IRB* gan ddod yn drysorydd Cangen Llundain a De Lloegr o'r mudiad cyfrin. Yn y cyfamser gweithiodd i wahanol gwmnïau ariannol.

Yn Llundain daeth Collins yn ddarllenwr brwd, gan ffoli ar awduron Seisnig megis Hardy, Meredith, Wells, Arnold Bennett, Conrad a Swinburne yn ogystal ag awduron Gwyddelig megis Wilde, Yeats, Padraig Column a James Stephens. Byddai'n mynychu'r theatr yn rheolaidd hefyd, i wylio dramâu Shaw a Barrie a'u tebyg. Gallai ddyfynnu'n rhugl o waith Synge a Yeats. Ond diddorol yw nodi honiad Tim Pat Coogan yn ei gofiant i Collins mai ei hoff nofel oedd *The Man who was Thursday* gan G. K. Chesterton, lle dywed y prif anarchydd, '*If you don't seem to be hiding, nobody hunts you out.*' Hynny yw, os nad wyt ti am gael dy ddal, paid â chuddio. Hon fyddai athroniaeth ganolog Collins wrth chwarae mig â'r heddlu cudd a'r milwyr Prydeinig adeg y Rhyfel Annibyniaeth.

Yn Iwerddon roedd y frwydr fawr wedi symud o fod yn ddadl dros hawliau tenantiaid i'r ymdrech dros hunanlywodraeth a herio gwrthwynebiad siroedd gogledd Iwerddon i hynny. Fis Tachwedd 1914 ymunodd Collins â Chwmni Rhif 1 o Wirfoddolwyr Llundain. Yn rheolaidd byddai ef a'i gefnder, Séan Hurley, yn ymuno mewn ymarferiadau milwrol yn y Gampfa Almaenig yn King's Cross.

Dychwelodd Collins i Ddulyn yn gynnar ym 1916 lle'r enillai bunt yr wythnos fel cynorthwyydd ariannol rhan-amser i'r Iarll Plunkett. Yna bu'n gyfrifydd i gwmni Craig Gardiner yn Dawson Street. Ymunodd â'r *Gaelic League* gan droi at ddysgu Gwyddeleg. Aelod brwd arall oedd Richard Mulcahy.

Yng Ngwrthryfel y Pasg, Collins oedd y swyddog milwrol ieuengaf, yn 25 oed. Ei weithred gyntaf wedi i'r Gwirfoddolwyr feddiannu'r Swyddfa Bost oedd cymryd tair casgennaid o stowt oddi ar rai o'r dynion a'u harllwys i lawr y draen. Eisoes teimlai fod disgyblaeth yn bwysig.

Yn ystod y brwydro lladdwyd Séan Hurley, a chafodd hyn effaith ddofn ar Collins. Yn dilyn yr ildio bu'n dyst i fileindra rhai o'r swyddogion Prydeinig. Yma dylid cyfeirio at ddigwyddiad sy'n crisialu natur ddialgar Collins. Wrth i'r rebeliaid gael eu didoli a'u dethol, aeth y Capten Lee-Wilson allan o'i ffordd i fychanu'r hynafgwr Tom Clarke drwy orchymyn iddo sefyll yn noeth o flaen pawb. Ychydig flynyddoedd yn ddiweddarach llwyddodd rhwydwaith gwybodaeth Collins i ddarganfod bod Lee-Wilson yn gwasanaethu fel Arolygwr Dosbarth i Heddlu Brenhinol Iwerddon yn Swydd Wexford. Fe'i saethwyd yn farw.

Yn dilyn ei ryddhau o'r Fron-goch fe benodwyd Collins ym mis Chwefror 1917 yn Ysgrifennydd Cronfa Cymorth Cenedlaethol Iwerddon, mudiad a sefydlwyd gan weddw Tom Clarke i helpu teuluoedd y rhai a garcharwyd ac a laddwyd yn y frwydr dros ryddid. Ei gyflog oedd £2 10s yr wythnos.

Yn y cyfamser cyrhaeddodd y carcharorion eraill adref o garchardai Lloegr, yn eu plith Eamon de Valera. Yng nghysgod llwyddiant etholiadol nifer o'r rhain dros *Sinn Féin* bu Collins yn brysur yn treiddio i galon Castell Dulyn. Llwyddodd i recriwtio pedwar o swyddogion cudd Prydain oddi mewn i'r castell.

Canfu Collins a'i gyd-ddychweledigion o'r Fron-goch wlad dymhestlog. Gyda niferoedd meirwon y Rhyfel Mawr yn cynyddu, ymddangosai'n fwyfwy tebygol fod consgripsiwn yn anochel. Cynyddu hefyd wnâi nifer y Gweriniaethwyr a gyhuddid, yn gwbl anwir, o fod yn rhan o'r Cynllwyn Almaenig dychmygol.

Roedd hi'n amser bellach i brofi'r tactegau milwrol a ddysgwyd yn y Fron-goch. Buan y trodd mân ysgarmesoedd gydol 1918 yn rhyfel go iawn. Gwawriodd y Rhyfel Annibyniaeth neu Ryfel y *Tans*.

O chwarae rhan mewn addysgu darpar-filwyr y rhyfel hwnnw, roedd gan Gymru ran flaenllaw i'w chwarae hefyd yn y gorthrwm gwrth-annibyniaeth. Roedd Rheolwr Cyffredinol Iwerddon, Iarll Wimborne, yn aelod o'r teulu Guest o Sir Forgannwg. Roedd Cymry ymhlith swyddogion cudd-wybodaeth y Goron a oedd yn atebol iddo, rhai yn wir yn Gymry Cymraeg. Datgela Huw Llewelyn Williams yn *Wrth Angor yn Nulyn*, sef hanes Capel Cymraeg Dulyn, fod Dora Herbert Jones, a ddaeth yn enwog wedyn drwy ei chysylltiadau â chanu gwerin ac â Gregynog, wedi bod yn gwneud gwaith cyfrinachol i Wimborne yn y Viceregal Lodge yn Phoenix Park.

Aeth Dora i'r Capel Bach yn Talbot Street am y tro cyntaf yng nghwmni Selwyn Davies, Cymro o Lundain a oedd yn ysgrifennydd i Wimborne. Yn ddiweddarach, hi oedd organyddes y capel. Cymraes arall a fynychai'r Capel Bach oedd ysgrifenyddes y Fonesig Wimborne, Beta Jones o fferm Abercin ger Cricieth.

Cadarnheir rhan Dora Herbert Jones yn y gwasanaeth cudd gan Gwenan Mair Gibbard yn *Brenhines Powys*. Dywed fod Dora, erbyn 1918, yn Nulyn yn gwneud gwaith 'tra chyfrinachol' fel ysgrifenyddes bersonol i Iarll Wimborne, yn anterth y gwrthryfel yn erbyn Llywodraeth Prydain. Teithiai'n rheolaidd rhwng Dulyn a Llundain am oddeutu deunaw mis, ar adeg pan oedd teithio ar y *packet* o Gaergybi yn ddigon peryglus yn ystod misoedd olaf y Rhyfel Mawr.

Yn wir, roedd y moroedd o gwmpas Iwerddon yn beryg bywyd yn ystod blwyddyn olaf y Rhyfel Mawr, pan aeth Dora i Ddulyn i weithio. Ar y 5ed o Chwefror, 1918 suddwyd yr *SS Tuscania* a oedd yn cario ymron 250 o'r milwyr cyntaf o America i Ewrop. Ar y 1af o Fawrth suddwyd llong danfor Brydeinig oddi ar Ynys Rathlin. Ar yr 17eg o Orffennaf suddwyd yr *RMS Carpathia*. Yna, ar y 10fed o fis Hydref suddwyd y llong deithwyr *RMS Leinster* gan long danfor Almaenig rhwng Dulyn a Chaergybi gan golli 500 o griw a theithwyr. Dylid nodi i'r *Slieve Bloom* a gludodd filoedd o Weriniaethwyr yn gaeth i Gaergybi, suddo ar y 30ain o Fawrth, 1918 ar ôl taro llong ryfel Americanaidd ger Ynys Lawd. Collwyd cargo o 370 o wartheg a 12 ceffyl. Damwain fu'n gyfrifol am hynny ond dengys y perygl o fordwyo ar draws Môr Iwerddon.

Yn Iwerddon ei hun roedd bywyd i'r sawl oedd ynghlwm wrth Brydain, yn wleidyddol neu'n filwrol, yn fwy peryglus fyth. Caewyd y Capel Bach am gyfnod. Dyma'r flwyddyn pan ddaeth consgripsiwn yn ddeddf yn Iwerddon, er na chafodd ei weithredu. Dyma'r flwyddyn pan ysgubodd *Sinn Féin* i rym gan gipio 73 o'r 105 etholaeth. Drwy fwled a phleidlais roedd Iwerddon yn codi, a mwy o angen nag erioed am wybodaeth gudd.

Tybed a oedd Dora Herbert Jones ar restr dienyddio ysbiwyr Michael Collins? Ymddengys i'r Cymry a oedd yn gweithio i Iarll Wimborne gael eu recriwtio'n bersonol gan Lloyd George a'i Ysgrifennydd Personol, Thomas Jones. Cefnogwr a mynychwr ysbeidiol y capel oedd Ernest Blythe, aelod o Bwyllgor Gwaith *Sinn Féin* a etholwyd yn TD Gogledd Monaghan ym 1918 ac a ddyrchafwyd yn Weinidog Cyllid a Masnach Llywodraeth Iwerddon ym 1923, yr unig Brotestant yn y Cabinet. Mae lle i gredu y gallai Blythe fod yn gymodwr cudd rhwng y ddwy ochr. Dysgodd Blythe Gymraeg. Ei hyfforddwr oedd yr Athro John Lloyd-Jones.

Roedd Dora, heb amheuaeth, yn wraig nodedig. Ar ôl graddio, hi oedd y fenyw gyntaf i gael ei phenodi'n Ysgrifenyddes yn Nhŷ'r Cyffredin, a hynny i'r A.S. dros y Fflint, Herbert Lewis. Priododd â'r ysgolhaig Herbert Jones a ymunodd â'r Ffiwsilwyr Cymreig a'i anafu yn Ypres. Ymunodd Dora â mudiad y Groes Goch yn Troyes ar awgrym y Chwiorydd Davies, Gregynog. Ymwelodd â Limerick yn Iwerddon lle'r oedd ei gŵr mewn ysbyty. Ar ôl dychwelyd i Gymru trodd at gasglu alawon gwerin a dod yn ysgrifenyddes i'r ddwy chwaer yng Ngregynog ac i Wasg Gregynog.

Ni ddatgelodd ei rhan yn y gwasanaeth cudd erioed. Ond pa mor allweddol oedd Capel Bethel i weithgareddau cyfrinachol? Un a ymwelai'n rheolaidd i bregethu yno oedd George M. Ll. Davies. Gwyddys iddo ef weithredu fel cennad cudd rhwng Lloyd George a de Valera. Ei fwriad fel heddychwr, wrth gwrs, fyddai ceisio cymod ond rhwng presenoldeb y rhain oll, a oedd i'r Capel Bach bwrpas amgenach na chyhoeddi'r Efengyl? Ai rhedegydd oedd Dora ar ei mynych deithiau ar draws Môr Iwerddon yn ystod ei deunaw mis yn Nulyn? A oedd Capel Bethel yn fan cyfarfod i'r gwahanol genhadon?

Ceir atgof diddorol yn *Wrth Angor yn Nulyn* gan

briod John Lloyd-Jones, Athro Cymraeg yn y brifysgol yno. Pabyddes oedd morwyn y teulu, a Phabyddion oedd deiliaid Tŷ Capel Bethel. Pan fu farw ewythr y forwyn a oedd yn cadw'r Tŷ Capel, aeth honno a'i mam draw yno i fynd drwy ei bethau. Canfu'r ddwy fomiau a bwledi wedi eu cuddio yn y festri. Taflwyd y cyfan i afon Liffey.

Mae'n werth nodi mai un o selogion Bethel oedd perchennog y *Northumberland Hotel*, William Lewis, a gâi ei adnabod fel y Conswl Cymreig. Roedd ef a'i wraig a'i ferch yn aelodau. Trowyd y gwesty yn ganolfan undebol *Liberty Hall*, cartref yr ICA ym 1912. Yno y cychwynnodd Gwrthryfel y Pasg.

Yn dilyn ei benodiad fel dirprwy i Richard Mulcahy fis Mawrth 1918, bu Collins yn arolygu ymarferiadau ledled Iwerddon, yn sefydlu papurau newydd tanddaearol, yn trefnu cyrchoedd smyglo arfau, yn trefnu benthyciad ariannol cenedlaethol, yn sefydlu ffatri gwneud bomiau ac, yn allweddol, yn sefydlu ei garfan gudd, arfog. Symudai o gwmpas strydoedd Dulyn yn gwbl agored. Cafodd ei ddisgrifio fel 'Robin Hood ar feic'.

Erbyn gwanwyn 1918 roedd Prydain yn brin o filwyr yn Fflandrys ac er gwaetha'r ffaith fod ymron 100,000 o Gatholigion Gwyddelig wedi ymuno â byddin Prydain, fe berswadiwyd y Cabinet gan Syr Henry Wilson, Pennaeth Staff Cyffredinol Byddinoedd Prydain, mai Iwerddon oedd y ffynhonnell fwyaf cyfleus i recriwtio mwy fyth o filwyr. Roedd Syr Henry yn Wyddel o ogledd y wlad, heb unrhyw gydymdeimlad â'r alwad am hunanlywodraeth. Wrth iddo annog gorfodaeth filwrol yn Iwerddon, llwyddodd i uno trwch y bobl yn erbyn Llywodraeth Prydain. Yn ddiweddarach, ym 1922, saethwyd ef yn farw ger ei gartref yn Nulyn gan ddau aelod o'r IRA. Crogwyd y ddau.

Er gwaethaf ffrynt unedig yn cynnwys yr Eglwys Gatholig, Cyngres Undebau Llafur Iwerddon a'r Blaid Lafur ym Mhrydain, paratôdd Lloyd George ar gyfer gorfodaeth filwrol drwy benodi Arglwydd French yn Rheolwr Cyffredinol dros Iwerddon i olynu Iarll Wimborne. Yn dilyn ei gampau yn nyddiau cynnar y Rhyfel Mawr, bedyddiwyd French yn Iarll Ypres.

Yn y cyfamser roedd llywodraeth answyddogol Iwerddon, *Dáil Eireann*, nid yn unig wedi ei sefydlu ond hefyd yn ffynnu er gwaetha'r ffaith iddi gael ei gwahardd. Penodwyd Collins yn Weinidog Cyllid y *Dáil* gyda de Valera yn Brif Weinidog. Agorwyd Llysgenadaethau yn Ffrainc ac yn y Taleithiau Unedig ac yn ddiweddarach sefydlwyd cyfundrefn gyfreithiol yn cynnwys llysoedd o dan oruchwyliaeth *Sinn Féin* yn cael ei harwain gan Austin Stack.

Ond diolch i'w ysbiwyr yn y Castell, deallodd Collins fod y swyddogion cudd Prydeinig yn closio. Rhaid oedd gweithredu. Gan i bob perswâd fethu, dechreuwyd llofruddio swyddogion a glustnodwyd gan Collins.

Gwawriodd 1920, blwyddyn a gâi ei bedyddio yn Flwyddyn y Braw. Dyna pryd y gwelwyd y *Black and Tans* am y tro cyntaf. Cyrhaeddodd y giwed ym mis Mawrth y flwyddyn honno. Danfonwyd y *Tans* gan Syr Neville Macready a benodwyd yn Uwch Gomander ar luoedd Prydain yn Iwerddon. Eisoes roedd gan hwn record amheus. Cofiai glowyr Tonypandy ef fel y gŵr a fu'n gyfrifol am weithredu'n gwbl ddidrugaredd yn eu herbyn drwy anfon milwyr yno ar ran Churchill ym 1910.

Nid y *Tans* oedd yr unig griw arfog i'w hanfon i Iwerddon. Roedd yr *Auxiliaries* yn waeth na'r *Tans* am y rheswm syml fod yr *Auxies*, fel y'u gelwid, yn fwy deallus ac yn griw elitaidd, yn gyn-swyddogion o'r

Rhyfel Mawr oedd yn cael tâl o bunt y dydd fel cadlanciau dros-dro. O ran gradd, roeddynt yn cyfateb i ringyll yn yr heddlu a chyrhaeddodd y garfan gyntaf o 500 ddiwedd mis Gorffennaf.

Erbyn mis Mawrth 1921 roedd ymron 7,000 o'r *Tans* yn Iwerddon yn atgyfnerthu'r heddlu. Diddorol nodi mai'r swyddog a arolygai'r ddwy garfan oedd Syr Hamar Greenwood a aned yng Nghanada ond gyda'i rieni o Gymru.

Mae tuedd i gymysgu'r ddwy garfan. Gwisgai'r *Tans* gotiau *khaki* a throwseri a chapiau duon – dyna un rheswm am eu llysenw. Rheswm arall oedd bodolaeth cnud o gŵn hela enwog o'r un enw, felly roedd yn enw addas yn y cyswllt hwnnw hefyd. Cariai'r *Auxies* reiffl, dau rifolfer – un ar bob clun – a dau fom llaw yn eu gwregysau. Gwisgent hefyd socasau lledr tra gwisgai'r *Tans* bâr o goesrwymau. Yr hyn oedd yn gyffredin i'r ddwy garfan oedd y ffaith y caent ryddid i weithredu fel y mynnent.

Dulliau gweithredu'r ddwy garfan oedd disgyn ar bentref neu dref, saethu rhai o'r trigolion a dwyn eraill i'r ddalfa ac yna chwalu a llosgi eiddo. Cynhaliwyd cyrchoedd ar Tuam, Carrick-on-Shannon, Ennistymon, Lahinch a Milltown Malbay. Yn Trim achoswyd £50,000 o ddifrod. Yn Balbriggan dinistriwyd 25 o gartrefi a ffatri. Dechreuwyd targedu offeiriaid Catholig. Difrodwyd busnesau lleol megis ffatrïoedd llaeth cydweithredol. Yr un oedd y stori yn y dinasoedd. Roedd strydoedd Dulyn a Chorc yn waharddedig i'r cyhoedd rhwng 8.00 y nos a 5.00 y bore. Mor wrthun gan bawb oedd y *Tans* a'r *Auxies* nes i nifer fawr o aelodau Heddlu Brenhinol Iwerddon ymddiswyddo.

Ond erbyn hyn roedd yr ymarfer milwrol a

ysgogwyd gan Collins, Mulcahy a McKee yn dwyn ffrwyth. Fel y nodwyd, chwalwyd yr *Auxies* yn Kilmichael a Crossbarry gan Drydedd Frigâd Gorllewin Corc o dan arweiniad Tom Barry. Ar nos Sul y Pasg 1920, llosgwyd dros 500 o farics yr heddlu a swyddfeydd y dreth incwm, tactegau roedd Mulcahy wedi eu dysgu adeg Gwrthryfel y Pasg a'u perffeithio'n gyfrinachol yn y Fron-goch.

Erbyn mis Tachwedd roedd Collins yn Arlywydd Gweithredol Gweriniaeth Iwerddon, er nad oedd y fath le yn bodoli cyn belled ag yr oedd Prydain yn y cwestiwn. Yn yr un mis digwyddodd rhywbeth a gafodd sylw ledled y byd. Yng Ngharchar Mountjoy crogwyd myfyriwr deunaw oed ar ôl iddo gymryd rhan mewn cyrch pan saethwyd chwe milwr Prydeinig yn farw. Ei enw oedd Kevin Barry.

Erbyn hyn roedd ymddygiad y *Tans* a'r *Auxies* yn rhemp. Yn ystod mis Medi saethwyd yn farw 17 o bobl ddiniwed. Cadarnhawyd wrth Collins yr hyn y bu'n ei amau, sef bod polisi o ladd ar hap yn digwydd, a hynny gyda bendith Lloyd George. Roedd dwy garfan greiddiol i'r llofruddwyr – y *Cairo Gang*, sef criw o swyddogion cudd a ddewiswyd o blith milwyr elitaidd yr *Auxiliaries* a oedd wedi gwasanaethu yn y Dwyrain Canol, a'r *Igoe Gang*, llofruddwyr MacCurtain, ymhlith eraill. Un o'u swyddogaethau yn Nulyn oedd adnabod aelodau blaenllaw o griw Collins. Erbyn hyn roedd pridwerth o £10,000 ar ei ben ac ar ben Dan Breen, ei brif filwr.

Yma dylid manylu ar ran y garfan elitaidd a ffurfiwyd gan Collins i ddienyddio ysbiwyr Prydain, syniad arall a aned yn y Fron-goch. Roedd enwau'r Pedwar Mawr, Breen, Treacy, Hogan a Robinson yn wybyddus i'r awdurdodau. Dyma'r pedwar, i bob pwrpas, a symbylodd y Rhyfel Annibyniaeth wedi iddynt ymosod ar chwarel Soloheadbeg yn Swydd Tipperary a dwyn ffrwydron ar yr 21ain o Ionawr, 1919. Arestiwyd Seán Hogan a daeth enwogrwydd chwedlonol i'w rhan yn dilyn cipio hwnnw o dan drwyn ei warchodwyr oddi ar drên yng Ngorsaf Knocklong. Y rhain oedd prif filwyr Collins ac roedd pris ar bennau'r pedwar. O'r pedwar, dim ond Treacy a gollodd ei fywyd yn ystod y rhyfel annibyniaeth. Saethwyd ef nid nepell o Gapel Cymraeg Bethel yn Talbot Street.

Erbyn 1920 roedd Collins ar anterth ei bŵer. Cafodd ei ethol yn *TD* dros Orllewin, De a Chanol Corc. Wedi iddo drefnu dihangfa de Valera o Garchar Lincoln fe'i penodwyd yn Weinidog Materion Cartref, wedyn yn Weinidog Cyllid. Aeth ymlaen i fod yn Drefnydd Cyffredinol a Chyfarwyddwr Cudd-wybodaeth a Chyfarwyddwr Trefniadaeth y Gwirfoddolwyr. Galluogodd hyn ef i sefydlu cnewyllyn y Sgwad, neu'r Deuddeg Apostol, ei griw swyddogol o ddienyddwyr proffesiynol. Credir i wyth, neu naw hyd yn oed o'r Apostolion, ar wahanol adegau, fod yn garcharorion yn y Fron-goch.

Yn Hydref 1919, gyda chymorth Dick McKee a Mick McDonnell, gwahoddodd yn gyntaf chwech o ddynion y gallai ymddiried ynddynt yn llwyr. Roedd pedwar ohonynt, fel McKee a McDonnell a Collins ei hun, wedi treulio cyfnodau yn y Fron-goch, sef Paddy Daly, Tom Keogh, Jim Slattery a Tom Ennis. McDonnell oedd yr arweinydd cyntaf. Fe'i holynwyd gan Daly. Yn y Fron-goch bu Daly yn ddraenen barhaol yn ystlys yr awdurdodau. Fe'i carcharwyd am hynny am 56 niwrnod gyda llafur caled yn Lerpwl. Ymladdodd ar ochr y llywodraeth yn y Rhyfel Cartref a bu ef a'i ddynion yn rhan o nifer o erchyllterau yn erbyn milwyr

Martin Savage, gynt o'r Fron-goch. Lladdwyd ef ar 19 Rhagfyr 1919 mewn cyrch ar Iarll French. Gydag ef roedd dau arall a fu yn y gwersyll, Seamus Robinson a Paddy Daly

Gweriniaethol. Fe gollodd Slattery un fraich yn ddiweddarach wrth ymosod ar y Custom House yn Nulyn ym mis Mai 1921. Aeth ymlaen i fod yn gyrnol ym Myddin y Dalaith Rydd. Yn ychwanegol atynt roedd Gearóid O'Sullivan a Tom Ennis. Cyn-garcharor arall o'r Fron-goch yn y garfan oedd Bill Stapleton. Martin Savage wedyn, medd rhai, a gollodd ei fywyd yn y cyrch ar Arglwydd French yn Ashdown Road ar y 19eg o Ragfyr, 1919. Cofnodwyd y digwyddiad mewn cân gan Wolf Stephens a'i recordio gan Dominic Behan. Yn wir, credai rhai bod tad Dominic a Brendan, sef Stephen Behan, ei hun yn aelod o'r Apostolion ar un adeg. Enillai'r Apostolion gyflog o £4.10s yr wythnos.

Yr enwocaf o'r Apostolion oedd Bill Stapleton. Mabwysiadodd yr enw ffug George Moreland am ei fod yn swnio'n Brotestannaidd ac yn Iddewig. Roedd gan yr Apostolion ganolfan mewn hen siop yn Abbey Street lle byddent yn cymryd arnynt fod yn beintwyr. Yn awr ac yn y man deuai neges i ddweud fod ysbïwr a ddanfonwyd o Brydain i saethu Collins wedi ei adnabod, neu fod aelod o'r *Igoe Gang* i fod yn darged.

Fe âi dau neu dri o'r Apostolion allan gyda swyddog gwybodaeth yn cerdded ychydig o'u blaen. Hwnnw wedyn fyddai'n rhoi arwydd i nodi pwy fyddai'r targed. Eglurodd Stapleton: 'Weithiau fe gymerai drwy'r dydd i ni ganfod y targed. Bryd arall byddai gennym wybodaeth bendant, gyda'r targed mewn man arbennig lle byddem yn disgwyl ei weld. Yna fe wnâi'r swyddog gwybodaeth dynnu ei het, hwyrach, a chyfarch y dyn. Byddai hyn yn arwydd i ni ddechrau saethu.'

Nid oedd canolfan yr Apostolion ymhell o Gastell Dulyn, felly medrai'r dienyddwyr bicio allan mewn oferôls, tanio at y targed, a rhuthro'n ôl o fewn munudau. Cyfaddefai Stapleton fod angen i'r wybodaeth fod yn gywir rhag ofn iddynt saethu rhywun diniwed: 'Câi gofal mawr ei gymryd i sicrhau hynny. O ganlyniad doedden ni ddim yn teimlo bod angen i ni boeni. Wedi'r cyfan, milwyr oeddem ni yn gwneud ein

Aelodau o'r Deuddeg Apostol, sgwad ddienyddio Collins: Joe Leonard, Jim Slattery, Joe Dolan, Gearoid O'Sullivan, Bill Stapleton a Charlie Dalton. Bu Slattery, Dalton, O'Sullivan a Stapleton yn y Fron-goch

dyletswydd. Wedyn, yn aml, fe fyddwn i'n troi i mewn i'r eglwys i offrymu gweddi dros y rhai wnes i saethu.'

Câi'r dienyddiadau hyn eu portreadu yn y wasg fel llofruddiaethau ciaidd ac wrth i ymgyrch dienyddio'r swyddogion cudd fynd rhagddi, defnyddiwyd hynny fel cyfle i gyhuddo Collins o ladd er mwyn lladd a'i rybuddio y danfonid eraill i gymryd lle'r sawl a leddid. Ymateb Collins yn ei nodiadau a gwblhaodd fis Awst 1922 oedd cytuno y gallai Lloegr bob amser gael swyddog arall i gamu i mewn i esgidiau swyddog marw ond ni allai neb gamu i mewn i'w feddwl a'i wybodaeth. Roedd gwybodaeth gudd yn anhepgor i'r math newydd hwn o ymladd. Roedd Collins, meddai Tim Pat Coogan, wedi datblygu syniadaeth frwydro yn seiliedig ar ddwyn gwybodaeth y gelyn yn hytrach na chipio brics a morter.

Un tro fe gymerodd Stapleton a Joe Dolan deithiwr oddi ar dram rhif 8 yn Landsdown Road a'i saethu. Ynad lleol oedd hwnnw, gŵr o'r enw Alan Bell. Ond yn ôl Richard Mulcahy, roedd y dienyddiad o'r pwysigrwydd mwyaf gan mai gwaith Bell oedd canfod y banciau lle'r oedd Collins wedi gosod cyllid *Sinn Féin*. Byddai gwybodaeth Bell wedi peryglu holl fodolaeth *Sinn Féin* a'r Gwirfoddolwyr. Ar ben hynny roedd Bell wedi gweithredu fel ysbïwr i'r heddlu ers y 1880au ac wedi gweithredu'n gudd hefyd yng ngorllewin Iwerddon. Yn ôl Piaras Béaslaí, ystyrid Bell gan Collins fel prif ddyn Gwasanaeth Cudd Prydain yn Iwerddon.

Un diwrnod danfonwyd Stapleton a Dolan – y ddau yn cario bagiau – mewn tacsi i westy'r *Wicklow* i saethu porter a oedd wedi bradychu nifer o Weriniaethwyr. O gyrraedd y gwesty, cerddodd y porter draw at Stapleton a Dolan a chydio yn eu bagiau. Yno, yn llwythog gyda bagiau ym mhob llaw, fe'i saethwyd yn farw.

Drysau mawr Carchar Kilmainham. Gyda chymorth dau swyddog o Gymry llwyddodd Ernie O'Malley, Frank Teeling a Simon Donnelly i ffoi drwyddynt yn 1921

Bryd arall danfonwyd ysbïwr, y Rhingyll Roche, draw o Tipperary i Ddulyn ar drywydd Seán Treacy. Saethwyd Tracey yn farw yn Talbot Street a'r diwrnod wedyn danfonwyd Stapleton i Parliament Street lle gwelodd ddau ddyn yn dynesu, y ddau yn sgwrsio'n gyfeillgar. Gwnaeth un ohonynt, a oedd yn un o ysbiwyr Collins, arwydd arbennig. Taniodd Stapleton at Roche tra trodd asiant Collins ar ei sawdl yn ôl i Gastell Dulyn.

Ar nos Sul yr 21ain o Dachwedd, 1920 symudodd dynion Collins gan daro'n erbyn y swyddogion cudd am naw o'r gloch fore trannoeth. Fesul dau neu dri, cripiodd aelodau o'r garfan gudd Weriniaethol i dai lodjin y swyddogion gan saethu 14 ohonynt yn farw. Bu farw un arall yn ddiweddarach o ganlyniad i'w anafiadau. Bedyddiwyd y noson honno yn *Dohmnach na Fola* – Sul Gwaedlyd.

Y prynhawn hwnnw roedd 8,000 o gefnogwyr pêl-droed Gwyddelig yn gwylio'r rownd derfynol genedlaethol yn Croke Park rhwng Dulyn a Tipperary. Ar ganol y chwarae cyrhaeddodd milwyr gan amgylchynu'r maes. Taniwyd at y dorf a lladdwyd dwsin, yn eu plith un o'r chwaraewyr.

Mae'r ffaith mai dim ond un a arestiwyd am ddienyddiadau'r Sul Gwaedlyd yn dweud llawer am allu Collins fel trefnydd. Aeth yr awdurdodau ati felly i arestio aelodau o'r *IRA* ar hap. Un ohonynt oedd Patrick Moran, gynt o'r Fron-goch. Teimlai mor sicr y câi gyfiawnder nes iddo wrthod y cyfle i ddianc o Garchar Kilmainham. Fe'i dienyddiwyd.

Trefnwyd y ddihangfa gan Collins drwy Ernie O'Malley a chymorth dau Gymro oedd ymhlith y gwarchodwyr. Aelodau o'r Ail Warchodlu Cymreig oedd

Tom Traynor, crydd Gwersyll y Fron-goch a thad i ddeg o blant a grogwyd ar 26 Ebrill 1921

Paddy Moran a Thomas Whelan gydag un o warchodwyr Carchar Kilmainham. Bu'r ddau yn y Fron-goch ac fe'u crogwyd ar yr un diwrnod

Ernest Roper a J. Holland. Dihangodd O'Malley ynghyd â Frank Teeling a Simon Donnelly. Fel Moran, bu Teeling yn y Fron-goch. Dedfrydwyd y ddau Gymro i lafur penydiol am wyth mlynedd yr un.

Roedd Patrick Moran yn un o'r chwe Gweriniaethwr a grogwyd ar y 14eg o Fawrth, 1921. Bu un arall o'r chwech, Thomas Bryan, hefyd yn y Fron-goch. Rhwng mis Tachwedd 1920 a mis Mehefin 1921 dienyddiwyd dau ddwsin o Weriniaethwyr. Yn eu plith roedd Tom Traynor, cyn-grydd carcharorion y Fron-goch a oedd yn dad i ddeg o blant.

Un swyddog cudd a lwyddodd i ddianc â'i draed yn rhydd rhag cyrch Collins a'i Ddeuddeg Apostol oedd y Capten Hardy, un o'r ddau swyddog a fu'n gyfrifol am boenydio a llofruddio Dick McKee, Peadar Clancy a Conor Clune ac a amheuid o boenydio Kevin Barry cyn i hwnnw gael ei grogi.

Cyfeiriwyd yn gynharach at ddienyddiad Peter O'Carroll. Taflwyd goleuni newydd ar y digwyddiad mewn rhifyn o raglen ddogfen y BBC, '*Who Do You Think You Are?*' yn 2014. Yn ganolbwynt i'r rhaglen roedd crwsâd yr actor a'r digrifwr Brendan O'Carroll, sy'n enwog am ei bortread o 'Mrs Brown' yn y gyfres gomedi lwyddiannus, i ganfod enwau llofruddion O'Carroll, ei daid.

Yn oriau mân y bore ar yr 16eg o Hydref, 1920 atebodd yr hen ŵr gnoc ar ddrws ei siop yn Manor Street. Fe'i saethwyd yn farw gan un o dri dyn. Diolch i ysbïwr Michael Collins yng Nghastell Dulyn, David Neligan, canfuwyd mai'r saethwr oedd y Capten Jocelyn Lee Hardy, DSO, MC a Bar, cyn-swyddog yn y *Connaught Rangers* ac yna'r *2nd Inniskillins* a gollodd un goes yn y Rhyfel Mawr. Bu'n garcharor i'r Almaenwyr a cheisiodd ddianc ddeuddeg gwaith. Ym mis Ebrill 1920

Adeilad y Four Courts, Dulyn lle sbardunwyd y Rhyfel Cartref

ymunodd â changen cudd-wybodaeth yr *Auxilliaries* yn Nulyn, sef y *Cairo Gang*.

Taflodd y rhaglen deledu oleuni newydd ar hanes saethu Peter O'Carroll, a oedd (fel ei dad) yn aelod o'r *IRB*. Credir iddo gael ei rybuddio y câi ei saethu'n farw pe na bai'n perswadio ei ddau fab i ildio cyn rhyw ddyddiad arbennig. Fe'i saethwyd a gadawyd nodyn ar ei frest yn cyhoeddi '*Traitor to Ireland. Shot by the IRA*'. Roedd hon yn dacteg gyffredin gan swyddogion cudd Prydain yn Nulyn. Profwyd mai celwydd oedd yr honiad wrth iddo gael angladd Gweriniaethol. Ymhlith y galarwyr roedd M. J. Staines, cyn-benswyddog Gwersyll y De yn y Fron-goch, lle bu dau o feibion O'Carroll, Liam a Peter, yn garcharorion.

Roedd Hardy ar frig rhestr Collins o'r swyddogion cudd a oedd i gael eu dienyddio ar fore *Bloody Sunday* ond llwyddodd i ddianc. Er gwaethaf sawl cynllun i'w ladd, goroesodd Hardy a chafodd swydd uchel mewn banc ac fe ysgrifennodd ddwy nofel a drama. Bu farw yn 62 oed ym 1958.

Roedd Collins yn y cyfamser wedi'i ethol yn *TD* dros Dde Armagh. Yna, ym mis Hydref 1921 anfonwyd ef, yn groes i'w ewyllys, i Lundain i drafod cytundeb. Teimlai mai ystryw fwriadol gan de Valera oedd hyn. Gwyddai hwnnw o'r gorau na châi Iwerddon annibyniaeth lawn ac y byddai derbyn cyfaddawd yn pardduo'i enw yn ôl

Lyn Ebenezer yng nghwmni Brendan O'Caroll wrth i'r Gwyddel baratoi ei raglen wych ar ei ewythrod yng Ngwrthryfel y Pasg, 'My Family at War'. Bu dau o'i deulu yng ngwersyll Fron-goch.

yn Iwerddon. Wyneb yn wyneb â gwleidyddion profiadol fel Lloyd George ac Arglwydd Birkenhead, gwyddai hefyd y byddai Collins allan o'i ddyfnder. Mewn gwirionedd, Collins fyddai'r bwch dihangol.

Cymerodd dri mis o ddadlau a thrafod cyn i'r Cytundeb gael ei arwyddo ar y 6ed o Ragfyr 1921, yn dilyn cadoediad yn y Rhyfel Annibyniaeth. Y prif gynrychiolwyr dros *Sinn Féin* oedd Collins, Arthur Griffith, Robert Barton a Gavan Duffy. Bu de Valera yn ddigon cyfrwys a hirben i aros gartref. Wedi i Collins lofnodi'r ddogfen, a olygai annibyniaeth i Dalaith Rydd o 26 sir, tra bod chwe sir y gogledd yn dal yn rhan o Brydain, fe ysgrifennodd:

Meddyliwch: beth wnes i ei sicrhau i Iwerddon? Rhywbeth y bu'n ei ddeisyfu ers saith can mlynedd. A fydd unrhyw un yn fodlon â'r fargen? Fe ddwedaf i hyn

– yn gynnar y bore yma fe wnes i lofnodi fy ngwarant marwolaeth. Ar y pryd meddyliais mor rhyfedd oedd hyn, mor wirion – fe allai bwled fod wedi gwneud y gwaith yr un mor hawdd bum mlynedd yn ôl.

Ymhen wyth mis, fe fyddai bwled yn cyflawni'r union waith hwnnw.

Craidd y Cytundeb oedd y câi'r 26 sir statws Dominiwn o fewn yr Ymerodraeth Brydeinig. Gwelai Collins hyn nid fel ateb ond fel cam bras tuag at yr ateb, rhyddid i sicrhau rhyddid. Ond roedd Catholigion chwe sir y gogledd bellach ar drugaredd yr Unoliaethwyr. I de Valera roedd y Cytundeb yn bradychu'r mudiad Gweriniaethol. Er i Iwerddon bleidleisio dros y Cytundeb – fe'i derbyniwyd gan y *Dáil* gyda mwyafrif o saith pleidlais – rhwygwyd y mudiad milwrol a gwleidyddol Gweriniaethol. Cododd cyn-gyfaill arf yn erbyn cyn-gyfaill, brawd yn erbyn brawd, tad yn erbyn mab.

Aeth de Valera ar ffo. Meddiannwyd y Four Courts yn Nulyn gan y Fyddin Weriniaethol. Taniodd milwyr Byddin y Dalaith Rydd at y meddianwyr a llosgwyd yr adeilad. Am yr eildro mewn pum mlynedd roedd canol Dulyn yn wenfflam.

Arweiniwyd y cyrch ar y Four Courts, gyda chymorth gynnau mawr wedi eu benthyca oddi ar fyddin Prydain, gan gyn-garcharor o'r Fron-goch, Tom Ennis. Roedd Ennis wedi bod yn rhan o'r ymosodiad ar y Custom House ym mis Mai 1921 ac wedi'i anafu yno. Yn ystod y Rhyfel Annibyniaeth dienyddiwyd 24 o Weriniaethwyr gan Brydain ond yn ystod y Rhyfel Cartref a ddilynodd y Cytundeb, dienyddiwyd 77 o Weriniaethwyr gan eu cyn-gymrodyr, nifer o'r rhain eto wedi bod yn y Fron-goch.

Mae un digwyddiad yn crisialu'r tristwch a'r gwiriondeb. Fe arestiwyd Leo Henderson gan filwyr y llywodraeth am feddiannu cerbydau milwrol ym mis Mehefin 1922. Er mwyn taro'n ôl fe herwgipiodd y Gweriniaethwyr J. J. O'Connell, Dirprwy Bennaeth Staff Byddin y Llywodraeth. Dyma'r digwyddiad, i bob pwrpas, a daniodd y Rhyfel Cartref. Roedd Henderson ac O'Connell wedi bod yn gyfeillion agos yn y Fron-goch, y naill yn gapten a'r llall yn benswyddog Gwersyll y De.

Parhaodd y terfysg gwaedlyd. Erbyn mis Medi 1992 roedd 5,000 o Weriniaethwyr yng ngharchar heb gyhuddiad. Ac yna'r eironi mwyaf oll. Pasiwyd Deddf Pwerau Brys a oedd yn caniatáu carcharu heb gyhuddiad, tra bo cario arf yn drosedd anghyfreithlon ac yn golygu dienyddio, yr union ddeddf a gafodd ei defnyddio gan Brydain i garcharu Gwyddelod yn y Fron-goch a mannau eraill. Roedd Deddf Amddiffyniad y Deyrnas (*DORA*) bellach yn arf gan Lywodraeth y Dalaith Rydd er mwyn carcharu Gweriniaethwyr. Câi Richard Mulcahy, y Gweinidog Amddiffyn, a Séan MacMahon, Pennaeth Staff Byddin y Dalaith Rydd, dragwyddol heol i arestio a charcharu unrhyw un a fynnent heb fod angen ymchwiliad, cyhuddiad na phrawf. Byddai'r llysoedd milwrol yn rhai cyfrinachol ac ni châi milwyr Gweriniaethol yr hawl i gael eu hystyried yn garcharorion rhyfel. Ers dyddiau'r Fron-goch roedd y rhod wedi troi un cylch cyfan ac roedd MacMahon, fel Mulcahy, yn un o gyn-garcharorion y Fron-goch.

Hepgorwyd yr angen am ddienyddiadau ffurfiol yn aml. Yn Swydd Kerry ar y 7fed o Fawrth, 1923 cymerwyd naw carcharor Gweriniaethol o Garchar Tralee i Ballyseedy Cross lle'r oedd ffrwydron wedi eu gosod. Clymwyd y naw gyda'i gilydd o gwmpas y ffrwydron. Taniwyd y ffrwydron a chwythwyd wyth o'r carcharorion i ebargofiant. Bathwyd dywediad lleol am 'frain Ballyseedy yn pesgi'. Yn wyrthiol, chwythwyd un o'r naw i ffos gerllaw a llwyddodd i ddianc i adrodd yr hanes. Ar yr un diwrnod ffrwydrwyd pum carcharor yn Castlemaine. Unwaith eto, llwyddodd un i ddianc yn fyw. Yna, ar y 12fed o Fawrth, yn Cahirciveen, ffrwydrwyd pum carcharor arall. Y tro hwn ni lwyddodd neb i ddianc.

Yn dilyn y digwyddiadau hyn, cyhoeddodd Richard Mulcahy yn y *Dáil* fod 68 o filwyr y Dalaith Rydd wedi'u lladd yn Kerry a 157 wedi'u hanafu ond ni chyfeiriwyd at y ffaith nad oedd yr un carcharor Gweriniaethol a ddienyddiwyd wedi ei gael yn euog o unrhyw drosedd.

Lladdwyd nifer o gyn-garcharorion y Fron-goch mewn gwahanol frwydrau, gan gynnwys Tom Keogh, aelod o'r Sgwad, a saethwyd yn farw gan filwyr Gweriniaethol ger Macroom adeg y Rhyfel Cartref. Enwyd Barics Richmond yn Farics Keogh er cof amdano. Saethwyd Mick Carolan o Felfast yn farw yn Nulyn ar yr 28ain o Orffennaf, 1922. Ym mynyddoedd Partry lladdwyd M. J. Ring, milwr gyda'r Dalaith Rydd. Lladdwyd Hugh Thornton, milwr arall ym myddin y llywodraeth, yn Clonakilty. Lladdwyd y Gweriniaethwr Paddy O'Brien mewn ffrwgwd yn Enniscorthy ar yr 11eg o Orffennaf, 1922. Roedd brawd Paddy, sef Denis, gydag ef yn y Fron-goch. Er iddo ymladd yn erbyn milwyr y Dalaith Rydd, ymunodd yn ddiweddarach â charfan o filwyr gwleidyddol, y Broy Harriers, wedi i de Valera ddod i rym. Ym 1924 saethwyd Denis yn farw y tu allan i'w gartref; roedd y Gweriniaethwyr eisiau dial am iddo erlid ei gyn-gymrodyr.

Ymhlith carcharorion y Fron-goch roedd Joseph A.

Sweeney. Ac yntau'n gadfridog yng ngofal Byddin y Dalaith Rydd yn y gogledd-ddwyrain, bu'n gyfrifol am ddienyddio pedwar carcharor Gweriniaethol heb eu rhoi ar brawf. Pádraig Ó Caoimh oedd Rheolwr Gweithredol Carchar Mountjoy pan ddienyddiwyd pedwar carcharor Gweriniaethol heb brawf ar yr 8fed o Ragfyr, 1922. Bu yntau yn y Fron-goch.

Tony Gray yn *Ireland this Century* a lwyddodd i grynhoi'r sefyllfa orau: 'Defnyddiwyd yr holl driciau budr a ddysgwyd yn ystod y Rhyfel Annibyniaeth yn awr gan Wyddelod yn erbyn eu cyn-gymrodyr dan arfau, ac mewn rhai achosion yn erbyn eu brodyr a'u cefndryd.'

Llusgodd y Rhyfel Cartref yn ei flaen tan y 24ain o Fai, pan alwyd cadoediad, ond ni pheidiodd y lladd na'r dienyddio. Mor ddiweddar â'r 6ed o Fedi 1940, dienyddiwyd y Gweriniaethwyr Patrick McGrath, pennaeth gweithgareddau'r *IRA*, a Thomas Harte yng Ngharchar Mountjoy gan lywodraeth de Valera. Roedd McGrath wedi bod yn garcharor yn y Fron-goch. A phwy oedd y Gweinidog Cyfiawnder a fu'n gyfrifol am weinyddu'r gosb eithaf yn erbyn McGrath? Un o'i hen gymrodyr o'r Fron-goch, Gerry Boland. Roedd Boland wedi gwrthwynebu'r Cytundeb yn wreiddiol ond er gwaethaf hynny, a'r ffaith i'w frawd, Harry, fod yn Weriniaethwr pybyr a laddwyd adeg y Rhyfel Cartref, bu'n gyfrifol am ddienyddiad nifer o Weriniaethwyr yn ystod y 1930au–1940au.

Os credai'r Gweriniaethwyr fod Llywodraeth y Dalaith Rydd yn parhau â'r gwaith a ddechreuwyd gan fyddin Prydain, fel arall y teimlai Collins. Yn ei nodiadau ym 1922 cawn ef yn cyffelybu'r Gweriniaethwyr i'r *Black and Tans*: 'Methodd y *Black and Tans*, er gwaethaf eu bryntni tramor, â throi

*Replica o'r car arfog a'r cerbyd Crossley a ddefnyddiwyd gan
Michael Collins ar ei daith olaf*

Iwerddon "yn uffern deilwng". Gwnaeth y milwyr
Afreolaidd [Gweriniaethwyr] ddwyn eu gwlad i ymyl
uffern wironeddol.'

Ac wrth gyfiawnhau ei ran yn arwyddo'r Cytundeb
ychwanegodd: 'Ni chaiff yr un milwr Prydeinig, na'r un
swyddog Prydeinig fyth eto osod ei droed ar ein
glannau heb iddo fod yma ar wahoddiad pobl rydd.'
Ond beth am lannau'r Chwe Sir?

Yn y cyfamser, parhau wnaeth y dienyddio. Ar y 6ed
o Fawrth, 1923 cymerwyd pedwar Gweriniaethwr ifanc
o'u celloedd yng Nghastell Drumboe, Swydd Donegal
a'u dienyddio. Y swyddog oedd yng ngofal yr ardal
honno ac arolygydd dienyddio Charlie Daly, Timothy
O'Sullivan, Daniel Enright a Seán Larkin oedd, ie, Joe
Sweeney.

Yn ddiweddarach bu Sweeney'n adrodd hanes y
digwyddiad wrth yr actor a'r awdur o Gymro, Kenneth

Griffith, a gyhoeddwyd yn y gyfrol *Strange Journey*. Addefodd mai ef oedd yn gyfrifol am y sgwad dienyddio. Bu saethu Daly, yn arbennig, meddai, yn anodd gan eu bod yn ffrindiau coleg:

> *Peth ofnadwy yw gorfod saethu rhywun mewn gwaed oer, a chwithau ar delerau da ag ef. Un peth yw cyfnewid ergydion â rhywun, ond mae dienyddiad yn rhywbeth arall tra gwahanol. Doeddwn i ddim yn bresennol yn y weithred ei hun, ond er mwyn sicrhau na fyddai unrhyw drafferthion fe wnaethom yn siŵr fod y saethwyr yn rhai dewisol, a dywedasom wrthynt am roi'r dynion allan o'u poen cyn gynted â phosibl. Bryd hynny ceid yr arferiad barbaraidd a olygai y byddai'r Profost Farshall wedyn yn gorfod tanio'r ergyd 'coup de grace' drwy'r galon. Doeddwn i ddim yn cytuno â hynny, ond dyna oedd y gorchymyn, a rhaid oedd ufuddhau.*
>
> *Erbyn hynny roeddem oll, mae'n debyg, wedi mabwysiadu rhyw raddau o galedwch ...*
>
> *Anodd iawn yw disgrifio rhyfel rhwng brodyr. Roedd hi'n filain ac yn erchyll. Ceid teulu yn erbyn teulu a brawd yn erbyn brawd, a cheisiais ei ddileu o'm meddwl gymaint â fedrwn gan nad yw'n beth pleserus iawn i feddwl yn ei gylch.*

Gallasai geiriau'r cyn-garcharor o'r Fron-goch fod wedi dod o enau unrhyw filwr, boed o'r Dalaith Rydd neu'n Weriniaethwr. Crisialant y cyfan o arswyd cyddinistriol y Rhyfel Cartref.

Wrth i Lywodraeth y Dalaith Rydd gryfhau ei gafael, aethpwyd ati i ddefnyddio Deddf Amddiffyn y Deyrnas (DORA) – a ddefnyddiwyd mor ddidrugaredd gan Brydain yn erbyn y Gwyddelod – yn ogystal â'i

*Yr hen Farics Brenhinol yn Nulyn a ail-enwyd yn Farics Collins ac
sydd nawr yn amgueddfa filwrol*

hatgyfnerthu. Cyflwynodd y Gweinidog Cyfiawnder,
Richard Mucahy, y Mesur Pwerau Brys a awdurdodai –
i bob pwrpas – ddial drwy ddienyddio. Golygai y gellid
dienyddio ar orchymyn Tribiwnlysoedd Milwrol fel
cosb am Weithred Ryfelgar gan Weriniaethwyr. Gallai
'Gweithredoedd Rhyfelgar' olygu cario arf i ysbeilio
neu ddifrodi eiddo. Cefnogwyd y Mesur gan yr Eglwys
Gatholig. Nawr roedd gan Mulcahy, ac yntau'n
Weinidog Cyfiawnder, a Seán MacMahon, Swyddog
Gorchmynnol Byddin y Dalaith Rydd bwerau di-ben-
draw. Medrent arestio unrhyw un am unrhyw reswm,
heb gyhuddiad na gwrandawiad agored. Cynhelid y
llysoedd milwrol hyn yn gyfrinachol. Ni châi unrhyw
garcharor Gweriniaethol hawlio statws Carcharor
Rhyfel. Roedd yr olwyn a gychwynnodd dreiglo yn y
Fron-goch wedi cyrraedd tro cyfan. Bu Mulcahy a
MacMahon yn garcharorion yno, fel amryw o'r rheiny a
weithredent eu gorchmynion. Ac fel amryw o'r rheiny
a ddienyddiwyd yn ôl eu gorchymyn.

Ymhlith y rhai a ddienyddiwyd am dorri Deddf *DORA* roedd Erskine Childers a smyglodd arfau i'r Gweriniaethwyr ar ei long *Asgard* ym 1914. Fe wrthwynebodd Childers y Cytundeb. Yn ddiweddarach fe'i harestiwyd am fod â gwn llaw yn ei feddiant, hen wn Sbaenaidd a dderbyniasai'n rhodd gan Michael Collins adeg y Rhyfel Annibyniaeth. Dienyddiwyd ef gan Lywodraeth y Dalaith Rydd ar y 24ain o Dachwedd, 1922. Cyn i'r bwledi ei falu, mynnodd ysgwyd llaw â phob un o'i ddarpar-ddienyddwyr yn y sgwad saethu.

A beth am Collins? Bu ef farw fel y bu fyw, yn fyrbwyll a herfeiddiol. Ar yr 21ain o Awst, 1922 roedd ar daith yn ei hen fro yng ngorllewin Swydd Corc. O ystyried pwysigrwydd Collins a gwrthwynebiad yr ardalwyr tuag at y Cytundeb, gosgordd gymharol fechan oedd ganddo – sgowt ar fotor-beic, dau gar yn cario milwyr arfog a char arfog, y *Slievenamon*. Cred rhai haneswyr mai ceisio heddwch oedd y nod ac nad damwain oedd y ffaith fod de Valera hefyd yn yr un ardal.

Yn Beal na mBlath, sy'n golygu Safn y Blodau, roedd hanner dwsin o filwyr Gweriniaethol yn disgwyl. Pan daniodd y rheiny, arhosodd Collins a'i osgordd. Yn groes i gyngor ei ddynion, neidiodd Collins allan. Safodd yng nghanol y ffordd gan ddechrau tanio'n ôl. Yn sydyn, disgynnodd yn swp ar y ffordd fawr, wedi'i saethu yn ei ben. Yno, yn ei wlad ei hun, bu farw'r proffwyd.

Pan glywyd am ei farwolaeth, fe ddechreuodd milwyr o'r ddwy fyddin grio'n agored. Pwysodd eraill yn erbyn ei gilydd mewn galar tawel. Roedd y Gweriniaethwr digyfaddawd Tom Barry, a garcharwyd wedi'r ildio yn y Four Courts, yng Ngharchar Kilmainham. Dywedodd Barry, awdur *Guerrilla Days in Ireland*, ei fod yn sgwrsio â charcharorion Gweriniaethol eraill pan gyrhaeddodd y newyddion:

'Disgynnodd tawelwch llethol dros y carchar, ac yna clywyd sibrwd cynyddol o'r celloedd islaw. Pan edrychais i lawr gwelais yr olygfa ryfeddaf o tua mil o garcharorion Gweriniaethol yn adrodd y llaswyr yn fyrfyfyr wrth ddymuno gorffwysfa i enaid Michael Collins, eu cyn-elyn.'

Llwyddodd Collins, felly, i ennill yr hawl i arddel y llysenw *The Big Fellow* yn yr ystyr gorau posibl. Ond hwyrach mai'r llysenw mwyaf addas a roddwyd iddo oedd yr un a fathwyd gan Kathleen Behan, mam Brendan a Dominic. Ddwy flynedd cyn marwolaeth Collins roedd Mrs Behan wedi mynd ato i ofyn am gymorth am fod ei gŵr, Stephen, yng ngharchar ar gyhuddiadau'n ymwneud â'r *IRA*. Derbyniodd ugain punt gan Collins yn y fan a'r lle. Ei henw hi arno oedd *My Laughing Boy*. Yn ddiweddarach cyfansoddodd ei mab, Brendan, faled yn deyrnged i Collins, sy'n dal yn wrthun gan gymaint o Weriniaethwyr.

Twas on an August morning, all in the dawning hours,
I went to take the warming air, all in the Mouth of Flowers,
And there I saw a maiden, and mournful was her cry,
'Ah, what will mend my broken heart, I've lost my Laughing Boy.

'So strong, so wide and brave he was, I'll mourn his loss too sore,
When thinking that I'll hear the laugh or springing step no more,
Ah, curse the times, and sad the loss my heart to crucify,
That an Irish son with a rebel gun shot down my Laughing Boy ...'

Barn Behan am ran Collins yn arwyddo'r Cytundeb oedd iddo ef ac Arthur Griffith gael eu twyllo a mynegodd wirionedd mawr ynghanol ei gellwair yn *Brendan Behan's Island*: 'Os ydych chi am greu chwyldro, yna cystal i chi fynd ati i ddysgu rhywbeth am wleidyddiaeth.'

Ym marwolaeth Collins cawn eto'r eironi sy'n gymaint rhan o hanes Iwerddon. Yn ôl yn y Fron-goch, un o ffrindiau pennaf Collins oedd Séan Hales, aelod o'r teulu gwrthryfelgar o Ballinadee, Swydd Gorc. Roedd dau frawd iddo yno hefyd tra oedd brawd arall, Tom, wedi mynd ar ffo. Bu'r pedwar brawd Hales yn amlwg iawn yn y Rhyfel Annibyniaeth gyda Tom, unwaith, er cael ei boenydio gan swyddogion byddin Prydain yn Bandon, yn gwrthod datgelu unrhyw wybodaeth am Collins.

Yn dilyn y Cytundeb dilynodd Séan a Tom lwybrau gwahanol. Glynodd Séan wrth Collins a'r llywodraeth. Parhaodd Tom i fod yn Weriniaethwr digyfaddawd. Fe laddwyd Séan mewn ffrwgwd â'r Gweriniaethwyr yn Nulyn ar y 7fed o Ragfyr, 1922, pan anafwyd un arall o gyn-garcharorion y Fron-goch, Pádraic Ó Máille. Er mwyn talu'r pwyth yn ôl, dienyddiwyd pedwar carcharor Gweriniaethol ar orchymyn uniongyrchol Richard Mulcahy. Pan saethwyd Collins yn farw yn Beal na mBlath, y gŵr a daniodd y fwled dyngedfennol oedd Sonny O'Neill, cyn-filwr ym myddin Prydain ond ymhlith yr hanner dwsin a fu'n gyfrifol am yr ymosodiad ar y Boi Mawr roedd Tom Hales. Pan glywodd pwy a saethwyd yn farw, wylodd yntau.

11

Dau Arglwydd Faer

Bu Tomás MacCurtain a Terence MacSwiney yn anwahanadwy yn eu bywyd ac yn eu marwolaeth. Ar ôl ymuno â'r Gwirfoddolwyr gyda'i gilydd ym 1913, a threulio cyfnodau o gaethiwedigaeth gyda'i gilydd yn y Fron-goch ac yng Ngharchar Reading, ac yna'u rhyddhau gyda'i gilydd, buont farw o fewn saith mis i'w gilydd ym 1920.

Yno daw'r hyn fu'n gyffredin rhyngddynt i ben. Bu farw MacCurtain yn sydyn ac yn giaidd drwy gael ei saethu ar ei aelwyd ei hun gan aelodau o Heddlu Brenhinol Iwerddon. Bu marwolaeth McSwiney yn ddioddefaint hir, araf a phoenus yn dilyn streic newyn a barhaodd am ddeng wythnos.

Er i'r ddau dreulio cyfnodau yn y Fron-goch a charchardai yn Lloegr, ni chymerodd y naill na'r llall ran gorfforol yng Ngwrthryfel y Pasg. Y dryswch yn y trefniadau fu'n gyfrifol am y ffaith mai dim ond aelodau o un teulu o Swydd Gorc fu'n rhan o'r digwyddiad, sef y teulu Kent, ffermwyr yn ardal Fermoy y ceisiwyd eu cymryd i'r ddalfa. Costiodd hynny fywyd un plismon a bywyd un o'r tri brawd, Richard Kent. Anfonwyd ei frawd Matthew i'r Fron-goch.

Teuluoedd eraill a oedd yn ysu i godi arfau oedd y brodyr Hales a'r brodyr O'Donoghue ond fe'u hataliwyd gan MacCurtain a MacSwiney, y naill yn bennaeth yr *IRB* yn Swydd Gorc a'r llall yn ddirprwy. Dewisodd y ddau ufuddhau i'r gorchymyn i beidio ag ymladd, gorchymyn a gludwyd iddynt gan J. J. 'Ginger'

O'Connell, y Prif Swyddog cyntaf a anfonwyd i'r Fron-goch.

Bu'n rhaid i MacSwiney alw'n bersonol yng nghartref y brodyr Hales yn Ballinadee i'w perswadio i ufuddhau i ail orchymyn Eóin Mac Néill i'r Gwirfoddolwyr beidio â chodi. Erbyn i alwad Pearse i ymladd ar ddydd Llun y Pasg gyrraedd, roedd hi'n rhy hwyr. Roedd Dinas Corc dan warchae gan filwyr Prydeinig. Addawyd na châi'r Gwirfoddolwyr eu harestio pe ildient eu harfau. Torrwyd yr addewid hwnnw. Cymerwyd tri aelod o deulu Hales a thri o deulu O'Donoghue yn ogystal â MacSwiney i'r ddalfa ac ar wahân i un o'r brodyr Hales, cyrhaeddodd y gweddill Wersyll y Fron-goch.

Arestiwyd MacCurtain wythnos ar ôl i'r Gwrthryfel orffen ac ar yr 22ain o Fai anfonwyd y ddau ddarpar Arglwydd Faer ymhlith 139 o garcharorion eraill o Garchar Corc i Farics Richmond yn Nulyn. Fe'u cyffiwyd yn barau ar gyfer y daith.

Yn wahanol i fwyafrif y carcharorion a gafodd eu hebrwng drwy strydoedd Dulyn tuag at y llong wartheg, ar y 30ain o Fai cerddai MacCurtain a'i griw i gymeradwyaeth y dorf. Danfonwyd ef a MacSwiney o Farics Richmond ymlaen i'r Fron-goch ar yr 31ain o Fai. Meddai MacCurtain, '... fe wnaeth y bobl ymgynnull a dilyn ac erbyn i ni gyrraedd Pont O'Connell roedd yna filoedd o'n cwmpas. Gwaeddent a rhegent ar y milwyr – roedden nhw'n filain tuag at y milwyr.'

Erbyn hynny, wrth gwrs, roedd pymtheg o'r arweinwyr wedi cael eu saethu a'r Gwirfoddolwyr bellach yn arwyr. Pen y daith i'r ddau oedd Carchar Wakefield yn gyntaf, ar y 10fed o Fehefin. Ddeng diwrnod yn ddiweddarach cyraeddasant y Fron-goch.

Etholwyd y ddau ar unwaith yn aelodau o Bwyllgor

Gwaith Cyngor Cyffredinol y Gwirfoddolwyr. Cawsant eu penodi hefyd yn benswyddogion. Yn ogystal, dewiswyd MacCurtain i ofalu am y gwersi Gwyddeleg. Yn ddiweddarach roedd y ddau'n allweddol yn y symudiad i droi'r Cyngor Cyffredinol o fod yn gorff gweinyddol i fod yn gorff milwrol. O dan y drefn newydd penodwyd MacCurtain i ofalu am stafell gysgu rhif 2 Gwersyll y De tra oedd MacSwiney i ofalu am stafell gysgu rhif 4.

Yn *Enduring the Most: The Life and Times of Terence MacSwiney* ceir gan Francis J. Costello hanesyn rhyfedd am wrthdaro rhwng MacSwiney a Gearóid O'Sullivan, aelod o'r *IRB*, parthed glanhau'r tai bach a bwcedi carthion y milwyr cyn gadael Barics Richmond. Teimlai MacSwiney y dylid ufuddhau i orchmynion rhesymol, ond dadl O'Sullivan a orfu. Fe'i halltudiwyd yntau i'r Fron-goch. Ond doedd MacSwiney ddim yn ufudd bob amser; treuliodd yntau gyfnod yn '*solitary*' am droseddu.

Yn ôl Seán T. O'Kelly, roedd MacSwiney'n arbenigwr ar lwgrwobrwyo swyddogion y gwersyll. Llwyddodd i berswadio un ohonynt i ganiatáu i'r dynion weld cynnwys eu llythyron cyn eu sensro: 'MacSwiney ei hun fyddai'n dosbarthu'r llythyron bob dydd. Byddem yn eu darllen mewn hanner awr. Yna byddent yn ôl yn nwylo'r Sensor ac yn barod i'w hanfon ymlaen i Sensor y Post yn Llundain.'

Yn dâl am eu ffafrau derbyniai'r swyddogion ddwy botel o gwrw'r dydd. Ar ôl i'r llythyron fod drwy ddwylo Sensor y Post yn Llundain, deuent yn ôl gyda darnau – weithiau dudalennau cyfain – yn eisiau.

Tra oedd MacSwiney yn y Fron-goch derbyniodd un ymweliad gan ei chwaer, Mary, a hynny ar y 27ain o Fehefin am 2.00 o'r gloch ac am chwarter awr yn unig.

Daliodd Mary ar y cyfle i ymweld â MacCurtain hefyd. Pan wnaeth hi gais am ymweliad arall, fe'i gwrthodwyd er gwaethaf cefnogaeth dau aelod seneddol o'r Blaid Wyddelig, J. C. Dowdall a Tim Healy. Yn wir, cododd Healy'r mater ar lawr y Tŷ ar y 6ed o Fehefin. Ateb y Swyddfa Gartref oedd bod Gwersyll y Fron-goch wedi ei lethu gan ymwelwyr ac na ellid caniatáu ail ymweliad i Mary MacSwiney.

Gweithiodd Mary'n ddiflino dros garcharorion gweriniaethol a oedd yn y Fron-goch ac mewn carchardai eraill. Yn Lerpwl, er enghraifft, sefydlodd bwyllgor cefnogi ac fe ddanfonwyd i'r Fron-goch allor symudol, harmoniwm, offer golchi, sebon, dillad a phêl-droed. Llwyddodd hefyd i ennill cefnogaeth y Tad Thomas McGarvey, a fu'n weithgar iawn dros hawliau'r carcharorion.

Ymddengys nad oedd Terence MacSwiney yn dawel ei feddwl yn y Fron-goch. Mewn llythyr at ei chwaer dywedodd carcharor arall o'r enw Sheehan fod ei brawd, er yn iach ac mewn ysbryd da, yn ymddangos ychydig yn isel ac yn anhapus â'i gaethiwed. Ymddangosai, meddai, fel petai'n dioddef o'r gwres neu gyda'i nerfau.

Yn y cyfamser roedd y milwr yn MacSwiney yn dal yn weithgar. Yn ôl J. J. O'Connell, a oedd gydag ef yn y Fron-goch ac yn Reading, ef oedd y prif symbylydd wrth fynnu bod yr astudiaeth ddamcaniaethol o ryfel *guerrilla* yn parhau. Mynnai MacSwiney fod y dynion yn derbyn hyfforddiant mewn drilio a danfon signalau ynghyd ag astudio hanes a dadansoddiad y dulliau rhyfela a gâi eu hymarfer yn y Rhyfel Mawr.

Ar yr 11eg o Orffennaf, trosglwyddwyd MacSwiney a MacCurtain i Garchar Reading, lle cedwid y prif wrthryfelwyr. Wrth i MacCurtain adael, disgrifiwyd yr achlysur gan un o'r carcharorion, Paul Dawson Cusack o Swydd Longford, fel un anodd i ddweud ffarwél: 'Siaradasom gymaint, chwarddasom gymaint â dod yn gymaint ffrindiau fel y byddai, yn anffodus, petawn yn disgrifio'r cyfan a deimlaf yn cael ei ystyried fel gor-ddweud.'

Ysgrifennodd Thomas Boylan o Ddulyn nodyn o ffarwél iddo yn dweud: 'Heb fod yn ddyn o fynych eiriau, fedra i ddim dweud y cyfan y dymunwn ei ddweud wrthyt, ond o waelod calon dymunaf i ti rwydd hynt. Fy ngweddi barhaus fydd i ti gael dy lenwi â gwroldeb ac i oddef yn llwyddiannus ac yn ddewr beth bynnag a achosir i ti ac y cei yn fuan dy adfer i gwmni dy ffrindiau ac i ryddid.'

Dywedodd W. J. Brennan-Whitmore amdano: 'Ni wnes ei adnabod ond yn y Frongoch, ond roedd gen i lawer o hoffter ohono yno. Y fath enaid llawen a hapus. Carai chwarae triciau. Medraf, heb orliwio, ddweud ei fod ymhlith y mwyaf poblogaidd yn y gwersyll.'

Rhyddhawyd y ddau o Garchar Reading yn gynnar ym 1917. Ar unwaith, ymrodd y ddau i waith recriwtio a chasglu arfau. Dywedodd Fred Murray, Gwirfoddolwr arall, wrth Francis J. Costello y teimlai MacSwiney i'r byw fethiant Corc i godi yn y Gwrthryfel a'r sefyllfa ffug y cawsai ei hun ynddi.

Ceir cytundeb cyffredinol ymhlith haneswyr fod MacSwiney a MacCurtain yn dal i deimlo'n chwerw o ganlyniad i'w hymdrech lwyddiannus ond camsyniol i atal y Gwrthryfel yng Nghorc. Yn y Fron-goch câi dynion Corc eu hatgoffa byth a hefyd – gan ddynion o Ddulyn fel arfer – o'u methiant i godi arfau. Corc, wedi'r cyfan, oedd un o ardaloedd mwyaf rebelaidd Iwerddon, yn arbennig orllewin Corc. Yn ei gyfrol *The IRA and its Enemies*, dywed Peter Hart: 'Deuai graddedigion mwyaf brwd y Frongoch a Richmond o Fataliynau Bandon a Macroom a Chorfflu Cobh. Dynion fel teuluoedd Hales, Begley, Manning a Walsh.'

Er gwaethaf – neu yn wir oherwydd – methiant Corc i godi fel rhan o'r Gwrthryfel, pwysodd MacSwiney a MacCurtain am Wrthryfel arall ym 1919, yn ôl Michael Brennan o orllewin Clare. Eu cynllun oedd ymosod ar farics mewn ardal arbennig ac yna symud ymlaen i ymosod ar farics arall, ond gwrthodwyd y syniad gan yr arweinwyr yn Nulyn, yn arbennig Richard Mulcahy a ystyriai'r fath dacteg fel gwrthryfel symudol.

Ni olygai hyn ymraniad. Wedi'r cyfan, MacSwiney oedd y gwas priodas pan briododd Mulcahy. Roedd Mulcahy'n garcharor yn Bromyard pan briododd â Muriel Murphy ar yr 8fed o Fehefin, 1917 yn Eglwys Gatholig y dref honno. Gwisgai MacSwiney ei lifrai Gweriniaethol.

Yn dilyn llwyddiant Joseph Plunkett dros *Sinn Féin* yn isetholiad Roscommon ar y 3ydd o Chwefror, 1917, penderfynodd yr awdurdodau yng Nghastell Dulyn arestio 26 o arweinwyr gwahanol fudiadau cenedlaethol, yn eu plith MacCurtain, MacSwiney a hefyd Seán T. O'Kelly, eu cyn-gymrawd yn y Fron-goch. Alltudiwyd deg ohonynt a chyhuddwyd y mwyafrif o'r rheiny a arestiwyd o arddangos y faner drilliw, o yngan geiriau a allai achosi anniddigrwydd, ac o ganu caneuon annheyrngar. Methodd y tactegau ac etholwyd Joseph McGuinness yn *TD* ar ran *Sinn Féin* dros Dde Longford.

Etholwyd MacCurtain yn Gynghorwr *Sinn Féin* dros ogledd-orllewin Corc cyn cael ei ethol yn Arglwydd Faer ar y 30ain o Ionawr, 1920. O'r cychwyn bu'n weithgar yn y frwydr yn erbyn llygredd mewn llywodraeth leol a derbyniodd nifer o fygythiadau.

Roedd yr heddlu wedi bod yn cadw llygad manwl arno o'r dechrau. Derbyniodd nifer o Weriniaethwyr blaenllaw fygythiadau i'w lladd wedi eu hysgrifennu ar bapur swyddogol *Dáil Eirann* (Llywodraeth Iwerddon) a ladratawyd gan yr *RIC* adeg cyrch. Rhoddai hyn yr argraff fod hollt ymhlith y Gweriniaethwyr.

Erbyn 1920 roedd Swydd Gorc yn ferw a thraean byddin Prydain yn Iwerddon wedi ymsefydlu yno. Disgrifiodd Peter Hart ardal Bandon fel 'llain Gaza yr Intiffada Gwyddelig'. Yn yr ardal honno, roedd nifer y rhai a laddwyd ac a glwyfwyd un ar ddeg gwaith yn uwch na'r nifer yn Swydd Antrim gyfan. Cychwynnodd Byddin Prydain ar bolisi didrugaredd o weithredu dialgar llygad am lygad a dant am ddant yno.

Yn ôl Richard Bennett yn *The Black and Tans*, credai Lloyd George mewn polisi o wrth-lofruddio. Credai y dylai dau Weriniaethwr gael eu llofruddio am bob un teyrngarwr a leddid. Roedd ymddygiad y *Black and Tans* a'r *Auxies* erbyn hyn yn rhemp wrth iddynt ysbeilio a lladd yn ôl eu mympwy. Gwnaed llawer o hyn er mwyn dial yn dilyn llwyddiannau cynyddol carfanau taro-a-chilio Tom Barry a'i Drydedd Frigâd chwedlonol ac eraill tebyg. MacCurtain oedd Penswyddog y Frigâd Gyntaf.

Mae'n werth oedi yma i ystyried agweddau cyferbyniol Lloyd George ar faterion domestig a rhai mwy byd-eang. Ceir cyfeiriad diddorol gan Dr John Davies mewn rhifyn o'r *Green Dragon*:

Mae ei yrfa yn llawn eironi a pharadocs: y cymodwr mawr yn ymwrthod yn chwyrn ag awgrym yr Arlywydd Wilson y dylid dod a'r Rhyfel Byd Cyntaf i ben drwy gymodi; poenydiwr y Toriaid yn dod yn arweinydd clymblaid â'r Toriaid; gordd Tŷ'r Arglwyddi yn gorffen ei fywyd yn Iarll; y cenedlaetholwr Cymreig na ildiodd unpeth i'w wlad frodorol pan wnaeth fwynhau'r grym uchaf posibl. Does yna'r un paradocs yn fwy amlwg nag yn ei berthynas ag Iwerddon: canwr clodydd Michael Davitt yn canfod ei hoff ymgynghorwr milwrol yn Syr Henry Wilson ac yn cyfrif ymhlith ei gyfeillion agosaf Unoliaethwyr pybyr

Tomás MacCurtain,
un o ddau ddarpar-Faer Dinas Corc a
garcharwyd yn y Fron-goch

fel Carson, Milner ac F.E. Smith; amddiffynnydd Rhyfel y Boer yn bygylu Gweriniaeth Iwerddon i goleddu Coron Prydain; siaradwr Cymraeg yr Ymerodraeth Brydeinig yn rhodresgar ei feistrolaeth o iaith Geltaidd ym mhresenoldeb siaradwyr Cymraeg y Frawdoliaeth Weriniaethol Wyddelig.

Ar yr 20fed o Fawrth, 1920, yn ystod oriau mân y bore, torrodd criw o blismyn arfog i mewn i gartref MacCurtain yn Thomas Davis Street. Disgrifiodd ei wraig, Elizabeth, hwy fel dynion wedi lliwio'u hwynebau yn ddu fel na ellid eu hadnabod. Disgrifiodd un ag wyneb du a llygaid yn disgleirio fel llygaid diafol. Rhuthrodd rhai ohonynt i fyny'r grisiau. Wrth i MacCurtain ddod allan o'i stafell fe'i saethwyd ddwywaith, a hynny yng ngŵydd ei deulu. Bu farw funudau'n ddiweddarach, a hynny ar ddiwrnod ei ben-blwydd yn 36 oed.

Cafodd y digwyddiad effaith ddofn ar Michael Collins. Mewn llythyr at Terence MacSwiney dywedodd, 'Nid oes gen i fawr o galon yn yr hyn a wnaf heddiw wrth feddwl am Tomás, druan. Dyma yn siŵr y digwyddiad mwyaf ofnadwy hyd yma.'

Ceisiodd yr awdurdodau osod y bai ar Weriniaethwyr a oedd yn anhapus â dulliau gweithredu MacCurtain ond yn y cwest, dychwelodd y crwner ddyfarniad di-flewyn-ar-dafod:

Deuwn i'r canlyniad fod Tomás MacCurtain, Arglwydd Faer Corc wedi marw o sioc a gwaedlif o ganlyniad i glwyfau a achoswyd gan fwledi, ac iddo gael ei glwyfo'n fwriadol o dan amodau o'r creulondeb mwyaf dideimlad: ac i'r llofruddiaeth gael ei gyflawni gan yr RIC o dan gyfarwyddid uniongyrchol Llywodraeth Prydain.

Dychwelwn ddyfarniad o lofruddiaeth fwriadol yn erbyn David Lloyd George, Prif Weinidog Prydain; Iarll French, Arglwydd Lefftenant Iwerddon; Ian McPherson, cyn Uwch Ysgrifennydd Iwerddon; y Rhingyll Gweithredol y Cadfridog Smith o'r R.I.C.; yr Arolygwr Dosbarth Clayton o'r R.I.C.; y Ditectif Arolygwr Swanzy ynghyd ag aelodau dienw o'r R.I.C.

Diddorol nodi i D. J. Williams fynd i Ddinas Corc adeg y cwest i farwolaeth MacCurtain, ac yntau ar y pryd yn athro yn Abergwaun. Datgelodd hynny mewn cyfweliad â Ioan Roberts yn *Y Cymro*. Llwyddodd, meddai, i ennill ymddiriedaeth rhai Gweriniaethwyr gymaint fel iddo dderbyn gwahoddiad i Ddulyn i gyfarfod ag Arthur Griffith, sefydlydd *Sinn Féin*: 'Roedd arweinwyr y gwrthryfel yn trafod eu cynlluniau mewn ystafell ddirgel yn Nulyn, uwchben siop rhyw fasnachwr glo. Dangosais fy ngherdyn cyflwyniad i'r gwyliwr wrth y drws, ac ar ôl i mi aros rhyw deirawr, agorodd drws yr ystafell a daeth yr arweinwyr allan – yn wlyb a heb siafio, a golwg druenus arnyn nhw.' Yn eu plith, meddai, roedd dyn ifanc, tal a chudyn o wallt brown yn disgyn dros ei dalcen. Credai D.J., o weld lluniau ohono wedyn, mai Collins oedd y dyn.

Treuliodd D.J. chwarter awr yng nghwmni Arthur Griffith a chael gwybod ganddo i'r Griffith cyntaf o'r teulu gyrraedd Iwerddon o bentref y tu allan i Gaernarfon yn ystod ail flwyddyn teyrnasiad Iago'r Cyntaf. Ychwanegodd Griffith, '*And we've been in the thick of it ever since.*' Credir mai yn ardal Drws y Coed yn Nyffryn Nantlle y trigai'r teulu.

Disgrifiwyd Griffith gan D.J. fel hyn: 'Dyn byr, bywiog, tywyll oedd e – mae digon o rai tebyg i'w cael yng nghymoedd Morgannwg. Ef oedd y mwyaf ffyddiog o'r holl arweinwyr, ar gyfnod pan oedd y *Black and Tans* yn drwch drwy'r brifddinas. "*We're bound to win through this time*," oedd ei eiriau. Ac fe wnaethant.'

Yn *Raids and Rallies* dywed Ernie O'Malley mai dienyddwyr MacCurtain oedd y giwed lofruddio gyntaf i weithredu yn Iwerddon. Caent eu hadnabod fel yr *Igoe Gang* ar ôl eu harweinydd, Eugene Igoe, Rhingyll yn Heddlu Brenhinol Iwerddon. Deuent, meddai O'Malley, o ardaloedd Dovea a Thurles. Eu polisi oedd targedu Gweriniaethwr arbennig ac os nad oedd hwnnw'n digwydd bod gartref, fe wnâi ei frawd y tro. Yr awgrym oedd bod y cwnstabliaid hyn yn gweithredu gyda bendith yr awdurdodau, neu o leiaf gyda'r awdurdodau wedi cau eu llygaid i'w gweithredoedd. Roedd MacCurtain wedi bod yn un o brif dargedau'r giwed lofruddio ers tro. Rhybuddiwyd ef o'r perygl gan ei hen gyfaill yn y Fron-goch, Micháel Ó Cuill ond anwybyddodd MacCurtain y rhybudd.

Oherwydd ei ran yn y llofruddiaeth ac er lles ei ddiogelwch ei hun, anfonwyd y Ditectif Arolygwr Oswald R. Swanzy o Ddinas Corc i dref Lasbren yn Swydd Antrim lle'r oedd mwyafrif teyrngarol. Ond canfu Collins ei leoliad. Pan glywodd Brigâd 1 Corc am hyn bu dadlau brwd ymysg yr aelodau pwy gâi'r fraint o ddial am farwolaeth eu Penswyddog. Gan y byddai acen Corc i'w chlywed yn amlwg yn y gogledd, penderfynodd Collins ddanfon un dyn yn unig yno, sef Seán Culhane, y Swyddog Gwybodaeth. Trosglwyddwyd iddo ddryll llaw personol MacCurtain ar gyfer y gorchwyl.

Ar ddydd Sul, yr 22ain o Awst, cyfarfu Culhane â chriw bychan o Wirfoddolwyr Belfast yn Lisburn. Drwy ffenest tacsi, adnabu Culhane ei darged wrth i Swanzy gerdded allan ymysg criw o addolwyr o eglwys yn y dref. Gwaeddodd Culhane, 'Hei! Swanzy!' Trodd hwnnw a thaniodd Culhane gan weiddi eto, 'Mae hynna oddi wrth MacCurtain.'

Bu dial didrugaredd gan yr awdurdodau ac aelodau o fudiad Llu Gwirfoddolwyr Ulster, yr UVF. Bu terfysg difrifol am bedair awr ar hugain. Llosgwyd trigain o adeiladau a gwnaed cannoedd o Gatholigion yn ddigartref. Lladdwyd 22 o drigolion o fewn wythnos.

Ni wnaeth lladd Swanzy unrhyw beth i atal polisi dienyddio dinasyddion blaengar yr heddlu a'r milwyr. Yn nhref Limerick y flwyddyn ganlynol llofruddiwyd tri chenedlaetholwr amlwg, yn cynnwys y Maer, George Clancy, a'i ragflaenydd, Michael O'Calaghan. Saethwyd y ddau yn farw ar yr un noson, y 7fed o Fawrth, 1921. Bwriadwyd hefyd lofruddio'r Gwir

Barchedig Dr Fogarty, Esgob Killaloe, a oedd yn cefnogi'r Gweriniaethwyr, ond methodd y cynllwyn hwnnw.

Olynwyd MacCurtain fel Penswyddog Brigâd Rhif 1 Corc ac fel Arglwydd Faer Dinas Corc gan ei gyfaill Terence MacSwiney. Yn y cyfamser cyhoeddodd Llywodraeth Prydain Ddeddf Adfer Trefn yn Iwerddon. Un o'r rhai cyntaf i'w dwyn i'r ddalfa o dan y Ddeddf oedd MacSwiney. Fe'i cipiwyd mewn cyfarfod o arweinwyr yr *IRA* yn Neuadd y Ddinas Corc ar y 12fed o Awst. Danfonwyd 21 ohonynt i garchar. Aeth 11 o'r carcharorion, yn ogystal â MacSwiney, ar streic newyn. Y Maer oedd yr unig arweinydd enwog y gallai'r awdurdodau ei adnabod felly rhyddhawyd y mwyafrif o'r gweddill. Ar drydydd diwrnod ei garchariad – roedd wedi cychwyn ei ympryd ar y diwrnod cyntaf – fe'i danfonwyd ef mewn llong ryfel i Garchar Brixton.

Nid Arglwydd Faer Corc yn unig oedd MacSwiney; roedd hefyd yn *TD* dros Ganol Corc. Roedd yn athro, bardd a dramodydd ac yn Weriniaethwr digyfaddawd. Bu'n gefnogol iawn i'r syniad o sefydlu Llysoedd Cyflafareddu yn annibynnol ar lysoedd Prydeinig.

Y cyhuddiad yn erbyn MacSwiney oedd bod ganddo ddwy ddogfen gyfrinachol o eiddo'r heddlu yn ei feddiant, ynghyd â nodiadau ar gyfer araith yn galw am frwydr ddigymrodedd yn erbyn awdurdod Prydain. Fe'i cafwyd yn euog a'i ddedfrydu i ddwy flynedd o garchar. Yn ei araith i'r llys, cyhoeddodd y deuai'n rhydd naill ai'n fyw neu'n farw gan na fwytai unrhyw beth tra byddai'n gaeth.

Cymwys yma fyddai cyfeirio at y traddodiad ymprydio Gwyddelig. Gellir olrhain yr ympryd defodol, neu'r *Troscad*, yn ôl i oes y seintiau cynnar a cheir hanesyn am Sant Padrig ei hun yn ymprydio er mwyn

*Terence MacSwiney, a all-
tudiwyd i'r Fron-goch.
Bedair blynedd yn ddiwed-
darach cafodd ei farw
poenus sylw byd-eang*

ennill cyfiawnder dros ei elynion.
Yn ôl y traddodiad, meddai Peter
Bereford Ellis yn *The Druids*,
byddai gan y sawl a ddioddefodd
gam yr hawl i eistedd y tu allan i
ddrws tŷ yr un a achosodd y cam
gan ymprydio yno nes y byddai'r
drwgweithredwr yn cydnabod y
cam. Byddai gelyn a anwybyddai'r
ympryd yn dioddef cosbedigaeth
oruwchnaturiol. Doedd dim ffiniau
dosbarth i'r *Troscad*. Câi cardotyn
hawlio cyfiawnder gan frenin drwy
ymprydio yn ei bresenoldeb.

Aeth rhai haneswyr cyn belled â
dweud bod gweithred MacSwiney
wedi cael dylanwad ar Gandhi yn
ddiweddarach, ond y gwir amdani
yw bod gan yr Hindŵiaid eu
traddodiad ymprydio eu hunain, y
dbarna, neu 'ddisgwyl am farwolaeth'.

Yng Ngharchar Brixton, ac yntau'n treulio'i
chweched tymor yng ngharchar ers 1916, parhaodd
MacSwiney â'r ympryd a gychwynnodd ar ddiwrnod ei
arestio. Erbyn iddo gael ei ddanfon o'r llys i'r carchar
yr oedd eisoes yn rhy wan i gael ei fwydo drwy
orfodaeth.

Bwriad MacSwiney oedd parhau â'i nychdod cyhyd â
phosibl er mwyn tynnu'r sylw mwyaf at achos
Iwerddon. Wrth i'w iechyd ddirywio, daliai'r byd ei
anadl mewn arswyd, yn y gobaith y dangosai'r
awdurdodau drugaredd. Bygythiodd docwyr yn Efrog
Newydd fynd ar streic a galwodd Maer y ddinas honno
am ei ryddhad. Galwodd 300,000 o Gatholigion ym

Mrasil ar i'r Pab ymyrryd. Yn Lloegr galwodd y Blaid Lafur ar y Llywodraeth i ddangos trugaredd.

Yn Jullundur yn y Punjab ar y 25ain o Fehefin, aeth 250 o Wyddelod ym Mataliwn Gyntaf y *Connaught Rangers* ar streic anufudd-dod yn erbyn yr hyn oedd yn digwydd yn Iwerddon. Gwrthodasant ymladd ac o ganlyniad dedfrydodd llys milwrol 62 ohonynt i farwolaeth. Yn achos James Daly, gweithredwyd y ddedfryd.

Parhaodd y protestiadau byd-eang. Yn ôl dogfennau na chawsant eu rhyddhau tan 2003, fe geisiodd y brenin ei hun, Siôr y Pumed, ymyrryd ond cyhoeddodd Lloyd George, ar y 25ain o Awst, y gallai rhyddhau MacSwiney arwain at ryddhau pob streiciwr newyn, beth bynnag fyddai ei drosedd. Byddai hynny'n sicr o arwain at chwalu cyfraith a threfn ac ni allai dderbyn y cyfrifoldeb hwnnw.

Yn y cyfamser, ar yr 17eg o Hydref, bu farw un o'r ymprydwyr eraill, Michael Fitzgerald yng Ngharchar Corc. Ar 70ain diwrnod ei ympryd, aeth MacSwiney'n anymwybodol ond roedd mor benderfynol nes iddo, hyd yn oed wedyn, wrthod agor ei geg yn wyneb unrhyw ymdrechion i'w orfodi i fwyta. Bu farw am 5.40 y bore ar y 25ain o Hydref, 74 diwrnod ers dechrau ymprydio, y streic newyn hwyaf yn hanes gwleidyddol Iwerddon. Roedd yn 40 mlwydd oed. Oriau'n ddiweddarach bu farw un arall o ymprydwyr Carchar Corc, Joseph Murphy, yn 17 mlwydd oed. Ildiodd y gweddill yn dilyn ymyrraeth Arthur Griffith.

Ysgydwwyd pobl gyffredin gan farwolaeth MacSwiney. Aeth tua 30,000 i weld yr arch yn gorffwys yn Eglwys Gadeiriol Southwark. Yn eu plith roedd swyddog ifanc o Fyddin Prydain. Ei enw oedd Clement

Arch MacSweeny yn cael ei gario allan o Eglwys Gadeiriol Dinas Corc ar 30 Medi 1920

Attlee, a fyddai ymhen chwarter canrif yn disodli Winston Churchill fel prif weinidog.

Roedd gŵr ifanc o Fiet-nam yn gweithio fel golchwr llestri mewn gwesty yn Llundain ar y pryd. Ei sylw ef am aberth Arglwydd Faer Corc oedd 'Ni wnaiff unrhyw genedl sy'n meddu ar y fath ddinasyddion fyth ildio.' Ei enw oedd Ho Chi Minh.

Wrth i gorff MacSwiney gael ei gludo drwy strydoedd Llundain, fe'i dilynwyd gan filoedd o drigolion y ddinas, llawer iawn ohonynt yn Wyddelod, ar eu ffordd i Orsaf Euston lle gosodwyd yr arch ar drên am Gaergybi. Dros yr arch taenwyd y faner drilliw Weriniaethol. Dilynwyd y corff gan osgordd o Wirfoddolwyr yn eu lifrai gwaharddedig. Nid pawb a gafodd y cyfle i dalu gwrogaeth. Ar ei ffordd ar y llong bost i Gaergybi i gyfarfod â chorff MacSwiney roedd ei hen gyfaill o'r Fron-goch, Micheál Ó Cuill, sef y gŵr a gerddodd i Ddulyn i frwydro yng Ngwrthryfel y Pasg. Ni chyrhaeddodd ben ei daith y tro hwn gan iddo gael ei arestio ar y llong.

Wrth i'r trên gyrraedd gorsaf Crewe, cyflwynodd arolygwr o'r heddlu lythyr oddi wrth Syr Hamar Greenwood, yr Uwch Ysgrifennydd dros Iwerddon, i Peter, brawd MacSwiney, yn datgan na fedrai'r Llywodraeth ganiatáu i'r corff gael ei gludo i Ddulyn oherwydd pryderon y byddai terfysg yn codi ac mai'r unig ddewis oedd cludo'r corff yn uniongyrchol i Ddinas Corc.

Wrth i'r trên oedd yn cario'r arch fynd drwy orsaf Bangor, ymgasglodd nifer o fyfyrwyr Cymraeg, o dan arweiniad Lewis Valentine, ar y platfform i dalu gwrogaeth.

Y bwriad oedd i frodyr a chwiorydd MacSwiney gyd-deithio gydag arch eu brawd o Gaergybi i Ddulyn. Yng ngorsaf Caergybi gorfododd y 300 o blismyn oedd ar y trên a llu o *Auxilliaries* a *Tans* ar y platfform i'r teithwyr gerdded tuag at y llong. Ceisiodd rhai amgylchynu'r cerbyd lle gorweddai'r arch ond llwyddwyd i drosglwyddo'r corff ar graen i'r stemar *Rathmore*. Gwrthododd y galarwyr ymuno â'r corff. Felly gadawodd gweddillion MacSwiney borthladd Caergybi gydag aelodau o'i deulu a'i ffrindiau yn gweddïo ar y doc. Ar y 31ain o Hydref, galwyd am ddiwrnod o alaru yn Ninas Corc a thrwy Iwerddon gyfan wrth i'r angladd gael ei gynnal.

Bu ymateb y wasg Brydeinig yn rhyfeddol o gydymdeimladol. Cyhoeddodd y *Daily Herald*: 'Mae iddo ei wobr – gwobr o wasanaeth fel un Crist i ryddid, yr uchaf o ddelfrydau dynoliaeth.'

Ac meddai'r *Daily Telegraph*: 'Condemniodd Arglwydd Faer Corc ei hun i farwolaeth dros achos y credai ynddo'n angerddol, ac amhosib i bobl o reddfau daionus yw meddwl am y peth heb gael eu cyffroi.'

Ar dudalen flaen papur yn Ffrainc cafwyd y geiriau: '*L'Irlande heroique – Bravo Le Lord Mayor de Cork*'.

Ac meddai'r *New York Times* am ei farwolaeth: 'Galwch e'n ynfydrwydd, galwch e'n wallgofrwydd, fe erys yr hyn ydyw – arwydd o drychineb ddofn ar lwyfan yr oedd dynoliaeth gyfan yn ei wylio.'

Y *Daily News*, hwyrach, wnaeth grynhoi'r cyfan fwyaf effeithiol drwy ddweud: 'Fe wnaeth y Llywodraeth garcharu MacSwiney fel troseddwr a'i droi'n ferthyr a rhaid iddi dderbyn y cyfrifoldeb am ei farwolaeth.'

Aeth Asquith, rhagflaenydd Lloyd George fel prif weinidog, cyn belled â dweud mai'r penderfyniad i ganiatáu i MacSwiney farw oedd y camgymeriad gwleidyddol mwyaf y gellid ei gyflawni. A gwir y proffwydodd MacSwiney ei hun y gwnâi ei farwolaeth fwy i chwalu'r Ymerodraeth Brydeinig nag y gwnâi ei ryddhau.

Ni agorwyd y ffeiliau ar farwolaeth MacSwiney tan yn gymharol ddiweddar. Dengys nodiadau swyddog meddygol y carchar, W. D. Higson, mor arteithiol fu effaith y streic newyn ar y carcharor hyd yn oed ddeufis llawn cyn iddo farw:

Mae'r carcharor yn awr yn mynd yn gynyddol wannach. Bu'n aflonydd eto yn ystod y nos ac ni chafodd unrhyw gwsg tan dri o'r gloch y bore. Dywed ei fod yn teimlo fel petai 'yn sychu i fyny'. Tymheredd 97.4, Pwls Gradd 60. Symudiad y galon yn wannach gyda churiad coll weithiau. Esboniais wrth y carcharor fore heddiw, ym mhresenoldeb ei offeiriad, y Tad Dominic, wedi i'w wrthwynebiad corfforol i fwyd dorri lawr, y dylwn wneud pob ymdrech i gyflwyno maetholion i'w system er mwyn ymestyn, os nad achub, ei fywyd.

Wrth benderfynu mynd ar streic newyn roedd MacSwiney'n ymwybodol o'r effaith a gafodd marwolaeth Thomas Ashe yn llygaid y byd wedi i hwnnw ymprydio hyd angau yn ôl ym mis Medi 1917.

Ym mis Mawrth 1923, yn ystod y Rhyfel Cartref, aeth 91 o ferched ar streic newyn. Ym mis Hydref yr un flwyddyn galwyd ar i 300 o Weriniaethwyr fynd ar streic newyn. O fewn wythnos roedd 7,033 wedi ateb yr alwad. Ar yr 2il o Fedi 1923, bu farw Joseph Whitty o Wexford yng Ngwersyll y Curragh. Ar yr 28ain o Dachwedd, bu farw Denis Barry o Blackrock, Swydd Gorc. Yn ôl erthygl gan Wayne Sugg yn *An Phoblacht* ym 1998 roedd Barry wedi bod yn y Fron-goch. Yn achos Barry, gwrthododd Esgob Corc, y Tad Cohalan, yr hawl iddo dderbyn y defodau Cristnogol llawn yn ei angladd. Ddeuddydd wedi marwolaeth Barry bu farw streiciwr newyn arall, Andy Sullivan o Mallow, Swydd Corc yn dilyn ympryd deugain niwrnod ym Mountjoy. Bu farw rhai yn ddiweddarach o effeithiau'r ymprydio, gan gynnwys Dan Downey, May Zambra a aeth ar streic newyn yn 17 mlwydd oed, a Joe Lacey.

Ar hyd y blynyddoedd, bu'r streic newyn yn arf gwleidyddol gan Weriniaethwyr Gwyddelig. Ymhlith cyn-garcharorion y Fron-goch a fu ar streic newyn adeg Rhyfel y *Tans* roedd Billy Mullins, ffigwr amlwg ym Mrigâd Rhif 1 Swydd Kerry; Tomás Ó Maioileoin; Sam O'Reilly; Seán T. O'Kelly; a Phil Shanahan. Cafwyd ymgyrchoedd tebyg yn ystod y tridegau a'r pedwardegau. Un o streicwyr newyn amlycaf diwedd y tridegau oedd Pat McGrath, cyn-garcharor yn y Fron-goch a ddienyddiwyd ym 1940 ar orchymyn de Valera.

Dienyddiwyd ef a Thomas Hart yng Ngharchar Mountjoy. Llofnodwyd y gorchymyn gan gyn-garcharor arall o'r Fron-goch, Gerry Boland. Ef fu'n gyfrifol am lunio amodau Diwygiad y Mesur Troseddau a wnaeth ganiatáu'r dienyddio.

Yn gynnar ym 1940 aeth saith o aelodau'r *IRA* ar streic newyn yn erbyn amodau'r Diwygiad hwnnw. Bu farw Tony D'Arcy a Seán McNeela. Ymhlith y saith roedd Tomás MacCurtain Iau, mab cyn-Arglwydd Faer Corc. Roedd MacCurtain wedi'i ddedfrydu i'w ddienyddio am ladd ditectif ond byddai dienyddio dyn a oedd yn fab i un o arwyr Rhyfel y *Tans* wedi achosi trafferthion o'r mwyaf i lywodraeth de Valera. Newidiwyd y gosb i un o garchar am oes.

Yng Ngharchar Belfast ym mis Mehefin 1943 efelychodd 22 o garcharorion Gweriniaethol brotest a welwyd gyntaf yn y Fron-goch wrth iddynt wrthod gwisgo'u lifrai carchar a 'mynd ar y blanced'. Yna, ym mis Ebrill 1946, bu farw Seán McCaughey yn dilyn streic newyn yng Ngharchar Portlaoighise. Yn ei achos ef, gwrthododd nid yn unig fwyd ond hefyd ddiod. Yn ystod y pedair blynedd a hanner y bu yng ngharchar ni chafodd unwaith fynd allan i'r awyr agored na chael gweld golau dydd.

Erbyn y saithdegau, ailgydiwyd yn y streic newyn fel arf. Daeth y chwiorydd Dolours a Marion Price yn enwau cyfarwydd. Ar y 12fed o Chwefror, 1976 bu farw Frank Stagg yng Ngharchar Wakefield yn dilyn streic newyn a barhaodd am 66 diwrnod fel protest dros adfer statws arbennig. Yna, ym 1980, aeth saith o garcharorion Gweriniaethol – tair ohonynt yn fenywod – ar streic newyn fel protest dros sicrhau statws gwleidyddol. Yna, rhwng y 5ed o Fai a'r 20fed o Awst y flwyddyn ganlynol, cyrhaeddodd y protestiadau eu

Delwau o Terence MacSwiney a Tomás MacCurtain y tu allan i Neuadd y Ddinas, Corc

Baner rhyddid a godwyd yn ystod Gwrthryfel y Pasg. Fe'i cedwir yn yr Amgueddfa Genedlaethol yn Nulyn

penllanw gyda deg carcharor Gweriniaethol yn marw – tri ohonynt ar yr un diwrnod – ar ôl treulio rhwng 46 a 73 diwrnod ar streic newyn. Yr enwocaf oedd Bobby Sands a fu farw ar ôl 66 diwrnod o wrthod bwyd. Y lleill oedd Francis Hughes (59 diwrnod), Patsy O'Hara (59), Raymond McCreesh (61), Joe McDonnell (61), Martin Huson (46), Kevin Lynch (71), Kieran Doherty (73), Thomas McElwee (62) a Michael Devine (60).

Defnyddiwyd y streic newyn fel arf gan yr *IRA* Darpariaethol. Ym 1972 fe arweiniodd Billy McKee, eu harweinydd, streic ymhlith deugain o ddynion yn Crumlin Road. Yn dilyn ei arestio ym 1973, aeth Seán MacStiofáin (y cwrddais ag ef yn fuan wedyn) ar streic ymprydio. Dilynwyd yr un patrwm gydol 1985 a 1986 gan yr *INLA* (Byddin Rhyddid Genedlaethol Iwerddon).

Yn ei gyfrol ar y Fron-goch, dywed Seán O Mahony

na fyddai hanes y frwydr Weriniaethol yn gyflawn heb streic ymprydio, ac yn y Fron-goch cafwyd nifer ohonynt. Y nifer uchaf i ymprydio ar yr un pryd oedd dau gant. Ildiodd yr awdurdodau wedi deuddydd yn unig.

Ceisiodd Caplan y Gwersyll, y Tad Stafford, eu perswadio i roi'r gorau i'w gweithred ar sail foesol a chrefyddol Gatholig, rhywbeth a ailadroddwyd yn y Blociau 'H' ym 1981 pan wnaeth y Cardinal Basil Hume bregethu'r un neges. Ymprydiodd Patrick Daly yn y Fron-goch am bedwar diwrnod am iddo gael ei wahardd rhag gorffen ysgrifennu llythyr at ei wraig. Ar ymyrraeth meddyg y Gwersyll, Dr Peters, ildiodd Heygate-Lambert ond carcharwyd Daly yn Lerpwl am 56 niwrnod am anufudd-dod.

Ymprydiodd dau arall, Matthew Kent a Hubert Cahill Wilson, am i'w llythyron gael eu hatal. Ar ôl pedwar diwrnod addawyd y caent yr hawl i dderbyn eu llythyron ond twyll fu hynny er mwyn ceisio'u cael i ddatgelu manylion amdanynt eu hunain ar gyfer consgripsiwn.

Erys y cwestiwn – a yw ymprydio'n brotest ddi-drais? Yn ei gyfrol ar hanes MacSwiney, *Enduring the Most*, dywed Francis J. Costello fod yr Arglwydd Faer wedi pwysleisio ei fod yn marw fel milwr dros Iwerddon: 'Ar ôl dinoethi ei hun o bob dull oedd ar ôl, yn cynnwys ei ryddid, defnyddiodd MacSwiney ei gorff fel arf yn erbyn yr ymerodraeth. Gweithred o brotest oedd ei streic newyn, ond nid oedd yn weithred ddi-drais. Drwy achosi trais iddo'i hun, ceisiodd MacSwiney achosi mwy o drais i Brydain.'

Mynnodd Costello hefyd fod tynged MacSwiney wedi ei phenderfynu o'r diwrnod cyntaf iddo ddechrau ymprydio. Drwy hynny, meddai, aeth yn garcharor i burdeb ei brotest ei hun: 'Erbyn canol mis Medi, gan sylweddoli na wnâi'r Llywodraeth Brydeinig ildio, cafodd ei hun wedi ei gaethiwo'n anobeithiol o fewn parhad ei brotest. Ni fedrai droi'n ôl. I ddyn a wnaeth ysgrifennu gymaint am wroldeb a gwladgarwch, gwyddai y byddai hynny'n dynged waeth na marwolaeth.'

Deil marwolaeth MacSwiney i ysbrydoli ymladdwyr dros gyfiawnder ledled y byd. Ym 1990 rhyddhawyd Gamsa Kurdia, aelod o fudiad annibyniaeth Georgia, o garchar yn Tiblisi. Honnir i dad Kurdia unwaith ddweud wrth Lenin: 'Un dydd fe gawn ni ein MacSwineys a'n Casements ein hunain.'

Na, does dim byd yn newid nac yn newydd. Drwy hanes y ddau Arglwydd Faer daw eironi, fel sy'n digwydd mor aml yn hanes Iwerddon, i'r amlwg. Ym 1938, yn dilyn deddfwriaethau llym yn erbyn gweithgareddau Gweriniaethol gan de Valera, carcharwyd Seán MacSwiney, brawd Terence, a Tomás MacCurtain Iau. Ymddangosodd y ddau yn y llys wedi eu cyffio wrth ei gilydd.

12

McKee a Mulcahy

Os mai Michael Collins oedd y ffigwr amlycaf – a'r mwyaf rhamantus a dadleuol – i ddod allan o'r Fron-goch, nid ef oedd yr unig ddarpar-arweinydd yno o bell ffordd. Dylid cysylltu Collins â dau arall a fu'n allweddol yn yr ymdrech i ailwampio'r Gwirfoddolwyr.

Marwolaeth Thomas Ashe, yn dilyn streic ymprydio ym 1917, a arweiniodd yn uniongyrchol at sefydlu cnewyllyn Staff Pencadlys Cyffredinol y mudiad Gweriniaethol ym mis Mawrth 1918. Ashe oedd un o arwyr Gwrthryfel y Pasg 1916, yn ail i de Valera o ran pwysigrwydd yr arweinwyr a oroesodd. Fe'i dedfrydwyd i'w ddienyddio, ond diddymwyd y ddedfryd a'i garcharu yn lle hynny. Pan gafodd ei ryddhau ym mis Gorffennaf 1917, roedd yn dal yn gwbl ddiedifar.

Fel Llywydd yr *IRB* aeth ati ar unwaith i ad-drefnu'r mudiad hwnnw ledled Iwerddon. Yn dilyn araith danllyd yn Longford fe'i harestiwyd ar gyhuddiad o dorri deddf *DORA* drwy annog gwrthryfel. Fe'i danfonwyd i garchar am flwyddyn gyda llafur caled. Mynnodd statws gwleidyddol a'r hawl i wisgo'i ddillad ei hun a chymysgu â'i gyd-garcharorion. Ymwrthodod ag unrhyw waith carchar ac ar y 15fed o Fedi, ymatebodd i ystyfnigrwydd yr awdurdodau drwy fynd ar streic ymprydio gyda chwech o'i gyd-garcharorion. Un o'r chwech oedd Tomás Ó Maioleoin, cyn-garcharor yn y Fron-goch. Defnyddiai Ó Maioleoin y llysenw Seán Forde a bu'n weithgar iawn fel arweinydd Brigâd Gorllewin Limerick. Fe'i carcharwyd ar Ynys

Beara ac ar Ynys Spike. Llwyddodd i ddianc o Spike gydag un o frodyr Terence MacSwiney. Roedd ei frawd, Séamus, hefyd yn y Fron-goch.

Ymateb awdurdodau'r carchar i benderfyniad Ashe i ymprydio fu ei osod mewn gwasgod gaethiwo a'i fwydo'n orfodol drwy biben a wthiwyd i lawr i'w stumog. Arweiniodd y gamdriniaeth hon at salwch a bu farw ymhen pum niwrnod. Yn y cwest cafwyd yr awdurdodau'n euog o fod yn annynol ac o weithredu dulliau peryglus, dideimlad a barbaraidd.

I'r Gwirfoddolwyr, trodd marwolaeth Ashe i fod yn bropaganda byd-eang ac aeth Collins ati i drefnu a chydlynu'r angladd. Roedd 18,000 o undebwyr llafur a 9,000 o Wirfoddolwyr yn rhan o'r orymdaith angladdol. Cyd-drefnydd yr angladd oedd Richard Mulcahy, dirprwy Ashe yng Ngwrthryfel y Pasg pan aeth Ashe a Mulcahy ati i ymosod ar farics yr heddlu yng ngogledd Swydd Ddulyn. Cipiwyd y barics ond cyrhaeddodd trigain aelod o heddlu wrth gefn, gan adael dynion Ashe mewn sefyllfa amhosibl nes i Mulcahy dwyllo'r plismyn fod ganddo nifer sylweddol o ddynion. Mewn gwirionedd, dim ond saith oedd ganddo. Rhuthrodd y criw bychan ar yr heddlu a ffodd y rheiny am eu bywyd.

Tasg olaf Mulcahy wedi'r chwe diwrnod o frwydro fu ymweld â Charchar Kilmainham i gael cadarnhad fod Pearse wedi ildio'n ddiamod ar y dydd Sadwrn. Clywodd y geiriau o enau Pearse ei hun.

Danfonwyd Mulcahy i'r Fron-goch o Garchar Knutsford ar yr 17eg o Fehefin. Gosodwyd ef yng ngofal *Company D* ac yna'n Swyddog Gofal dros stafell gysgu rhif 3. Cyn bo hir fe'i penodwyd yn Lefftenant. Yn fuan wedi iddo gael ei ryddhau fe'i penodwyd yn Arweinydd Ail Frigâd Dulyn ac yna'n Gyfarwyddwr Hyfforddi.

Oherwydd ei ran yn y Gwrthryfel, collodd ei swydd fel peiriannydd gyda'r Swyddfa Bost. Aeth ati, felly, i astudio meddygaeth yng Ngholeg Prifysgol Dulyn.

Fe'i hetholwyd yn *TD* dros Clontarf ym 1918 ac ef oedd Gweinidog Amddiffyn cyntaf *Dáil Éirann*, Senedd Iwerddon. Gyda chymorth Cathal Brugha, gelyn mawr i Collins, llwyddodd i berswadio'r Gwirfoddolwyr i fynd o dan adain Llywodraeth y Weriniaeth Rydd. Yn dilyn y Rhyfel Cartref fe'i penodwyd yn Weinidog Amddiffyn yn y Llywodraeth ac yn Bennaeth Staff y Fyddin. Bu ei swyddogion yn gyfrifol am ddienyddio nifer o gyn-gymrodyr yn ystod y Rhyfel Cartref ac ar ôl hynny. Yn ddiweddarach fe'i penodwyd yn Weinidog dros Addysg ac yn arweinydd plaid *Fine Gael*.

Diddorol yw nodi bod Mulcahy a Seán T. O'Kelly wedi priodi dwy chwaer, a'r rheiny'n chwiorydd i un arall o garcharorion y Fron-goch, Dr James Ryan. Rhannai Ryan, a oedd wedi ymgeleddu James Connolly yn y Gwrthryfel, yr un cwt â Collins ond gwrthwynebodd y Cytundeb cyn cael ei benodi'n Weinidog Cyllid gan de Valera.

Fel Mulcahy, roedd Dick McKee yntau wedi chwarae rhan flaenllaw ym mrwydr Wythnos y Pasg. McKee, yn anad neb arall, fu'n gyfrifol am droi milwyr di-glem y Gwrthryfel yn fyddin effeithiol a threfnus. Argraffydd gyda chwmni cyhoeddi Gill a'i Feibion ydoedd wrth ei grefft. Roedd o dan arweiniad MacDonagh yn y Gwrthryfel. Yn llanc 23 oed, profodd ei aeddfedrwydd yn gynnar pan ymgasglodd torf elyniaethus y tu allan i ffatri *Jacob's* i brotestio'n chwyrn. Wynebodd McKee y dorf ar ei ben ei hun gan ymresymu â hwy a llwyddo i ennill eu cefnogaeth. Roedd ef a'i ddynion yn ffatri Jacob's ymhlith y rhai olaf i ildio. Gyda'i griw, gwnaeth gymaint o argraff nes iddynt, wrth gael eu hebrwng gan filwyr Prydeinig i'r ddalfa, ddenu banllefau o gymeradwyaeth gan drigolion Dulyn – ymateb gwahanol iawn i'r hyn a gawsai mwyafrif helaeth y Gwrthryfelwyr.

Rhyddhawyd McKee o'r Fron-goch ym mis Awst 1916 a phan aethpwyd ati i ddewis arweinwyr Staff y Pencadlys Cyffredinol, etholwyd Mulcahy o flaen Collins yn Bennaeth Staff. Dywedodd McKee wrth Collins ei hun ei fod yn rhy fyrbwyll i wneud y swydd. Dewiswyd Collins yn Gyfarwyddwr Trefniant a Dirprwy Cyffredinol. Oherwydd ei natur danllyd, teimlwyd mai doethach fyddai ei osod dan adain rhywun mwy sefydlog ei dymer fel Mulcahy. Dewiswyd Dick McKee yn Gyfarwyddwr Hyfforddi. Y ddau brif swyddog arall oedd Seán McMahon, y Prif Swyddog Cyflenwadau, un arall a fu yn y Fron-goch; a Rory O'Connor, y Cyfarwyddwr Cynllunio. Golygai hynny fod pedwar o'r pump oedd yn goruchwylio gweithgareddau milwrol yn gyn-garcharorion o'r Fron-goch. Ac fe chwaraeodd y gwersyll ran ym marwolaeth y pumed, O'Connor. Yn dilyn yr ymosodiad ar y Four Courts, y digwyddiad a arweiniodd at y Rhyfel Cartref, arestiwyd ef, Dick Barret, Liam Mellows a Joe McKelvey. Fe'u dienyddiwyd ym mis Rhagfyr 1922 ar orchymyn y Gweinidog Cyfiawnder, Kevin O'Higgins, gyda chefnogaeth Mulcahy. Dewiswyd y pedwar ar hap – un o bob talaith. Yn goruchwylio eu dienyddiad roedd Rheolwr Gweithredol Carchar Mountjoy, Pádraig Ó Caomaih, yntau gynt o'r Fron-goch. Cyhuddwyd hwy o fod yn rhan o'r ymosodiad a laddodd Seán Hales a oedd ei hun wedi bod yn y Fron-goch ac wedi ei ethol yn *TD*. O'Connor oedd gwas priodas O'Higgins a bu Barret a Hales yn gyfeillion bore oes. Yn yr ymosodiad anafwyd hefyd Pádraic Ó Maille, un arall a fu yn y Fron-goch.

Ond y tri mawr oedd Collins, McKee a Mulcahy. Yn ôl Ulick O'Connor yn *Michael Collins and The Troubles*:

Roedd i'r tri rhyw bresenoldeb corfforol sy'n creu arweinyddiaeth. Fe ddisgrifiwyd Collins gan y bardd a'r llawfeddyg Oliver St John Gogarty fel rhywun 'Napoleanaidd', ond yn fwy o faint ac yn fwy gwrywaidd na Napoleon. Ymddangosai Mulcahy, gyda'i gorff bychan, ystwyth, ei olygon myfyrgar a'i awgrym o egni mewnol, pwerus yn debyg i T. E. Lawrence, arweinydd y gwrthryfel Arabaidd. McKee oedd y talaf o'r tri, dros chwe throedfedd, yn llydan ei ysgwyddau a chyda cherddediad rhydd athletwr.

Felly, y tri hyn oedd â'r cyfrifoldeb pennaf dros ailwampio'r Fyddin Weriniaethol a'i throi'n beiriant effeithiol a fyddai'n cario'r frwydr at y gelyn. Yr hyn a'u clymai'n bennaf oedd y frawdoliaeth a brofwyd yn y Fron-goch. Nid rhamantu mo hyn. Yn ôl Ulick O'Connor eto:

Fe wnâi partneriaeth y tri brofi i fod yn ddeinamig. Yn ddiweddarach fe wnâi Collins, fel Cyfarwyddwr Gwybodaeth, greu rhwydwaith unigryw a wnâi ddarparu patrwm i grwpiau guerrilla gydol gweddill y ganrif. Fe wnâi McKee, fel cadfridog yn y maes, weithredu ar y wybodaeth a dderbyniai drwy'r fyddin gyfrinachol a hyfforddai gyda'r un effeithlonrwydd ffyrnig ag a wnâi ei gynghreiriaid ei arddangos yn eu meysydd eu hunain. Fe greodd Mulcahy, yn dawel, yr amodau a alluogai i'r cyfuniad o'r tri weithio orau. O hyn allan, roedd yr IRB ar delerau rhyfel – yn disgwyl y cyfle y gwyddent a ddeuai pan wnaent ollwng y

Gwirfoddolwyr yn erbyn y grymoedd a wnâi eu gwrthwynebu.

Yma, hwyrach, dylid esbonio'r cysylltiad rhwng yr *IRB*, sef yr *Irish Republican Brotherhood*, y Gwirfoddolwyr a'r *IRA*, sef yr *Irish Republican Army*. Nid esblygu o un i'r llall a wnaeth y mudiadau hyn; am gyfnod fe fodolai'r tri fel uned bron, yn hytrach na thri mudiad ar wahân.

Yr *IRB* oedd y cyntaf o'r tri i ymddangos, a hynny yn ôl yn nyddiau'r Ffeniaid. Mudiad cyfrin gyda'r aelodau'n ymuno drwy dyngu llw oedd yr *IRB*, y garfan gryfaf o bell ffordd yng Ngwrthryfel y Pasg gyda Tom Clarke, un o Lofnodwyr y Cyhoeddiad Annibyniaeth yn aelod selog.

Atgyfnerthwyd yr *IRB* gan fudiadau diwylliannol a mudiadau iaith, cymdeithasau chwaraeon a chlybiau Gwyddelig. Roedd W. B. Yeats yn aelod. Yn y Fron-goch daeth cyfle i atgyfnerthu'r *IRB* ymhellach. Ond i rai, fel Seámus Robinson a Brennan-Whitmore, roedd y mudiad yn wrthun ganddynt. Ystyrient ef yn rhywbeth elitaidd. Edrychent arno, gyda'i ddefodau megis tyngu llw, fel adain filwrol o'r Seiri Rhyddion. Ni wyddai Brennan-Whitmore mai o dan gochl yr *IRB* y recriwtiwyd ef tra oedd yn ffermwr ifanc yn Wexford. Pe gwyddai, meddai'n ddiweddarach, ni fyddai wedi ymuno. Ni wyddai tan fore dydd Llun y Pasg mai'r *IRB* oedd yn gyfrifol am drefnu'r Gwrthryfel.

Sefydlwyd y Gwirfoddolwyr, fel yr *ICA*, fel ymateb i arfogi Gwirfoddolwyr Protestannaidd Ulster, a ffurfiwyd fel gwrthwynebiad i unrhyw fath o fesur hunanlywodraethol. I'r *IRB* roedd hwn yn ddatblygiad i'w groesawu gan i'r Gwirfoddolwyr weithredu'n fwriadol – ac yn anfwriadol – fel mudiad y gallai'r *IRB* guddio yn ei gysgod.

Llawer mwy anodd yw rhoi dyddiad sefydlu'r *IRA*. Hyd yn oed yn ystod Gwrthryfel y Pasg, câi'r enw ei arddel a cheir mwy nag un o garcharorion y Fron-goch – yn cynnwys brawd Thomas MacDonagh, sef John – yn arddel yr acronym. Ond dim ond enw oedd y fyddin bryd hynny. Ymdoddodd y Gwirfoddolwyr a'r *IRB* yn naturiol, gydag amser, i fod yn rhan o'r un fyddin. Yn ystod y Rhyfel Cartref diddymwyd yr *IRB*.

Credir i'r enw *Irish Republican Army* gael ei ddefnyddio gyntaf mor bell yn ôl â 1867 pan gynlluniodd Ffeniaid y Taleithiau Unedig gyrch ar Ganada. Ond cred Seán O Mahony yn ei gyfrol ar y Fron-goch mai'r foment ddiffiniol oedd honno adeg Gwrthryfel y Pasg pan gyhoeddodd James Connolly na fyddai bellach na Gwirfoddolwyr Gwyddelig na Byddin Dinasyddion Gwyddelig (*ICA*). Ni fyddai ond un fyddin, sef Byddin Gweriniaeth Iwerddon, neu'r *IRA*. Mae'n debyg iddo, mewn gorchymyn ysgrifenedig, hefyd gyfeirio'n benodol at yr *IRA*. Yn y Fron-goch defnyddid yr acronym gan nifer o'r carcharorion ar ôl eu henwau mewn llyfrau llofnodion. Fe'i defnyddid gan Brennan-Whitmore yn *With the Irish in Frongoch*, a gyhoeddwyd ym 1917.

Yn ôl Liam Deasy yn *Brother Against Brother*, mabwysiadwyd yr enw *IRA* yn swyddogol yn dilyn cyfarfod o Staff y Pencadlys fis Hydref 1919. Cytuna Piaras Béaslaí i raddau helaeth yn ei gyfrol *With the IRA in the Fight for Freedom* ond yn raddol, meddai, y cydiodd yr enw a chymerodd tan 1919 cyn iddo gael ei dderbyn yn gyffredinol. Ond yn *An t-Oglach* (Y Rhyfelwr Ifanc), sef papur newydd y Gwirfoddolwyr, ym mis Rhagfyr 1918 nodir bod y Gwirfoddolwyr bellach yn cael eu hadnabod fel *The Irish Republican Army*. Erbyn hynny, ystyrid y Gweriniaethwyr nid fel byddin o wrthryfelwyr ond fel byddin swyddogol gwlad annibynnol newydd a aned drwy'r cyhoeddiad ar risiau'r GPO pan daniwyd Gwrthryfel y Pasg. Fe'i cadarnhawyd yn ddemocrataidd yn ddiweddarach pan enillodd *Sinn Féin* fwyafrif llethol yn yr etholiad cyffredinol.

Aiff gwreiddiau'r IRA sy'n gyfarwydd i ni heddiw yn ôl i'r Cytundeb ym 1921 pan rannwyd y fyddin, gyda'r Fyddin Barhaol, y *Regulars*, yn cynrychioli Llywodraeth y Dalaith Rydd a'r Fyddin Afreolaidd, yr *Irregulars*, yn cynrychioli'r Gweriniaethwyr a wrthwynebai'r Cytundeb. Y Fyddin Afreolaidd oedd gwraidd yr IRA a ddilynodd cyn i honno hollti rhwng y Swyddogol a'r Darpariaethol ar ddiwedd y 1960au. Yna arweiniodd rhaniadau eraill at sefydlu Byddin Rhyddid Cenedlaethol Iwerddon (INLA) a Mudiad Rhyddid Pobl Iwerddon (IPLO) a mân fudiadau eraill. Erbyn y 1990au gwelwyd mwy o raniadau gyda sefydlu'r IRA Parhaol a'r Gwir IRA. Y cyfan sy'n gyffredin rhwng y mân garfannau hyn yw eu bod oll yn hawlio mai hwy yw gwir etifeddion Gwrthryfelwyr y Pasg 1916.

Fel y Gwirfoddolwyr (*Volunteers*) y câi aelodau'r fyddin eu hadnabod yng ngwanwyn 1918 wrth i Collins a McKee drefnu adrannau mewn gwahanol siroedd ledled Iwerddon. Y trefnu hwn a'r ymarferiadau a ddilynodd, medd Ulick O'Connor, a esgorodd ar arweinwyr megis Tom Barry o Drydedd Frigâd Gorllewin Corc; Liam Lynch yng ngogledd Corc; y Brodyr Brennan yn Clare – roedd Michael a Patrick Brennan yn 'raddedigion' o'r Fron-goch; Seán McKeon yn Longford; Seán Moylan yn Waterford; ac Eoin O'Duffy ym Monahan. Fe drodd y rhain yn arwyr chwedlonol yng ngolwg y bobl, yn arbennig Barry, a gâi ei adnabod hyd ei fedd fel The General. Pan gwrddais

*Cyfarfod â Tom Barry yn ninas Corc yn 1979. Pan laddwyd Collins
roedd Tom yng Ngharchar Kilmainham*

ag ef ym 1979 roedd Tom yn hen a musgrell, yn ddall ac
yn fyddar ond eto i gyd roedd ei ysgydwad llaw yn
gadarn fel y dur. Disgrifiad Barry (a hyfforddwyd yn
filwrol ym myddin Prydain) o'r gatrawd symudol neu'r
Flying Column oedd 'blaenbicell byddin y bobl'.

Roedd Dick McKee yn gwbl allweddol yn yr ad-
drefnu. Ef, medd Ulick O'Connor, oedd pensaer y math
yma o frwydro a ddisgrifiwyd yn ddirmygus gan yr
awdurdodau Prydeinig fel *ditch murder*. Yn
ddiweddarach, yn ôl O'Connor, byddai Mao Tse Tung
yn Tseina, Tito yn Iwgoslafia, General Giap yn
Fietnam, Che Guevara yn Ne America a Nelson
Mandela yn Ne Affrica yn mabwysiadu'r union
dactegau. Gallasai fod wedi ychwanegu Menachem
Begin a Yitzak Shamir, dau o arweinwyr byddin gudd
Iddewig yr *Irgun* ym Mhalesteina yn y 1940au, a aeth
ymlaen i fod yn brif weinidogion eu gwlad. Yn wir,
dywed Tim Pat Coogan i Shamir, tra oedd yn aelod o'r
Irgun, fabwysiadu'r llysenw 'Micail' o barch at Collins,

tra oedd Begin hefyd yn edmygydd mawr ohono fel y datgelodd yn ei hunangofiant *The Revolt*. Gallasai O'Connor fod wedi ychwanegu enw George Grivas hefyd, sef arweinydd y mudiad *EOKA* a fu'n brwydro dros Gyprus unedig ganol y 1950au.

Yn wir, mor ddiweddar â mis Ionawr 2004, fe wnaeth Golygydd Amddiffyn y *Daily Telegraph* olrhain tactegau brawychwyr Irac wrth lofruddio recriwtiaid i'r heddlu yn ôl yn uniongyrchol i Iwerddon 1916-1921. Dyfeisiwyd y tactegau gan yr *IRA*, meddai:

> *Aeth yr IRA ati i wneud Iwerddon yn anrheoladwy gan ddewis Heddlu Brenhinol Iwerddon, neu'r RIC fel y prif darged. Achosodd hyn gryn gasineb ar y cychwyn gan fod yr RIC yn Gatholigion bron yn llwyr.*
>
> *Roedd listio yn ddihangfa gyffredin i feibion ieuengaf ffermwyr Catholig a oedd yn faich ar incwm y ffermydd bychain. Cychwynnodd yr IRA ymosod ar y swyddfeydd heddlu diarffordd gwledig lle trigai'r cwnstabliaid gyda'u teuluoedd gan eu gyrru i'r trefi.*
>
> *Trodd hyn yn frawychu wedi ei atgyfnerthu gan ddienyddiadau. Ffodd llawer o'r cwnstabliaid i Loegr, yn cynnwys y mwyafrif o Heddlu Dulyn, llu a oedd ar wahân.*
>
> *Gorfodwyd Llywodraeth Prydain i ddisodli'r plismyn coll gan recriwtiaid Prydeinig. Gwisgai'r mwyafrif o'r rhain gymysgedd o khaki a lifrai heddlu gan ddod i gael eu hadnabod fel y Black and Tans. Erbyn 1921 roedd Iwerddon, yn wir, yn anrheoladwy ac ildiodd Prydeinwyr y de i'r drefn genedlaethol newydd.*

Dyma, felly, sylwebydd papur newydd, ymron 90 mlynedd wedi Gwrthryfel y Pasg, yn olrhain tactegau *guerrilla* yn Irac yn ôl yn uniongyrchol at Collins,

Mulcahy a McKee ac – er na sylweddolai hynny – i'r Fron-goch. Yn ystod 1919-1922 llofruddiwyd 618 o blismyn yn Iwerddon, ymron ddeng gwaith yn fwy na'r nifer o filwyr Prydeinig a laddwyd yn yr un cyfnod.

Fe wnâi llwyddiant y *Flying Columns*, yn arbennig cyflafan Tom Barry yn Kilmichael ar yr 28ain o Dachwedd, 1922 atseinio ledled y byd. Yno lladdwyd 17 o'r *Auxillaries*. Daeth y tactegau yn ddeunydd darllen gofynnol mewn academïau milwrol megis Sandhurst a West Point. Dywedir i'r Almaenwyr astudio tactegau Barry adeg yr Ail Ryfel Byd a cheir gan Peter Hart hanesyn am y milwyr Japaneaidd yn gorymdeithio i mewn i Singapore dan ganu *The Boys of Kilmichael*. Y gŵr a ildiodd Singapore oedd neb llai na'r Uwchgapten Percival, a oedd yng ngofal Catrawd Essex yng ngollewin Corc adeg Rhyfel y *Tans*. Disgrifiwyd ef gan Tom Barry fel '...y mwyaf milain o wrth-Wyddelig, o bell ffordd o'r holl swyddogion Prydeinig mewn gwasanaeth. Byddai'n ddiflino yn ei ymdrechion i ladd ysbryd y bobl a threfnyddiaeth yr *IRA*.'

Gellir dychmygu teimladau Percival yn hawdd petai'r hanesyn yn wir: fe wnâi ei atgoffa o'i fethiant blaenorol yn Iwerddon.

Roedd McKee, yn enwedig, yn ddraenen yn ystlys yr awdurdodau Prydeinig. Roedd ganddo gysylltiad agos â'r Pedwar Mawr yn y Rhyfel Annibyniaeth: Seán Treacy, Dan Breen, Seán Hogan a Séamus Robinson. Yn gyn-fynach, roedd Robinson, fel McKee, wedi bod yn y Fron-goch. Pan anafwyd Breen a'i adael ar ei wely angau, arweiniodd McKee ymgyrch i'w gludo i'r Mater Hospital a'i warchod yno tra oedd milwyr Prydeinig yn chwilio y tu allan.

Bu'r Pedwar Mawr mor weithredol fel y gosodwyd Swydd Tipperary dan warchae milwrol. Er mwyn wynebu'r bygythiad hwn, aeth Richard Mulcahy a Michael Collins ati i greu undod ymhlith gwahanol garfannau'r *IRA*.

Fel y tyfodd ac y datblygodd y fyddin, felly hefyd wasanaeth cudd Prydain. Roedd gan Collins ei wasanaeth cudd ei hun, ynghlwm wrth adran bropaganda. Desmond Fitzgerald oedd y Swyddog Propaganda cyntaf gyda'r newyddiadurwr Piaras Béaslaí yn ei gynorthwyo.

Ar yr 2ofed o Dachwedd, 1920, cyfarfu Collins a Mulcahy â McKee a Peadar Clancy er mwyn cwblhau'r trefniadau ar gyfer taro'n erbyn y swyddogion cudd y bore wedyn – diwrnod a gâi ei enwi yn *Bloody Sunday*. Gadawodd McKee a Clancy am dafarn Phil Shanahan yn y *Gloucester Diamond*. Roedd Phil yn hen gymrawd o'r Fron-goch a ffurfiodd griw o fechgyn dosbarthu papurau newydd i weithio fel ysbiwyr. Fe âi ymlaen i wrthwynebu'r Cytundeb ac i fod yn *TD*. Yn Nulyn cafodd bloc o fflatiau ei enwi ar ei ôl.

Yn nhafarn Shanahan y noson honno roedd un o ysbiwyr gwasanaeth cudd Prydain. Dilynodd y ddau i dŷ diogel, cartref Seán Fitzpatrick yn Gloucester Street. Yna cysylltodd â Chastell Dulyn. Cael a chael fu hi i McKee lwyddo mewn pryd i losgi'r papur a restrai enwau'r ysbiwyr oedd i'w saethu'r bore wedyn cyn i'r milwyr Prydeinig ei arestio. Cymerwyd ef a Clancy i Gastell Dulyn lle'r oedd carcharor arall, Conor Clune, nad oedd ag unrhyw gysylltiad â'r Gwirfoddolwyr. Wedi dod i Ddulyn ar gyfer y gêm bêl-droed fawr yn Croke Park trannoeth yr oedd hwnnw.

Aethpwyd â'r carcharorion i'w holi gan y Capteniaid Jocelyn Lee Hardy a William Lorraine 'Tiny' King, dau a oedd yn enwog am eu dulliau croesholi ciaidd. (Cyfeiriwyd eisoes at Hardy a'i ddulliau annynol o drin gweriniaethwyr.) Poenydiwyd y tri drwy eu trywanu droeon â bidogau ond gwrthododd McKee a Clancy ddatgelu unrhyw wybodaeth; doedd Clune, druan, yn gwybod dim beth bynnag. Ar ôl eu harteithio ymhellach drwy dynnu eu hewinedd o'r gwraidd, saethwyd y tri yn farw. Esboniad yr awdurdodau oedd iddynt gael eu saethu wrth geisio dianc. Mae'r ffaith i Clune gael ei saethu dair ar ddeg o weithiau yn awgrymu'n wahanol.

Pan glywodd Collins y newydd, aeth yn wallgof. Roedd McKee, yn arbennig, yn gyfaill agos iddo. Gyda'r cyrff yn gorwedd yn y Pro Cathedral, arddangosodd Collins ei fyrbwylledd nodweddiadol drwy gerdded drwy ganol y milwyr i arwisgo'r ddau filwr mewn lifrai milwrol. Yn y gwasanaeth angladdol, o dan drwyn y gelyn, camodd ymlaen a gadawodd nodyn ar yr eirch oedd yn dweud 'Er cof am ddau gyfaill cywir, Dick a Peadar, dau o filwyr gorau Iwerddon, Miceal O'Coilleann, 25/11/1920'.

Yna gosododd ei ysgwydd o dan yr eirch wrth iddynt gael eu cario at yr hers i'w cludo i Fynwent Glasnevin. Wrth ysgwydd McKee bob cam o'r daith roedd ei hen gyfaill o'r Fron-goch, Batt O'Connor.

Ni fu haneswyr yn ddigon hael eu clod i bwysigrwydd McKee yn y frwydr dros ryddid Iwerddon ond sylweddolai Collins ei bwysigrwydd. Yn dilyn angladd McKee arllwysodd ei galon wrth O'Connor:

Fe fydd hi bron yn amhosib canfod dyn i gymryd ei le. Doedd neb yn debyg iddo am y trylwyredd a ddefnyddiai wrth wneud trefniadau ar gyfer menter anodd neu beryglus. Ni wnâi esgeuluso'r manylyn lleiaf. A wyddost ti, Batt, yn ein brwydr, gall methiant i ragweld popeth, ac i drefnu ar gyfer popeth, olygu trychineb. Fe wnawn

*i bob amser ymgynghori ag ef ynglŷn â'm cynlluniau fy
hun cyn eu gweithredu. Ef oedd fy llaw ddehau wrth
drefnu'r manylion ar gyfer cynlluniau ein dynion i
ddianc o garchardai. Yn gyntaf fe wnawn awgrymu
wrtho fy nhrefniadau ar gyfer unrhyw weithredu y
gwnawn ei ystyried, ac os y gwnaen nhw sefyll prawf
cydsyniad Dick ym mhob manylyn, yna dim ond wedyn
y gwnawn i fynd ymlaen â'r dasg.*

Olynwyd McKee fel Prif Swyddog Brigâd Dulyn gan un
arall o gyn-garcharorion y Fron-goch, Oscar Traynor.
Ef fu'n gyfrifol am arwain y cyrch ar y Custom House
ar y 25ain o Fai, 1921. Fel aelod o *Fianna Fáil*,
gwasanaethodd fel Gweinidog Amddiffyn.

Nid dyna ddiwedd y stori am McKee a Clancy.
Llwyddodd Phil Shanahan i ddarganfod enw'r ysbïwr a
fradychodd y ddau. Galwyd ar Bill Stapleton, un o
ddynion Collins ers dyddiau'r Fron-goch. Cymerwyd yr
ysbïwr yn nhafarn gyfagos *Hynes* yn Gloucester Place
a'i saethu a gadawyd ei gorff ger y Five Lamps gerllaw.
Meddai Bill Stapleton wrth Ulick O'Connor: 'Roedd e'n
ddyn cydnerth, a cheisiodd wadu ei ran. Ond fe aethom
ag ef allan a'i saethu.'

Diddorol nodi mai cyn-heddwas milwrol oedd y
bradwr, James Ryan, a brawd, yn ôl Dan Breen, i un o
geidwaid puteindy enwocaf Dulyn, Becky Cooper a
anfarwolwyd yn un o ganeuon masweddus Dominic
Behan, '*Dicey Riley*'. Roedd y nofelydd Liam O'Flaherty
yn un o gwsmeriaid y lle, ac ar y digwyddiad hwn y
seiliodd ei nofel enwog, *The Informer*, a drowyd yn
ddiweddarach yn ffilm.

Nodwyd eisoes yrfa lwyddiannus Richard Mulcahy.
Roedd wedi dangos y gallai wneud arweinydd medrus
yn ystod ei fisoedd yn y Fron-goch. Cofiai Séamus Ó

Maoileóin un digwyddiad yn dda yn ystod dadl am yr hyn a ddylai ddigwydd wedi i'r carcharorion gael eu rhyddhau. Cofiai yn arbennig ymateb Mulcahy:

Ni ddaw rhyddid byth heb chwyldro. Ond dwi'n ofni y bydd y Gwyddelod yn rhy feddal ar gyfer chwyldro. Er mwyn esgor ar chwyldro, bydd yn rhaid i ni gael dynion ffyrnig gyda blys am waed ynddyn nhw, dynion na fydd ots ganddynt am farw, lladd na thywallt gwaed. Nid chwarae plant mo chwyldro. Nid gwaith ar gyfer saint nac ysgolheigion mo chwyldro. Yn ystod chwyldro, bydd unrhyw ddyn, dynes neu blentyn nad yw o dy blaid yn dy erbyn di. Saethwch nhw, ac i'r diawl â nhw.

Meddai Ó Maoileóin: 'Ymddangosai i mi mai Mulcahy fyddai'r arwr a wnâi ein harwain ni tuag at ryddid.'

Er gwaetha'i ymrwymiad i'r achos, doedd Mulcahy ddim yn aelod o'r *IRB* a phrin fu'r cysylltiad rhyngddo ef a Collins tra oeddent yn y Gwersyll, yn ôl Maryann Gialanella Valiulis yn ei chyfrol *Portrait of a Revolutionary*. Tueddai, meddai, i ystyried ei hun yn un o bobl yr ymylon ac ni wahoddid ef i gyfarfodydd yr *IRB*. Ond cawn stori wahanol mewn dadl ar y Cyfansoddiad yn y *Dáil* ar yr 16eg o Hydref, 1931. Yno cyhuddwyd Mulcahy, ynghyd â Collins a Gearóid O'Sullivan gan Gerry Boland o ddwyn yr *IRB* i mewn i fyddin Iwerddon:

Roeddwn i yno yn y cyfarfod hwnnw yn y Fron-goch pan wnaethost ti ad-drefnu [y fyddin] *a phan ddes i allan o'r Frongoch fe wnaethost ti a Mick Collins fy ngwahodd i* [i fod yn rhan ohoni]. *Ond wnawn i ddim. Gwn mai ti yw un o'r bobl a gychwynnodd yr holl beth diawledig yma yn y Frongoch, ti a'r giwed o'th gwmpas.*

Fe wnaethost ti greu cytundebau ffug yno. Fe wnes i drefnu criw o ddynion geirwir na wnaent arwyddo datganiad ffug. Ti ac ychydig o rai eraill wnaeth drefnu hyn oll a phasio'r Cytundeb diawledig.

Cyhuddodd Mulcahy o annog gwenwyno milwyr Prydeinig a disgrifiodd ef fel ailymgnawdoliad o Oliver Cromwell. Ar y pryd roedd Mulcahy yn Weinidog dros Lywodraeth Leol ac Iechyd tra oedd Boland yn *TD* dros *Fianna Fáil*. Cyn hir byddai Boland yn Weinidog Cyfiawnder ac yn arwyddo gwarantau dienyddio Gweriniaethwyr, un ohonynt yn gyn-garcharor gydag ef yn y Fron-goch.

O leiaf cytuna Valiulis mai yn y Fron-goch y profodd Mulcahy'r math o drefniant ac undod a wnaeth garchar yn brofiad mor bwysig a radicalaidd i gynifer o garcharorion. Ochr yn ochr â'i lwyddiannau milwrol a gwleidyddol, a'r ffaith iddo drin Gweriniaethwyr adeg y Rhyfel Cartref gyda'r union ddulliau didrugaredd ag a ddefnyddiodd Llywodraeth Prydain yn erbyn y Gweriniaethwyr, fe gofir Mulcahy hefyd am ei folawd angladdol ar lan bedd ei hen gyfaill, Michael Collins:

Plygwn dros fedd dyn nad oedd yn hŷn na deg ar hugain oed, un a fabwysiadodd yr efengyl o lafurio dros Iwerddon, yr efengyl o weithio ar ran pobl Iwerddon ac o aberthu ar eu rhan ... Heb i'r grawn gwenith a ddisgyn i'r ddaear farw, does dim byd ynddo ond ei hun. Ond o farw, fe rydd i ni ffrwyth lawer.

Tom Ashe, Tomás MacCurtain, Traolach MacSuibhne, Dick McKee, Michael O'Coileain, a phawb ohonoch chi sy'n gorwedd yma wedi'ch claddu, disgyblion ein Pennaeth mawr. Y rheiny ohonom y gwnaethost ein gadael ar ôl hefyd, grawn ydym o'r un dyrnaid, wedi ein gwasgaru gan yr Heuwr Mawr dros bridd ffrwythlon Iwerddon. Fe wnawn ninnau hefyd esgor ar ein ffrwythau ein hunain.

Bobl Iwerddon, rydym oll yn forwyr uwch y dwfn, yn hwylio tuag at hafan nas gwelir eto ond drwy storm ac ewyn; hwylio ymlaen ar gefnfor llawn peryglon a dioddefaint a llafur chwerw. Ond mae'r Cysgadur Mawr yn gorwedd gan wenu yng nghefn y llong, a chawn ein llenwi gan yr ysbryd hwnnw a wna droedio'n ddewr ar wyneb y llanw ...

Camodd Mulcahy i'r bwlch a adawyd gan Collins. Ef oedd yr unig un o Drindod Fawr y Fron-goch i farw o effeithiau naturiol. Cyn belled ag yr oedd Mulcahy yn y cwestiwn, fedrai Collins ddim gwneud unrhyw beth croes. Am Mulcahy, dywedodd James Ryan, ei frawd yng nghyfraith: 'Beth bynnag wnâi Collins ei ddweud, credai Dick ei fod yn iawn. Ni chymerodd glod am unrhyw beth. Iddo ef, Mick oedd y dyn mawr bob amser.'

Dywedodd John A. Costello am Mulcahy: 'Gwasanaethodd ei wlad yn dda, ond ni chafodd ei werthfawrogi. Yn bersonol, ni wneuthum ganfod unrhyw un a oedd mor anhunanol mewn gweithgareddau cyhoeddus neu genedlaethol.'

Cysylltais ag ef ym 1971, pan oedd yn 85 mlwydd oed. Y gobaith oedd cael ganddo wybodaeth am ei gyfnod yn y Fron-goch. Yn anffodus nid oedd yn iach iawn ar y pryd ond bu'n ddigon caredig i nodi ffynonellau gwerthfawr ar gyfer fy ymchwil. Bu farw ym mis Rhagfyr y flwyddyn honno.

Am Dick McKee, sicrhawyd parhad ei enw drwy ail-enwi Barics Marlborough yn Phoneix Park yn McKee Barracks fel teyrnged i un o benseiri milwrol Iwerddon Rydd.

13

Gwaddol

Gadawodd yr hyn a ddigwyddodd yng Ngwersyll y Fron-goch ym 1916 ei farc annileadwy ar unigolion ac ar hanes ledled y byd. Yma yng Nghymru canfu Penswyddog y Gwersyll, y Cyrnol Frederick Heygate-Lambert ei hun ar y clwt bythefnos wedi rhyddhau'r dynion. Arhosodd yn yr ardal, ym Mod-eryl, Dolgellau. Bu mewn dadl chwerw parthed ei deitl cymwys ar gyfer lefel ei bensiwn. Ei safle oedd Uwchgapten Dros-dro yn y Corfflu Llafur. Ar y rhestr gyffredinol câi ei ystyried yn Lefftenant Staff (ail ddosbarth). Bu farw ym mis Ebrill 1919.

Yn ei gyfrol ar hanes y gwersyll cawn farn W. J. Brennan-Whitmore am gymeriad y Penswyddog piwis:

Roedd yn ddyn cydwybodol; a chredaf iddo feddwl yn garedig; ond perthynai i'r math ar Sais na ddylai fod wedi ei osod erioed yng ngofal Gwyddelod. Yn meddu ar y syniad dybryd o'i urddas a'i hunanbwysigrwydd: yn gwbl amddifad o unrhyw synnwyr doniolwch; roedd yn gwbl anabl i'n trin ni fel dim byd ond carcharorion. Ymddangosai fod unrhyw bosibilrwydd ein bod ni'n fodau dynol deallus, yn rhesymol ac yn ymdeimladol yn llwyr y tu hwnt i'w ddirnadaeth. Yn fyr, doedd ei lysenw (Buckshot) ddim ymhell o fod yn un addas.

Yn ôl un o'r carcharorion, Thomas Curran, fe wnâi ef a'r gweddill bopeth posibl i wneud pethau'n annifyr i Heygate-Lambert gan fod y Penswyddog yn dehongli'r rheolau a'r rheoliadau yn y dull llymaf posibl. Yn ei gyfrol *Irish Political Prisoners 1848-1922* fe osododd yr Athro Seán McConville y bai ar lawer o drafferthion y Gwersyll ar ddull gormesol y Penswyddog o reoli: 'Ymddangosai fod Lambert yn edrych arnynt [y carcharorion] yng nghymeriadau dynion a listiodd yn y Fyddin Brydeinig, a mynnai ganddynt yr ufudd-dod a'r parch a hawliai dosbarth a gradd, yr hyn a dderbynient yn ddieithriad.'

Disgrifiodd ef fel bwli o ddisgyblwr a ystyriai ei hun fel rhywun mewn rhyfel geiriol ag arweinwyr y carcharorion, ond o wneud hynny ildiodd iddynt sawl goruchafiaeth.

Roedd hefyd yn ddialgar. Ar y 15fed o Fedi dedfrydwyd Patrick Daly i gosb o fara a dŵr am fethu ag ymateb galwad i orymdeithio, cosb anghymesur am drosedd bitw. Aeth Daly ar streic newyn ar unwaith ac o fewn tridiau daeth gorchymyn meddygol i fynd ag ef i'r ysbyty. Cyhuddodd Heygate-Lambert ef ar unwaith o fethu â glanhau ei gell a gwrthod bwyta. Mewn gwrandawiad milwrol cyhuddwyd y Penswyddog o weithredu'n *ultra vires*, sef y tu hwnt i'w bwerau, gan George Gavin Duffy ar ran y diffynnydd.

Ond ei weithred fwyaf milain oedd yr un yn erbyn Mary MacSwiney a geisiodd, yn ofer, ar ôl ymweld â'i brawd Terence, hawlio ymweliad arall cyn mynd adref. Llythyrodd yn ddi-baid wedyn â'r Swyddfa Gartref gan ddisgrifio'r Fron-goch fel 'sgandal dywyll'. Cyhuddodd y Penswyddog o wneud dim byd dros ei feistri ond anfon dynion i'r seilam ac achosi iddynt ddal y diciâu gan greu mwy o chwerwedd yn Iwerddon. Pan ganiatawyd ymweliad iddi o'r diwedd, canfu fod ei brawd wedi ei symud i Garchar Reading heb i'r Penswyddog ei hysbysu o hynny. Does ryfedd i'r Ysgrifennydd Gwladol ei hun, Herbert Samuel fynd mor bell â mynnu fod y Penswyddog 'yn brin o'r tact oedd ei angen ar gyfer gweinyddu'r gwersyll arbennig hwn'.

Wedi i'r Gwersyll gau, penderfynwyd diolch yn ffurfiol i'r Penswyddog. Disgrifiwyd y deyrnged gan McConville fel un sy'n haeddu bod ymhlith yr enghreifftiau clasurol o ddamnio rhywun â chlod llugoer:

Hwyrach na fu bob amser yn ddoeth, ond cyflawnodd ddyletswydd annymunol a diddiolch gyda chryn ddiwydrwydd a gallu busnes. Llwyddodd i droi'r dynion yn ei erbyn, ond creodd ei anawsterau ei hun drwy geisio canfod y rhai a aeth ati i osgoi gwasanaeth milwrol; ac ni ddaeth unrhyw beth i'n sylw i awgrymu na fu'n berffaith deg a chyfiawn tuag at ei garcharorion, er ei fod – fel y gwnawn gyfaddef – yn llym.

Er gwaethaf hynny mae barn McConville am amodau'r gwersyll yn ddigon caredig: 'Er mor hawdd oedd hi i genedlaetholwyr a gweriniaethwyr ei gollfarnu, caled yn hytrach nac annynol oedd y gwersyll. Mynnai'r rebeliaid statws Carcharorion Rhyfel, ac fe'u cawsant. Gwersyll carcharorion rhyfel oedd y Frongoch – nid gwersyll crynhoi ac yn sicr nid carchar.'

Ar lawr Tŷ'r Cyffredin ar y 30ain o Dachwedd, cwestiynodd yr A.S. Alfie Byrne bwyll y Penswyddog. Ni dderbyniodd ateb.

Ond beth am rai o'r dynion y ceisiodd Heygate-Lambert, yn aflwyddiannus, eu dofi? Ym 1920 roedd 8 o'r 13 a ffurfiai Staff Pencadlys yr *IRA* yn gyn-garcharorion yn y Fron-goch. Adeg y Rhyfel Cartref fe benodwyd 20 o gyn-garcharorion y Fron-goch i safleoedd uchel ym Myddin y Dalaith Rydd.

Ysgol Bro Tryweryn ar safle'r distyllty a drowyd yn Wersyll y De

*Mathew Evans y perchennog, ger Caffi'r Fron-goch
lle cedwir deunydd yn ymwneud â hanes y gwersyll*

Olynydd Richard Mulcahy fel Cyfarwyddwr Ymarfer y Fyddin oedd J. J. O'Connell. Ar ddiwedd y Rhyfel Annibyniaeth a chyn llofnodi'r Cytundeb, ef oedd Pennaeth Staff yr *IRA* ac yna derbyniodd swydd gyffelyb gyda Byddin y Dalaith Rydd.

Erbyn llofnodi'r Cytundeb ym mis Rhagfyr 1921, roedd cymaint â 30 o gyn-garcharorion y Fron-goch yn *TDs*, 15 ar ochr Llywodraeth y Dalaith Rydd a 15 yn Weriniaethwyr. Ymhlith carfan y Llywodraeth roedd Michael Collins, Richard Mulcahy, Michael Staines, Seán Hales a Joe Sweeney, ynghyd â Joseph McBride, brawd John McBride a ddienyddiwyd am ei ran yng Ngwrthryfel y Pasg. Ymhlith Aelodau Seneddol Gweriniaethol roedd Brian O'Higgins, Dr James Ryan, Phil Shanahan, Séamus Robinson a Seán T. O'Kelly.

Aeth Robinson yn ei flaen i gael ei ethol yn aelod o'r Tŷ Uwch fel Seneddwr. Seneddwyr eraill a fu yn y Fron-goch oedd Cathal O'Shannon, a ddaeth yn Is-lywydd y Blaid Lafur Wyddelig; Michael Smyth, aelod amlwg o'r Blaid Lafur; Michael Lynch, a benodwyd yn Bennaeth Adran Gyfieithu'r Oireachtas (mudiad iaith); Pádraig O Caoimh, Llywodraethwr Gweithredol Mountjoy; Ernest Nunan, Gweinidog dros y Taleithiau Unedig ac yn ddiweddarach Ysgrifennydd yr Adran Materion Allanol (Tramor); ei frawd Seán, Clerc yn y *Dáil* cyntaf; Joseph Lawless, Cyfarwyddwr Marchoglu Byddin y Dalaith Rydd; Eamon Bulfin, Conswl Iwerddon yn yr Ariannin; Thomas Derrig, Gweinidog Addysg; Thomas Harries, Cadeirydd Cyngor Sir Kildare; Séamus Murphy, Comisiynydd Dinas Dulyn ac Oscar Traynor, Gweinidog Amddiffyn.

Michael Brennan o Swydd Clare oedd y cyntaf erioed i fabwysiadu tacteg gwrthod cyfreithlondeb llys barn; daeth yn Bennaeth Staff y Fyddin. Bu Seán T.

O'Kelly yng ngofal y Swyddfa Wyddelig ym Mharis. Bu hefyd yn Weinidog dros Lywodraeth Leol a Chyllid ac yna'n Arlywydd Iwerddon rhwng 1945 a 1959. Ym 1934 penodwyd Domhnall ua Buachalla yn Llywodraethwr Cyffredinol Iwerddon gan de Valera.

Aethpwyd ati yn y Fron-goch i baratoi ar gyfer Iwerddon a fedrai drin materion mwy masnachol hefyd. Roedd M. W. O'Reilly wedi bod yn gweithio ym maes yswiriant yn Nulyn. Yn y Fron-goch aeth ati i drafod y syniad o sefydlu cwmni yswiriant Gwyddelig. Un o sylfaenwyr y cwmni oedd Denis McCullough, neu Mac Con Uladh, o Felfast. Aeth ymlaen i fod yn *TD* dros Donegal rhwng 1924 a 1927. Y syniad, meddai, oedd sefydlu corff a gystadlai â sefydliadau tramor a reolent bob maes yn Iwerddon. Prydain oedd yn berchen ar ymron bob adran o fywyd cenedlaethol y wlad. Roedd am weld sefydliadau brodorol a ysgogid gan ysbryd cenedlaethol ac a gâi eu rheoli gan Wyddelod, gyda'r bwriad a'r penderfyniad i ryddhau Iwerddon yn economaidd yn ogystal ag yn wleidyddol. Roedd y monopoli yswiriant Prydeinig, teimlai *Sinn Féin*, yn sugno grym Iwerddon.

Cefnogai Michael Collins a James Ryan fenter O'Reilly. Tyfodd y syniad i fod yn gwmni sylweddol, y *New Ireland Assurance Collecting Society* a sefydlwyd ym 1918. Trodd wedyn yn *New Ireland Assurance Co. Ltd.* ac yna'n *plc* sydd bellach o dan adain Banc Cenedlaethol Iwerddon gyda'i bencadlys yn Dawson Street, Dulyn, ynghyd â 19 o ganghennau ledled Iwerddon. Ymhlith y sylfaenwyr roedd pump o 'raddedigion' y Fron-goch, sef O'Reilly a McCullough, yn ogystal â James Ryan, Tomás Ó Nualláin a Michael Staines.

Cynhaliwyd cyfarfod cyntaf y fenter yng nghartref un arall a fu yn y Fron-goch, Tom Sinnott. Cefnogwyr pybyr eraill oedd Richard Coleman, a fu farw yng Ngharchar Brynbuga ddiwedd 1918, Frank Thornton a Liam Tobin. Adeg Rhyfel y *Tans*, defnyddiwyd swyddfeydd y cwmni yn Nulyn yn bencadlys i *Sinn Féin*. Roedd pob aelod o'r staff yn swyddogion gyda'r IRA. Aelodau eraill o'r cwmni a fu'n gaeth yn y Fron-goch oedd F. X. Coughlan, Michael Lynch, Joe Doherty a Hugh Thornton. Erbyn 1965 roedd gan y cwmni £26,328,000 o asedau ac incwm blynyddol o £3,816,000.

Dyma'r math ar fenter a groesawai Collins. Nid rhyddid gwleidyddol yn unig oedd ei nod ond rhyddid hefyd i fyw bywyd llawn fel Gwyddelod. Roedd pobl Iwerddon, meddai yn ei nodiadau, wedi eu gadael i fod yn agored i wenwyn arferion tramor. Roedd angen i'r Gwyddelod ddad-Seisnigo'u hunain: 'Y dasg o'n blaen, o gael gwared â'r Saeson, yw cael gwared ar y dylanwad Seisnig.' Dyna wers arall a ddysgwyd yn y Fron-goch.

Gwaddol chwerwaf y Fron-goch oedd y ffaith na ddysgodd yr awdurdodau Prydeinig y gwersi am oblygiadau caethiwedigaeth. Yn ei gyfrol *Internment*, esboniodd John McGuffin nad oedd y syniad yn newydd i Brydain ym 1916. Yn ystod y bedwaredd ganrif ar bymtheg yn unig roedd cynifer â 105 o Fesurau Gorfodol wedi eu llunio, mesurau a olygai, i bob pwrpas, garcharu Gwyddelod: 'Rhwng 1881 ac 1882 carcharwyd dros fil o Wyddelod heb na gwarant, cyhuddiad nac achos llys. O dan amheuaeth yn unig oedd y rhain. Rhoddwyd y gorau i hawl Habeas Corpus a sefydlwyd Cynghrair y Tir. Ond sefydliadau newydd oedd gwersylloedd caethiwedigaeth.'

Pwysleisiodd yntau mai Rhyfel y Boer (1889-1902) a arweiniodd at sefydlu gwersylloedd carchar am y tro cyntaf gan ddwyn gwarth a chywilydd ar wlad a oedd mor gyfarwydd â chael ei ffordd ei hunan. Bu farw, meddai, tua 20,000 o'r Boer yn y gwersylloedd hynny, menywod a phlant yn bennaf, o afiechyd ac esgeulustod. Pensaer caethiwedigaeth oedd Arglwydd Kitchener – Gwyddel o Swydd Kerry. O sefydlu'r gwersylloedd cadwedigaeth cyntaf, bu'n gyfrifol am grynhoi 'brodorion gelyniaethus' a'u cadw mewn llociau.

O ganlyniad i'r polisi hwn crynhowyd chwarter poblogaeth cenedl y Boer, dros 115,500 ohonynt, mewn 34 o lociau pabellog. O ganlyniad i newyn torfol a hylendid annigonol a arweiniodd at heintiau megis y frech goch, teiffws a dysentri, bu farw 28,000 o'r carcharorion, 22,000 yn fenywod a phlant. Bu farw mwy yn y gwersylloedd cadw nag a fu farw ar y ddwy ochr yn y rhyfel. Dengys ystadegau wedi'u hadolygu i tua 20,000 o bobl dduon Affricanaidd, a gedwid ar wahân, farw mewn llociau.

Dywed McGuffin fod sefydlu'r gwersylloedd cadw yn rhan naturiol o gred Prydain imperialaidd y medrai wneud beth bynnag a fynnai, a hynny'n ddi-gwestiwn. Ond yn y Fron-goch, meddai, cafwyd yr enghraifft gyntaf o ganolfan gadw lle llwyddodd y dynion i ethol eu swyddogion eu hunain a sefydlu cadwyn o awdurdod:

Gydag ynfydrwydd wedi ei esgor gan fawrdra, trodd y Prydeinwyr y Gwyddelod yn ferthyron. Gosododd y Fron-goch gynsail i'r dyfodol drwy i'r dynion yn y naill wersyll a'r llall ethol eu harweinwyr eu hunain gan sefydlu cadwyn o reolaeth. Cadwyd yr ysbryd yn gryf drwy gynnal gweithgareddau diwylliannol, chwaraeon a darlithiau. Rhoddwyd tragwyddol heol i ddoniau trefnyddol pobl fel Collins a MacCurtain. Trefnwyd gweithgareddau'r dyfodol a sefydlwyd cysylltiadau cyfathrebu. Teimlai'r dynion eu bod yn llawer gwell eu byd yng nghefn gwlad Cymru na'r carcharorion hynny a gafwyd yn euog a'u cloi yn Stafford, Brynbuga, Lincoln, Lewes neu Dartmoor. Ffynnodd brawdoliaeth, a chydag ef deimlad o orfoledd.

Efallai nad felly y buasai hi wedi bod petai'r dynion wedi cael eu caethiwo am gyfnod hwy, medd McGuffin. Ond o ryddhau carcharorion ar ddiwedd 1916 ac yn ystod y flwyddyn wedyn, roedd gan y rhai a oroesodd gynulleidfa werthfawrogol ar ôl i arweinwyr Gwrthryfel y Pasg gael eu troi'n ferthyron.

Seiliwyd cyfrol O Mahony ar draethawd ar ddylanwad Gwersyll y Fron-goch ar hanes Iwerddon. Roedd tri phen i'w bregeth: yn gyntaf, y Fron-goch oedd confensiwn Gweriniaethol cyntaf Iwerddon gyfan. Daethpwyd â Gwirfoddolwyr o ymron bob rhan o Iwerddon at ei gilydd ac o'r pair hwn ymddangosodd yr IRA. Aethant ati i frwydro yn erbyn llywodraeth Prydain a'i hadnoddau anferth, dynol, diwydiannol a milwrol mewn rhyfel o ryddhad. Arweiniodd hyn at enciliad Prydain o'r 26 sir, gan achosi'r crac sylweddol cyntaf yn yr Ymerodraeth.

Yn ail, llwyddodd y Frawdoliaeth Weriniaethol Wyddelig (IRB) i ad-drefnu ei hun yno, gydag amryw o'r aelodau a recriwtiwyd yno i gymryd rhan flaenllaw yn sefydlu'r Dalaith Rydd.

Yn drydydd, yno y fformiwleiddiwyd polisi carcharorion rhyfel Gwyddelig tuag at y sawl oedd wedi eu caethiwo pan wnaed pwnc statws gwleidyddol yn ddadl danllyd. Fe wnaeth Prydain, meddai, ddatrys hyn drwy ganiatáu statws gwleidyddol *de facto* yn union fel y gwnaeth William Whitelaw, Ysgrifennydd Cartref

Prydain wedyn ym 1972 i'r Chwe Sir pan ganiataodd statws Categori Arbennig i garcharorion yr *IRA*.

Camgymeriad mawr arall oedd gorfodaeth filwrol, meddai McGuffin. Roedd rhai o'r dynion oedd yn y Fron-goch yno ar gam. Canlyniad yr orfodaeth oedd undod. Ond y camgymeriad mwyaf, meddai, oedd sefydlu lle o gaethiwedigaeth yn y Fron-goch yn y lle cyntaf: 'Trodd y gwersyll yn fagwrfa danllyd ar gyfer gwrthryfel ac yn fan ymarfer ar gyfer milwyr gwrthryfelgar, gyda Michael Collins y mwyaf ohonynt.'

Eto i gyd ni ddysgwyd y gwersi. Erbyn Cadoediad 1921 roedd cynifer â 7,000 o garcharorion gwleidyddol Gwyddelig yng ngharchardai Prydain ac Iwerddon. Unwaith eto bu brwydr dros hawliau carcharorion gwleidyddol. Yng Ngharchar Brynbuga y bu'r ymgyrch ffyrnicaf wrth i'r carcharorion alw am yr hawl i wisgo'u dillad eu hunain ac ar yr 21ain o Ionawr, 1919, fel y nodwyd eisoes, llwyddodd pedwar carcharor i ddianc. Roedd dau ohonynt, Frank Shouldice a George Geraghty, wedi bod yn y Fron-goch. Yna, gyda help Collins, llwyddodd de Valera i ddianc o Garchar Lincoln.

Wedi'r Cytundeb ar y 6ed o Ragfyr, 1921 gallai Prydain, meddai McGuffin, honni fod caethiwedigaeth wedi dod i ben am ei bod yn gyfnod o heddwch. Ond ym 1923 caethiwyd dros gant o Wyddelod – yn ddynion a menywod – yn Iwerddon. Aelodau'r Gynghrair Hunan Benderfyniad oedd y rhan fwyaf o'r rhain. Profwyd yn ddiweddarach fod hyn yn groes i'r gyfraith a chawsant eu rhyddhau.

Cyfeiriodd McGuffin hefyd at wersylloedd caethiwedigaeth a sefydlwyd gan Brydain yn Aden, Cyprus, Malaya ac, yn arbennig, Kenya. Yno, ar y 24ain o Chwefror, 1959 curwyd un ar ddeg o aelodau'r *Mau*

Mau i farwolaeth yng Ngwersyll Hola. Roedd dros 80,000 o ddynion a menywod wedi eu caethiwo heb gyhuddiad. Yn wir, cadwyd 700 o ddynion dan glo heb gyhuddiad am dros saith mlynedd.

Cyn dechrau'r Ail Ryfel Byd fe gyflwynodd Prydain gaethiwedigaeth drachefn a Gwyddelod, unwaith yn rhagor, oedd y rhai a gaethiwyd. Digwyddodd hyn yn dilyn ymgyrch fomio gwbl ddibwrpas yr *IRA* yn Lloegr o dan arweiniad Seán Russell, un arall a fu yn y Fron-goch ac a fu farw ar fwrdd llong danfor Almaenig oddi ar arfordir Galway ym 1940. Arweiniodd caethiwedigaeth yn ogystal at ddienyddio Barnes a McCormick ar y 7fed o Chwefror, 1940 am ffrwydro bom yn Coventry. Arweiniodd hefyd at garcharu dros gant o Wyddelod. Yn ôl McGuffin:

Dim ond pum munud gymerodd Mesur Atal Trais i fynd drwy'r Senedd. Gwnâi'r Mesur ganiatáu alltudio Gwyddelod ynghyd â chaethiwedigaeth yn ogystal â chofnodi manylion am bob Gwyddel a drigai ym Mhrydain. Ffodd rhai Gweriniaethwyr adref i Iwerddon ddim ond i ganfod fod mesur tebyg wedi ei basio yno hefyd, sef Deddf Tramgwydd yn Erbyn y Dalaith. Dim ond y rhyfel wnaeth arbed Prydain rhag gweithredu caethiwedigaeth yng nghyfnod heddwch. Dros y rhyfel cadwyd 'pobl dan amheuaeth' dan glo. Erbyn 1940 roedd 1,400 o dan glo, y mwyafrif yn Almaenwyr.

Yn ôl Seán O Mahony, ystwythwyd y gyfundrefn a ddefnyddiwyd ar gyfer y Boer rywfaint i'w defnyddio ym Mhrydain, gan weinyddwyr y Chwe Sir a'r Chwe Sir ar Hugain, yn y DG ac yn Iwerddon:

Mae'r enw Long Kesh bellach wedi dod yn rhan o

gyfundrefn enwau mannau ofnadwy o'r genhedlaeth bresennol, ac y mae ym meddyliau pobl wleidyddoledig. Long Kesh oedd y ganolan olaf, lle daliwyd caethiwedigion yn 1974. Er hynny, y lle cyntaf a ddefnyddiwyd fel gwersyll crynhoi gan y Prydeinwyr ar gyfer carcharorion gwleidyddol Gwyddelig oedd y Frongoch ... A minnau ar ymweliad â'r Frongoch, meddai menyw Gymreig wrtha' i: 'A minnau'n meddwl mai dim ond yr Almaenwyr oedd â gwersylloedd crynhoi.'

Os mai'r Fron-goch oedd y gwersyll cadw cyntaf ar dir Prydain, nid hwnnw fyddai'r olaf. Ar y 10fed o Fehefin, 1940, o fewn oriau i gyhoeddi fod yr Eidal wedi ymuno â'r Almaen yn yr Ail Ryfel Byd, casglwyd mewnfudwyr Eidalaidd at ei gilydd a'u carcharu. Arestiwyd 160 o Eidalwyr yn Sir Forgannwg yn unig.

Sefydlwyd gwersylloedd cadw ar Ynys Manaw a'r rheiny'n ddigon mawr i ddal 10,000 o garcharorion. Fe gymerodd Canada 1,500. Ar eu ffordd i alltudiaeth ar yr *SS Arandora Star*, trawyd y llong gan dorpido Almaenig oddi ar arfordir gogledd-ddwyrain Iwerddon. Boddwyd 486 o'r Eidalwyr a 175 o Almaenwyr.

Wrth nodi rhagrith llywodraethau a gondemniai gaethiwedigaeth i ddechrau, cyn mabwysiadu'r drefn eu hunain yn ddiweddarach, rhestra McGuffin Makarios, Banda, Nehru, Gandhi a de Valera. Y rhagrith oedd bod y rhain eu hunain wedi dioddef o gaethiwedigaeth. Aethant oll yn eu blaenau i fod yn wleidyddion parchus. 'Da o beth i Brydain fyddai cofio y gallasai fod yn Nosbarth 1972 yn Long Kesh rywun o faintioli tebyg,' meddai.

Pan ddychwelodd caethiwedigaeth ym 1971, daeth criw *Insight y Sunday Times* i ganlyniad diddorol.

Gwyddai milwyr profiadol o'r gorau mai camgymeriad fyddai mabwysiadu'r polisi gan na wnâi ddim byd amgenach na hybu rhagor o drais. Mae ystadegau'n profi hynny. Yn y pedwar mis cyn mabwysiadu'r polisi caethiwedigaeth, lladdwyd pedwar milwr, pedwar dinesydd a dim un plismon. Yn ystod y pedwar mis a ddilynodd, sef o fis Awst hyd at fis Tachwedd 1971, lladdwyd 30 o filwyr, 11 plismon, a 73 dinesydd cyffredin.

Erbyn canol mis Rhagfyr roedd 1,576 wedi eu harestio gan y fyddin o dan y Ddeddf Pwerau Arbennig, bron y cyfan ohonynt yn Babyddion. Dadl *Insight* oedd bod caethiwedigaeth yn gyrru Catholigion a oedd yn ddiduedd cyn hynny yn syth i freichiau'r *IRA*, yn hytrach na gwella'r sefyllfa. Onid yw'n adlais o hanes y Fron-goch?

Swm a sylwedd y cyfan yw bod Prydain un ai wedi anghofio gwersi'r Fron-goch, neu heb eu dysgu yn y lle cyntaf. Ond roedd cenhedloedd, gwledydd a charfannau eraill yn fwy parod i ddysgu oddi wrth garcharorion y Fron-goch. Daeth y dull o daro a chilio a fu mor llwyddiannus yn erbyn y *Black and Tans* yn efengyl gan chwyldroadwyr *guerrilla* ledled y byd. Yn ei gyfrol *The Black and Tans* dywed Richard Bennett na wnaeth yr *IRA*, yn ystod ei blwyddyn gyntaf o ryfela yn erbyn milwyr Prydain, ladd mwy na 28 o'u gelynion – 18 ohonynt yn heddweision – gan saethu dim mwy na 100 o ergydion. Mynnai na wnâi'r un llywodraeth ildio i'r fath fygythiad.

Anghytuna Robert Taber yn ei gyfrol ar dactegau *guerrilla*: 'Y gwir amdani yw i Brydain ildio, nid i'r bygythiad per se, hwyrach, ond i'r sefyllfa wleidyddol ac economaidd annioddefol a achosid ymhen blwyddyn arall.'

Haeriad mwyaf diddorol Taber yw'r ymresymiad mai ymladd rhyfel gwleidyddol a seicolegol yn hytrach nag un milwrol a wnaeth yr *IRA*. Roedd eu tactegau'n fwy o niwsans na dim byd arall:

Llifodd inc papur newydd yn fwy rhydd na gwaed. Fe fethai'r IRA eu targedau yn amlach na'u hitio. Roedd y barics a losgid yn aml yn wag a'u dinistr ond yn symbolaidd; yn aml hefyd câi'r ymosodwyr eu hatal wrth i'r ymosodwyr wastraffu mwy o fwledi na fedrent eu cipio, ac roedd y bobl yr ymosodid arnynt yn aml yn Wyddelod yn hytrach na Saeson – rhai yr amheuid eu bod yn ysbiwyr, cydweithredwyr ac ati.

Yn wir, haera Taber na fu'r *IRA* erioed yn ddigon cryf i drechu lluoedd milwrol Prydain:

Er i'r Rhaglaw Prydeinig, Iarll French amcangyfrif fod gan yr IRA 100,000 (o filwyr) ac i Ysgrifennydd Prydain yn Iwerddon ddyblu'r amcangyfrif, gan honni byddin o 200,000 a oedd yn barod i lofruddio ddydd a nos, eu cryfder eithaf ar bapur oedd dim mwy na 15,000 o ddynion, ac yn ddiweddarach gosododd Michael Collins gryfder yr IRA fel dim mwy na 3,000.

Collins ei hun a ddywedodd unwaith: 'Y cyfan rwy'n gofyn amdano i'n harwain yw trigain o ddynion penderfynol a dibynadwy ac fe wnaf drechu'r Prydeinwyr.'

Yr hyn a fu'n allweddol i droi'r fantol oedd propaganda. Cred Taber i ddyfodiad y *Black and Tans* fod yn fendithiol i'r *IRA*. Am bob digwyddiad a grëwyd gan y *Tans*, meddai, fe greai'r *IRA* un arall, a thra byddai gweithredoedd yr *IRA* yn ennyn edmygedd dramor am fod yn rhan o ymdrech ddewr dros ryddid, ni wnâi dial y *Tans* ddim ond denu condemniad gan uno'r Gwyddelod fwyfwy yn eu gwrthwynebiad i'r Goron.

Yr hyn nad yw Taber yn ei gydnabod yw mai yn y Fron-goch y crëwyd ac y damcaniaethwyd y grym deublyg o chwyldro Gwyddelig cyn iddynt gael eu gweithredu yn Rhyfel y *Tans*. Ac yn y Fron-goch, yn bendant, y lluniwyd y glasbrint ar gyfer grwpiau arfog bychan, symudol, ergydiol a sydyn-giliol ynghlwm â phropaganda clyfar a chudd-wybodaeth.

Yn y cyswllt hwn, nid caethiwedigaeth yw'r unig ddolen gydiol rhwng y Boer a'r Fron-goch gan mai'r Boer oedd arloeswyr y dulliau a gymhwyswyd mor effeithiol gan y Gwyddelod yn y Fron-goch. Pan gipiodd milwyr Prydain nifer o drefi'r Boer ar ddiwedd 1900, gwrthododd rhai o unedau comando'r Boer ildio. Ffoesant i'r gwyllt i gynnal rhyfel *guerrilla* yn erbyn y Prydeinwyr gan ddefnyddio tactegau cudd-ymosod. Byddent yn byw ar ffrwyth y tir gan lynu at eu cymdogaethau a defnyddio dulliau taro-a-chilio a chipio arfau. Roedd milwyr profiadol fel Jack White, hyfforddwr yr *Irish Citizen Army* a John McBride wedi ymladd yn Rhyfel y Boer ac wedi dychwelyd â gwybodaeth am dactegau a berffeithid yn y Fron-goch.

Yn ei draethawd '*The Black Hand*' dywed Jon Parry am garcharorion y Fron-goch:

> *Fe wnaeth eu harhosiad byr yn y Gymru wledig feithrin hadau Iwerddon fodern. Atseiniodd enw'r Frongoch drwy'r degawdau fel un o symbolau'r cyfnod chwyldroadol yn Iwerddon. Roedd yn un o'r ychydig enwau Cymraeg a oedd yn gyfarwydd i'r Gwyddelod, er iddynt ei ganfod yn anynganadwy. Yn yr un modd ... i rai dynion a menywod Cymreig, daeth yn symbol o frwydr genedlaethol ...*

Teimlai Parry, er hynny, i'r Fron-goch hawlio arbenigrwydd mwy na'i haeddiant. Byddai haneswyr megis Tim Pat Coogan a Peter Hart yn anghytuno. Mae'r Fron-goch yn ddolen mewn cadwyn sy'n ymestyn o Dde Affrica 1899, drwy Long Kesh, Magilligan a Charchar Maghaberry yn y 1970au ac ymlaen i Belmarsh a Bae Guantanama ar ddechrau'r unfed ganrif ar hugain. Yn wir, yn ystod hydref 2005 aeth tua 200 o garcharorion Bae Guantanamo ar streic newyn, gan efelychu'r hyn a ddigwyddodd yn y Fron-goch ym 1916.

Roedd Seán O Mahony'n argyhoeddedig fod Gwersyll y Fron-goch wedi chwarae rhan flaenllaw yn hanes Iwerddon. Gallai fod wedi ehangu ei sylw i gynnwys ei gyfraniad i hanes y byd. Damweiniol oedd y lleoliad, ond y Fron-goch oedd y man a ddewiswyd. Heb ddod â'r dynion ynghyd yno, a fyddai Michael Collins wedi datblygu i fod y ffigwr canolog yn y brwydrau oedd i ddilyn? A fyddem wedi clywed cymaint am Richard Mulcahy, Dick McKee, Terence MacSwiney a Tomas MacCurtain? Heb weithgareddau'r dynion hyn, a fyddai'r byd wedi clywed cymaint am Mao Tse Tung, Tito, General Giap, Che Guevara, Nelson Mandela a Menachem Begin?

Nid mympwyol yw cysylltu'r Fron-goch â'r arweinwyr hyn. Yn *The IRA at War 1916-1923* dywed Peter Hart:

Gweriniaethwyr Gwyddelig wnaeth ddyfeisio rhyfela chwyldroadol a'i garfannau torfol, ffryntiau poblogaidd, llywodraethau tanddaearol, ac ymgyrchoedd propaganda parhaus. Roedd yr hyn a wnaeth Michael Collins a'i ddynion yn Iwerddon wedi'r Rhyfel Mawr i'w barhau gan Mao, Tito a Ho Chi Minh yn ystod a'r rhyfel byd nesaf. Ni sylweddolai'r rebeliaid Gwyddelig, er hynny, eu bod yn gwneud y fath beth, felly ni hawliwyd unrhyw batent. Byddai gofyn ailddarganfod y fformiwla a'i allforio gan strategwyr mwy pragmataidd. Felly, fe wnaeth myfyrwyr chwyldroadau cymharol anwybyddu Iwerddon hefyd. Ni hawliodd ei lle ochr yn ochr â Ffrainc, Rwsia, Tsieina, Ciwba ac Iran yn y pantheon dadansoddol.

Ond wrth edrych dros ysgwydd hanes, credai Seán McConville i'r ddwy ochr fedru hawlio llwyddiant:

Llwyddodd [y gwersyll] fel man cadw, o'i sefydlu yn gyflym ac yn rhad. Ac er iddo fod yn ffynhonnell sylweddol o gwynion a phrotestiadau seneddol, ni chafwyd un aflonyddwch o bwys, anafiadau na cholli bywyd ac – yn bwysig o ran propaganda a chadw'r ysbryd – ni lwyddodd yr un carcharor i ddianc. Gallai'r rebeliaid deimlo yr un mor fodlon â'r profiad. Drwy gyd-fyw o dan amodau'r gwersyll, ffurfiwyd clymau tynn, casglwyd gwybodaeth wleidyddol a milwrol, a phrofwyd y dynion mewn gwrthdrawiadau ag awdurdodau'r gwersyll. Roedd yr olaf hyn yn bwysig ac, o gofio hanes amheus cynllwynion Gwyddelig y gorffennol parthed ysbiwyr a swyddogion cudd, roedd gwasanaeth anrhydeddus fel carcharor yn y Frongoch yn faen prawf cymeriad.

Anfonwyd y dynion i wersylloedd cadw yn hytrach na charchardai am na chaent eu hystyried yn ddigon pwysig i gael eu cloi yn Henffordd, Portland, Knutsford neu Dartmoor. Fel y dywed Jon Parry, eu cyfnod yn y Fron-goch a ddaeth â nhw i bwysigrwydd:

Fe wnâi'r Frongoch yn awr hawlio lle mewn mytholeg Gwyddelig a'r dynion a oedd wedi dihoeni yno ddod yn rhan o hierarchaeth y traddodiad chwyldroadol ... Am ychydig fisoedd yn 1916 casglwyd at ei gilydd yng ngogledd Cymru y crynodiad mwyaf o chwyldroadwyr Gwyddelig y cyfnod modern. Yno ym Meirionnydd y gwnaeth cyfnod byr o gaethiwedigaeth osod y sail ar gyfer y Rhyfel Annibyniaeth, y Rhyfel Cartref, creu'r Dalaith Rydd ... Roedd gorfodaeth Prydain wedi arwain at ucheldir llwm a diffaith yng Nghymru i fod yn ganolbwynt i angerdd chwyldroadol, symbolaeth genedlaethol, ynni ifanc ac ymrwymiad diwylliannol. Daeth ymdaith arwrol hanes modern Iwerddon i ben gyda dienyddiad Collins yn nyffryn hardd Béal na Bláth yng Ngorllewin Corc; hwyrach iddi gychwyn ar y llethrau digysur ger y Bala yng ngogledd Cymru.

Prynwyd amryw o gytiau Gwersyll y Gogledd gan ffermwyr lleol. Cwt gardd yw hwn bellach, nid nepell o'r Bala

*Cwt sy'n dal i sefyll ar ben pellaf safle Gwersyll y Gogledd lle bu
cangen leol Sefydliad y Mercher yn ymgynnull.
Nid yw'n un o'r cytiau gwreiddiol*

Lunch at 11.30, and Sale at 12.30.

Frongoch Camp,

adjoining Frongoch Railway Station
and Siding (G.W.R.) near BALA.

Unreserved Sale of

40 Excellent Sectional
Barrack Huts.

Several Corrugated Buildings and Sheds,
Quantity of Loose Timber, Corrugated
Sheets, Barb Wire &c., &c.

*Hysbyseb papur newydd lleol yn cynnig y
cytiau ar werth*

*Y tu mewn i un o'r cytiau sydd
wedi goroesi'n lleol yn dangos y
paneli pren o'i fewn*

*Codwyd y tai hyn yn Llanuwchllyn â defnyddiau a achubwyd o
Wersyll y De*

Epilog

Ym 1955 cyhoeddwyd datganiad gan Gorfforaeth Dinas Lerpwl yn rhybuddio ei bod am gyflwyno Mesur Preifat i'r Senedd yn ceisio caniatâd i godi argae ar draws afon Tryweryn. Ar y 24ain o Fedi, 1956 derbyniodd gwrthwynebwyr y cynllun lythyr o gefnogaeth:

> *Pan fo cenedl fechan, yn erbyn ffactorau dychrynllyd, yn ceisio cadw ei phersonoliaeth a'i diwylliant, byddai difa unrhyw ran lle diogelid yr iaith a'r nodweddion cenedlaethol yn anffawd y dylid gwneud popeth i'w hosgoi. Caiff manteision materol economaidd eu prynu yn llawer rhy ddrud o'u hennill ar draul etifeddiaeth ysbrydol, a dylid pwysleisio hyn yn gryf wrth y rhai sy'n frwd dros effeithlonrwydd. Pan fo dewis amgen yn bodoli, un na fyddai'n golygu'r fath golled, bydd pawb sy'n credu fod gan ddynoliaeth anghenion heblaw rhai corfforol yn cydymdeimlo â phobl cenedl y Cymry yn eu hymdrechion i chwilio am ddulliau amgen i gynllun Tryweryn gael eu canfod a'u mabwysiadu. Dymunaf i chwi bob llwyddiant.*

Y llythyrwr oedd neb llai nag Eamon de Valera.

Yr unig A.S. Cymreig i gefnogi'r Mesur gwreiddiol oedd Syr David Llewellyn, (Gogledd Caerdydd). Adeg ailddarlleniad y Mesur ni wnaeth yr un Aelod Seneddol Cymreig bleidleisio dros y boddi – ond roedd rhai yn absennol a Megan, merch Lloyd George, yn eu plith. Roedd Megan yn aelod o Bwyllgor Amddiffyn Tryweryn. Un arall a oedd yn absennol oedd y Fonesig Irene White, merch Thomas Jones, Ysgrifennydd Personol Lloyd George. Cawr o Gymro huawdl a fu'n fud ar y mater oedd Aneurin Bevan.

Erbyn 1960 roedd cynllun argae Tryweryn wedi creu cynnwrf gwleidyddol a diwylliannol. I raddau helaeth, unwyd gwleidyddion gyda Raymond Gower, yr A.S. dros y Barri – Tori rhonc – yn gwrthwynebu'n frwd gynlluniau ei lywodraeth ei hun. Canai'r beirdd ganeuon protest. Roeddwn i yn y Babell Lên ym Mhrifwyl Caernarfon 1959 pan gyfansoddodd Llwyd o'r Bryn y cwpled cofiadwy canlynol:

Bodder yn nŵr Tryweryn
Henry Brooke, medd Llwyd o'r Bryn.

Henry Brooke oedd y Gweinidog Dros Faterion Cymreig.

Yn yr Eisteddfod Ryng-golegol ym 1960 enillwyd cystadleuaeth y gân ysgafn gan fyfyriwr ifanc o Goleg Aber, Humphrey Lloyd Humphreys. Testun ei gyfansoddiad llwyddiannus oedd 'Cân Dŵr Tryweryn' i'w ganu ar yr alaw Lydewig '*Son ar Hafe*', neu Gân y Coffi. Dyma'r geiriau a lwyddodd i gymysgu dŵr a wisgi:

Mae gin i awydd canu cân, wel dowch yn nes bob jacyn!
O glod i'r ddiod fel y tân, wnaed gynt o ddŵr Tryweryn.
Ble mae'r gogoniant gynt a fu? Gymry cu, 'madawodd
â'n tŷ,
Ond doedd dim oedd well i ddyn na joch o ddŵr
Tryweryn!
Mi fuo'n ffisig heb ei ail at bob rhyw afiechydon,
Yn well nag unrhyw ddiod dail i atgyfodi'r cleifion,
Fron-goch oedd cystal ag unrhyw sba, at bob pla, Iechyd
da!
Doedd dim oedd well i ddyn na joch o ddŵr Tryweryn.
Bu'n arfer yn y dyddie gynt i'w barchu ac i'w yfed,

Graffiti ar adeilad cyflenwi trydan yn coffau Capel Celyn

Argae Llyn Celyn. Gwyddelod, gan fwyaf, a'i cododd

Capel Celyn, y gymuned a chwalwyd gan Gorfforaeth Lerpwl ar gyfer boddi'r cwm

Llyn Celyn heddiw, ei lonyddwch yn cuddio cynnwrf cenedlaethol

Ond buo newid ar y gwynt, doth melltith Methodistied!
Chi Fethodistied Calfin cas, pam fuoch chi mor greulon
Â gwrthod rhoddi moddion gras i wan sychedig
ddynion?
Bydd diwygiade drost y wlad, bydd 'nen Tad os cawn
ryddhad!
Does dim sy' well i ddyn na joch o ddŵr Tryweryn.

Teithiodd protestwyr i Lerpwl gan bicedu cyfarfod o
Gyngor y Ddinas. Dim ond un Cynghorwr a
wrthwynebodd y cynllun, sef y Cynghorwr L. Murphy.
Fel Gwyddel, meddai, medrai gydymdeimlo â'r Cymry.
Ofer fu ei safiad. Gwthiwyd y gyllell yn ddyfnach wrth
i Gyngor Tref y Bala roi sêl ei fendith i'r cynllun.

Cychwynnodd y gwaith ond gwrthododd rhai ildio.
Ar yr 22ain o Fedi, 1962 difrododd dau ddyn ifanc o
Went, David Pritchard a David Walters drosglwyddydd
trydan drwy ei wacau o olew. Cawsant ddirwy o £50 yr
un.

Ar ddydd Sul y 10fed o Chwefror, 1963 ffrwydrwyd
trosglwyddydd arall. Arestiwyd Emyr Llywelyn
(Jones), myfyriwr yn Aberystwyth. Yna, yn dilyn
ymgais i ddifrodi peilon, arestiwyd Owain Williams,
perchennog caffi ym Mhwllheli a John Albert Jones,
hefyd o Bwllheli. Carcharwyd Emyr Llywelyn ac Owain
Williams am ddeuddeg mis. Gosodwyd John Albert
Jones ar brawf.

Erbyn 1965 roedd y gwaith wedi'i gwblhau a
phentref Capel Celyn yn ogystal â dwsin o dai eraill a
ffermydd o dan ddŵr y llyn. Boddwyd y capel, y
fynwent a'r ysgol. Boddwyd Mynwent y Crynwyr, lle
gorweddai cyndeidiau'r rhai a ymfudodd i
Bennsylvania ym 1862 i osgoi erledigaeth.

Crëwyd llyn ddwy filltir a hanner o hyd a milltir o

led yn dal 16,000,000 galwyn o ddŵr. Costiodd £16 miliwn. Costiodd y cynllun eu cartrefi i 70 o'r trigolion.

Mae'n anodd gwybod faint o Wyddelod fu'n gweithio ar gynllun *Tarmac & Binney & Deacon* ond dengys ystadegau fod 295 yn gweithio yno ar y 5ed o Fai, 1962. Rhaid bod canran uchel o'r rhain yn Wyddelod o ystyried faint ohonynt fu'n gweithio ar brosiectau tebyg yng Nghymru. Carafannau oedd cartrefi'r Gwyddelod alltud y tro hwn a'r rheiny wedi eu gosod ar yr union gae lle bu cytiau pren Gwersyll y Gogledd dros ddeugain mlynedd ynghynt, a lle bu tadau a theidiau rhai ohonynt yn gaeth.

Yn y seremoni agoriadol ar yr 21ain o Hydref, 1965 gorlifodd argae'r dicter. Aeth pum cant o brotestwyr ar ruthr drwy safle'r seremoni. Torrwyd gwifrau'r uchelseinydd. Distawyd lleisiau'r pwysigion, amryw ohonynt wedi cefnogi'r boddi. Yn eu plith gwelwyd am y tro cyntaf yn gyhoeddus aelodau o Fyddin Rhyddid Cymru yn eu lifrai. Y tri oedd Cayo Evans o Silian, Dafydd Elwyn Williams o Aberystwyth a Wyn Jones o Langybi. Byddai eraill yn rhan o'r orymdaith Weriniaethol yn nathliad hanner canmlwyddiant Gwrthryfel y Pasg yn Nulyn y flwyddyn wedyn. Ac ar ddiwrnod Arwisgiad y Tywysog Charles ym 1969, carcharwyd pedwar aelod am gyfnodau o rhwng chwech a deunaw mis.

Roedd R. J. Lloyd Price wedi rhagweld y cyfan yn ôl ym 1899 pan ysgrifennodd y gallai afon Tryweryn gael ei chronni mewn tri man ar gyfer darparu dŵr i Saeson sychedig Llundain. Mewn un man y'i cronnwyd, a thrigolion Lerpwl yn hytrach na thrigolion Llundain a elwodd. Petai'r sgweier wedi mynd ati i ymgymryd â'r gwaith ei hun fel cynllun preifat, hwyrach y buasai wedi llwyddo i ennill mwy o elw na'i fenter wisgi fyrhoedlog.

Graffiti heriol ar feini ger Llyn Celyn

Capel Coffa Capel Celyn. Codwyd gweddillion rhai o'r beddau a'u hail-gladdu

Cymru'n dal i gofio'r pentref a foddwyd

Yn wir, mewn cyfnod llawer diweddarach ceir stori am deulu Edwards, Glynllifon, Llanuwchllyn, a oedd yn beirianwyr enwog, yn cynnig cyflenwi trydan i'r Bala ond gan rybuddio y byddai hynny'n golygu creu llyn yng Nghwm Tryweryn. Ond byddai'r dŵr – a'r elw – yn aros yng Nghymru.

Arweiniodd codi'r argae at newidiadau mawr yn ardal y Fron-goch. Caewyd a dymchwelwyd yr eglwys. Newidiwyd cwrs rhan o'r ffordd. Caewyd y rheilffordd a fu gynt mor allweddol i'r gwaith wisgi a chludo carcharorion. Nid bwyell Beeching – er y byddai honno wedi disgyn beth bynnag – ond yn hytrach y cynlluniau i foddi'r cwm fu'n gyfrifol am gau'r lein. Golygai'r cynlluniau hynny y byddai rhan o'r rheilffordd o dan y dŵr. Dywed Watcyn L. Jones i'r trên teithwyr rheolaidd olaf deithio ar yr 2il o Ionawr, 1960 gan dorri cysylltiad a fodolodd rhwng y Bala a Blaenau Ffestiniog ers 1882. Y gyrrwr a'r taniwr injan oedd Dai Davies a Prysor Evans, y ddau o Drawsfynydd. Y gard oedd Moses Hartley Hughes, neu 'Moss y Gard' a oedd yn ganwr poblogaidd. Y cynorthwywyr platfform oedd John Edward Owen a Bob Williams.

Yn ôl rhai, saif un o gytiau Gwersyll y Gogledd ym mhen uchaf y safle o hyd. Bu'n gartref i gangen leol Sefydliad y Merched, darn bychan o Jerwsalem ar dir gwyrdd a fu unwaith yn gornel Wyddelig mewn gwlad dramor. Cred rhai mai hwn oedd y Cwt Gwarchod. Mae'n fwy tebygol fod y stori yn rhan o'r chwedloniaeth sydd wedi datblygu o gwmpas y fangre ac mai cwt cwbl estron yw cyn-gartre'r gangen. Waeth beth fo'r gwir, gosodwyd Gorchymyn Cadwraeth arno ar ôl i'r gangen wneud cais i'w ddymchwel ar sail diogelwch.

Heddiw saif Ysgol Bro Tryweryn ar safle Gwersyll y De. Ynddi ceir arddangosfa fechan ar hanes y gwaith wisgi a'r Gwersyll a'i disodlodd. Yn wir, fe ystyriwyd enwi'r stafelloedd dosbarth ar ôl rhai o'r Gwyddelod a fu yn y Fron-goch, er enghraifft, Stafell Michael Collins. Ystyriwyd Stafell de Valera hefyd wrth i rai feddwl, yn anghywir, i Dev fod yno. Ond oherwydd y sefyllfa yng Ngogledd Iwerddon rhoddwyd y gorau i'r syniad. Cyfansoddwyd cywydd i nodi agoriad yr ysgol ar yr 22ain o Ionawr, 1971 gan Ithel Rowlands o Fachynlleth:

Newydd ddôr a agorwn,
A gwawr haf yw'r agor hwn,
Yw agor dôr tarddle dysg
A newyddaf caer addysg;
Hi yw nobl uniad deublwy
A hi yw'r maes llafur mwy.

Gwiw ei champ, ac o'i chwmpas
Fyfyriol lun y fro las;
Hi a ddeil holl arddeliad
Golau hen 'ysgol y wlad',
Diau o haf hon daw hefyd
Egin bach dry'n egni byd.

Gorau ffordd o hyfforddi
Ffordd roed i'w hyfforddwyr hi,
A'i phinacl yw ei phennaeth, –
Athro, a rhin i'n gwerin gaeth;
Am wreiddyn mae'i ymroddiad
Ac am frig y mae'i fawrhad.

*Y llechen dairieithog
gyferbyn â safle Gwersyll y
Gogledd yn y Fron-goch*

Hardded gan feib Iwerddon
Fa'i hud yr olygfa hon:
Nid lle'r hunlle yr henllawr
Mwy i'r Gwyddel Feicel Fawr, –
Câi'n hyder ysgol werin
Ddôr wiw i'r hen Geltaidd rin.

Plant diddan ddaw'n dân drwy'i dôr,
Chware ar le carcharor;
Yr hen erw lom fu'n gomin
Meib malais a thrais a thrin,
Doe yn grin, heddiw'n dwyn gras
A thw gardd a theg urddas.

Cerflun yn y Gerddi
Coffa i gofio
lladdedigion
Gwrthryfel y Pasg
1916 yn Nulyn

Y mae i'r llinell 'Egin bach dry'n egni byd' arwyddocâd arbennig. Trodd egin y Fron-goch ym 1916 yn gynhaeaf Gwyddelig.

Gydol hanes Gwersyll y Fron-goch ceir enghreifftiau di-rif o eironi ac fe erys un mawr. Yn ystod haf 2002, dadorchuddiwyd llechen dairieithog i goffáu'r rhai a fu'n gaeth yno. Ariannwyd y fenter gan y mudiad iaith Gwyddelig, *Conrad na Gaeilge*. Y gangen a fu'n gyfrifol am hynny oedd cangen Lerpwl, y ddinas a gyfrannodd nifer o filwyr Gweriniaethol ar gyfer Gwrthryfel y Pasg, rhai ohonynt – yn cynnwys y brodyr King a'r brodyr Kerr – wedi eu carcharu yn y Fron-goch. Ie, Lerpwl, y ddinas y bu ei Bwrdeistref yn gyfrifol am foddi Cwm Tryweryn. Dadorchuddiwyd y llechen gan Peter King, gor-ŵyr i un o'r triawd o frodyr a fu'n garcharorion ar draws y clawdd.

Yn y cyfamser, wrth i argraffiad cyntaf y gyfrol hon fynd i'r wasg yn 2006, cyhoeddwyd stori ar dudalen flaen y *Sunday Independent* yn haeru fod gwaddol y Fron-goch yn parhau. Adroddwyd am farwolaeth wyth milwr Prydeinig mewn cyrchoedd taro-a-chilio yn Irac y flwyddyn cynt. Fe'u lladdwyd gan fomiau a grëwyd gan Brydain yn y 1990au a'u trosglwyddo i'r *IRA* ar gyfer gweithred gyfrin gwrth-derfysgol. Roedd yr *IRA* wedi diweddaru'r ddyfais is-goch ac yna wedi anfon y cynlluniau ymlaen i'r Palestiniaid. Trosglwyddodd y rheiny'r cynlluniau ymlaen i Irac. Gwadu'r stori wnaeth Llywodraeth Prydain a beio Iran.

Gall llythyren neu ddwy olygu byd o wahaniaeth: am Iran, darllenwch *IRA*, ac am Basra, darllenwch Bala, lle cychwynnodd y cyfan ganrif yn ôl. Parhau wna gwaddol y Fron-goch.

Ymron ganrif wedi'r Gwrthryfel, anodd yw gwahanu'r digwyddiadau go iawn oddi wrth y chwedlau. Yn wir, fe chwaraeodd chwedloniaeth Gymraeg a Cheltaidd ran yn un o'r digwyddiadau canolog. Roedd capten y llong *Aud*, Karl Spindler, a gludai arfau o'r Almaen i orllewin Iwerddon, wedi ei gyfarwyddo i ddefnyddio negeseuon cod a oedd yn seiliedig ar hen chwedlau. Cred rhai mai Syr Roger Casement ei hun, a oedd wedi ei drwytho yn hanes chwedloniaeth, oedd wrth wraidd y negeseuon. Mwy tebygol yw mai arweinydd y Gwirfoddolwyr, Eóin MacNéill, a oedd yn ysgolhaig Celtaidd o fri oedd yn gyfrifol. Ond methwyd â defnyddio radio'r llong. Y bwriad oedd defnyddio enwau megis Finn (i hysbysu bod yr arfau ar eu ffordd) ac Aisling (rhybudd petai'r gelyn gerllaw). Y gair i'w ddefnyddio pan fyddai popeth yn ei le oedd Bran.

Finn mhac Cumhail oedd arweinydd y Fianna yn 300 CC, sef byddin amddiffyn brenin Iwerddon. Gwelir yr enw Aisling mewn hen chwedlau Gwyddelig ac Albanaidd, enw sy'n golygu breuddwyd neu weledigaeth. Mae Bran, wrth gwrs, yn ymddangos ym mytholeg Cymru ac Iwerddon.

Yn hanes Bran, taflwyd milwyr Gwyddelig marw i Bair y Dadeni, lle bywhawyd hwy ond heb y gallu i siarad. Saith ganrif wedi i hanes Bran a Branwen gael ei gofnodi, byddai ymron ddwy fil o Weriniaethwyr yn alltudion yng Nghymru. Eu Pair Dadeni nhw oedd Gwersyll y Fron-goch. Yno, caent eu hail-fywhau yn gorfforol ac yn ysbrydol. Fe wnâi nifer ohonynt ail-ddarganfod eu gallu i siarad eu hiaith frodorol.

Ôl-nodyn diddorol yw sylw'r Aelod Seneddol Llafur dros Ddyffryn Clwyd ar y pryd, Chris Ruane, mewn trafodaeth ar yr 28ain o Hydref, 2002 ar fater Cytundeb Gwener y Groglith yng Ngogledd Iwerddon. Cyfeiriodd yr Aelod at ffaith annisgwyl. Ym 1916, meddai, roedd ei daid o Gymro, Ned Roberts, yn ffosydd y Somme tra oedd ei daid o Wyddel, Tom Ruane, yn garcharor yng Ngwersyll y Fron-goch. Hwn oedd y Capten Tom Ruane a fenthycodd ei esgidiau i de Valera wrth i hwnnw ddianc o Garchar Lincoln. Awgryma'r hanesyn hefyd fod gan Tom Ruane draed mawr os oedd ei esgidiau'n ffitio de Valera!

Atodiad

The Frongoch Roll-call
(Air – 'The Battle-cry of Freedom')

Joseph Stanley

Fifteen forgetfull rebels filed into the Frongoch 'clink',
Shouting out the battle-cry of Freedom,
In a state of blank abstraction – of their names they
couldn't think,
So they shouted out the battle-cry of Freedom,

Chorus:
Gott strafe the roll call, hurrah for the 'Mikes'
Hurrah for the rebel boys who organised the strikes,
For everywhere the roll was called their names they didn't
know,
So they shouted out the battle-cry of freedom.

Now this caused a great commotion, but the rebels spent
their time
Shouting out the rebel-cry of Freedom,
A court came down to 'sit on' them – the function was
sublime –
Shouting out the battle-cry of Freedom.

Chorus – Gott strafe, etc.

With their speechifying and oratory the courthouse knew
no rest,
Shouting out the battle-cry of Freedom'

And the history long of Ireland, sure, they rolled it off
their chest,
Shouting out the rebel-cry of Freedom.

Chorus – Gott strafe, etc

And when the smoke of battle cleared, and th'air was free
of dust,
Shouting out the battle-cry of Freedom,
They got a month's hard labour for their memories to
adjust,
And they shouted out the battle-cry of Freedom.

Chorus – Gott strafe, etc

Now, the moral of the story isn't very hard to seek,
Shouting out the battle-cry of Freedom,
When you're up against the Sassenachts, don't turn the
other cheek.
But shout out the battle-cry of Freedom.

Chorus – Gott strafe, etc

Llyfryddiaeth

Prif ffynonellau:

Barry, Denis: *The Unknown Commandant: The Life and Times of Denis Barry 1848–1923* (Collins Press, 2010)

Barry, Tom: *Guerilla Days in Ireland* (Anvil Books, 1981)

Behan, Brendan: *Brendan Behan's Island* (Bernard Geis, 1962)

Breen, Dan: *My Fight for Irish Freedom* (Anvil Books, 1964)

Brennan-Whitmore, W. J.: *Dublin Burning* (Gill & McMillan Ltd, 1996)

Brennan-Whitmore, W. J.: *With the Irish in Frongoch* (Talbot Press, 1917)

Coogan, Tim Pat: *Michael Collins: A Biography* (Hutchinson, 1990)

Corrigan, Gordon: *Mud, Blood and Poppycock* (Cassell, 2003)

Costello, Francis J.: *Enduring the Most* (Brandon Book Publishers, 1995

Costic, Conor and Collins, Lorcan: *The Easter Rising: A Guide to Dublin in 1916* (The O'Brien Press, Dublin 2000)

Cronin, Seán: *Our Own Red Blood* (Muintir Wolf Tone, Dublin, 1966)

Davies, John (Gol): *Cymru'n Deffro: Hanes y Blaid Genedlaethol 1925–1975* (Y Lolfa, 1981)

Ferriter, Diarmaid ed.: *Dublin's Fighting Story, Told by the Men who Made It* (Mercier Press, 2009)

Forester, Margery: *Michael Collins: The Lost Leader* (Gill and Macmillan, 1971)

Fox, R. M.: *The History of the Irish Citizen Army* (James Duffy & Co, 1943)

Gleeson, James: *Bloody Sunday* (First Lyons Press, 2004)

Gray, Tony: *Ireland this Century* (Little, Brown and Company, 1994)

Griffith, Gwilym: *Straeon Gwil Plas*, Ioan Roberts (ed.) (Gwasg Carreg Gwalch, 2010)

Griffith, Kenneth & O'Grady, Timothy E: *Curious Journey: An Oral History of Ireland's Unfinished Revolution* (Hutchinson, 1982)

Hart, Peter: *The IRA & its Enemies* (Oxford University Press, 1998)

Horner, Arthur: *Incorrigible Rebel* (London, McGibbon & Kee 1960)

Jones, Thomas: *Whitehall Diary Vol 3: Ireland 1918–1925* (Oxford University Press, 1971)

Jones, Watcyn L.: *Cofio Tryweryn* (Gomer, 1988)

Kee, Robert: *Ireland, A History* (Weidenfeld & Nicholson, 1980)

McCann, Seán: *The Story of the Abbey Theatre*, (New English Library 1967)

Macardle, Dorothy: *The Irish Republic* (Irish Press, 1951)

MacCurtain, Fionnuala: *Remember ... It's for Ireland: A Family Memoir of Tomas MacCurtain* (Mercier Press, 2006)

MacThomáis, Éamonn: *Down Dublin Streets 1916* (Irish Book Bureau, 1965)

McConville, Sean: *Irish Political Prisoners 1848–1922* (Theatres of War, Routledge, 2005)

McGarry, Fergal: *The Rising: Easter 1916* (2010)

McGuffin, John: *Internment* (Anvil Books, 1973)

Mulcahy, Risteard: *My Father: The General* (Liberties Press, 2009)

O'Brien, Connor Cruise: *Ancestral Voices: Religion and Nationalism in Ireland* (Poolbeg Press, 1994)

O'Connor, Batt: *With Michael Collins in the Fight for Irish Independence* (Aubane Historical Society, 2004)

O'Connor, M. J.: *Stone Walls: An Irish Volunteer's Experiences in Prison and Internment in England and Wales after the 1916 Rising* (The Dublin Press, 1916)

O'Donnell, Ryan: *The Impact of the Rising: Among the Nations* (Irish Academic Press, 2008)

O'Farrell, Mick: *50 Things You Didn't Know About 1916* (Mercier Press 2009)

O'Leary, Paul (Ed): *Irish Migrants in Modern Wales* (Liverpool University Press, 2004)

O Mahony, Seán: *Frongoch: University of Revolution* (FDR Teoranta, 1987)

O Mahony, Seán: *Three Murders in Dublin Castle: 1916–1921* (Club Elo Publications, 2000)

Ó Súilleabháin, Adhamhnán: *Domhnall ua Buachalla. Reluctant Nationalist. Reluctant Governor* (Merrion Press 2015)

Ryan, Annie (ed. Sean O'Keeffe): *Comrades: Inside the War of Independence* (Libertine Press, 2007)

Ryan, Annie: *Witnesses: Inside the Easter Rising* (Liberties Press, 2005)

Ryan, Desmond: *Michael Collins and the Invisible Army* (Anvil Books, 1968)

Shannon, Martin: *Sixteen Roads to Golgotha* (Red Hand Books, n.d.)

Somerville-Large, Peter: *Irish Voices – Fifty Years of Irish Life 1916–1966* (Chatto and Windus, 1999)

Spindler, Karl: *The Mystery of the Casement Ship* (Anvil Books, 1965)

Stephens, James: *The Insurrection in Dublin* (Maunsel and Company, 1916)

Taber, Robert: *The War of the Flea* (Paladin, 1970)

Thomas, Einion Wyn: *Boddi Cwm Tryweryn* (Pecyn Addysgu Archifol Archifau Gwynedd, 1997)

Thomas, Einion Wyn: *Capel Celyn: Deng Mlynedd o Chwalu: 1955–1965* (Cyhoeddiadau Barddas, 1997)

Travers, the Very Rev Charles J.: *Seán MacDiarmada 1883-1916* (Cumann Seánchais Bhreifne 1966)

Valiulis, Maryann Gialanella: *Portrait of a Revolutionary: General Richard Mulcahy* (Irish Academic Press, 1992)

Weekly Irish Times: *Sinn Fein Rebellion Handbook* (1917)

Williams, Robin: *Y Tri Bob*, (Gwasg Gomer 1970)

Cydnabyddiaeth

Hoffwn ddiolch am bob cymorth ac anogaeth a dderbyniais gan Einion Wyn Thomas, archifydd a hanesydd, ynghyd â staff y Llyfrgell Genedlaethol ac Archifdy Meirionnydd. Diolch i'r Prifardd a'r brogarwr Elwyn Edwards am rannu ei wybodaeth mor barod. Rwy'n ddyledus i Ioan Roberts am ddarganfod lleoliadau beddau'r ddau Gymro a laddwyd yng Ngwrthryfel y Pasg. A diolch i'r diweddar Robin Price, cyn-ddeiliad Stad y Rhiwlas a gŵr bonheddig am ei groeso a'i hynawsedd ar ei aelwyd. Hefyd diolch i Myrddin ap Dafydd a Gwasg Carreg Gwalch am y gofal a'r trylwyredd arferol. Ac i bobl y Fron-goch am fod mor ffeind dros eu cefndryd ganrif yn ôl.